U0585407

地图中的战争史

海战篇

［英］杰里米·布莱克 著
（Jeremy Black）
陈蔚 译

MAPPING NAVAL WARFARE

CNS 岳麓書社 · 长沙 ·
博集天卷 CS-BOOKY
海南出版社 · 海口 ·

前　言

地图、战争和海洋，这本书汇集了我非常感兴趣的几个方面的内容。将文本和地图结合在一起，带来的是关于海洋战争的精彩描述。海战的讨论重点通常是武器系统和技术变革，而变革正是海军力量的关键促成因素。当我们回顾过去两个世纪海战技术的迅猛变化时，可以发现变革的概念显得尤为重要，海战形式的快速变化甚至超越了陆地和其他战争系统，走在了时代的尖端。这一说法在过去的两个世纪中是颇有价值的，而海战技术确实以肉眼可见的速度发生着具有实效性的日新月异的变化。此外，被淘汰的旧型船舰仍然可以保留它们的价值。

然而，我们应更慎重地使用这种方法来考量更早的航海时期，以及在航海发展过程中，对技术的强调可能导致的对其他因素的严重低估，特别是后勤组织因素，这同时也是关乎战斗指挥、战斗质量的基本因素。每一时期的航行动机、航海技术背景和长期的“航海传统”也很重要。社会看待陆军和海军的方式不仅仅取决于一个国家的海岸线长度或实际利益问题。

对技术的关注，以及习惯于从变革的角度审视过去，带来了对军事革命的探索，尤其是在过去的两个世纪里，这甚至成功预测了即将发生的军事革命。特别要提到的是，在近代，人们感受到了所谓的“军事革命”带来的巨大压力，从 1500 年到 1800 年，这种革命真实地存在过。然而，这种直观感觉并未起到很大的辅助作用。首先，这种长期被描述为“革命”的概念是值得怀疑的，对于现代历史而言尤为如此。其次，许多关于火药的关键变化实际上是发生在 1500 年之前的。

其三，长期以来，火药武器都被设计成适用于现有武器系统的装备，所以并没有对其起到改造作用。热兵器提供了额外的火力，却只能在非常有限的范围内进行有效射击。和任何强调船舰“杀伤力”的火炮威力相比，海上战争刚刚开始时就出现的基础近距离登船战略仍显得更加重要。在过去的一个半世纪里，存在过一种研究早期战争冲突并从中获取宝贵经验的风尚。后航海时代的铁制、钢制舰船比早期的木制船更容易下沉。所以即使是在炮兵部队越来越高度活跃的霍雷肖·纳尔逊时代，英国军队仍然从法国和西班牙的特拉法尔加战线（1805）上俘获了许多艘船只。尽管如此，火炮武器仍然可以与登船战术联系在一起，因为一艘被敌方炮火击中而失去了索具的船舰会迅速陷入无助的容易被登船占领的状态。装置在铁质船腹部的索具比起发动机而言，更容易遭到损坏。

关于如何使用海军力量的理论有时也可能过于简单。人们总是不自觉地会存有通过海军力量获得收益的想法，这是一种通过暴力获取资源的方法，在此过程中，贸易行为作为一种权力关系存在。这一真实趋势也同贸易的互利性质有关，同时还关系到海洋大国对陆地经济的需求和机会的适应，前提是这些大国正在试图摆脱短期海上掠夺者的身份。

然而在世界上的大部分地区，临时掠夺者对各方海军力量的均衡有着重要作用。早期的主要海事行动仍然是使用船只进行掠夺、海盗活动和其他如贩卖奴隶等相关活动。在很大程度上，这些海事活动在19世纪时被帝国主义海军制止了，特别是英国皇家海军起到了主要作用，因为当时的英国海军正试图保证贸易自由化的安全性。但在世界上的某些地方，海盗活动等不稳定因素在近几十年的时间里开始有了复苏的迹象。

海上军事制图也存在过度简化的趋势，变革带来的压力是很有价值的，但它也需要与关键因素的连续性和局限性协调统一。然而，这些都不能阻止一个精彩而迷人的航海时代的到来。

我很高兴能将这本书献给海科·沃纳·亨宁，他是一位最敏锐的海军作战评论员，也十分感谢他为此书一再给出的精彩建议。

鸣　谢

感谢海科·沃纳·亨宁

这本书汇集了我的两个核心兴趣学科——战争学和制图学。海战一直是全球冲突的关键因素，并为地图测绘提供了一个重要主题。将地图测绘和海战作为一个整体来进行评估是十分有趣的研究和写作的过程。我非常感谢我的编辑丽莎·托马斯，她是编辑插图书籍的一把好手。在思考和写作这本书的过程中，我航行穿越了大西洋、波罗的海、黑海、加勒比海、印度洋和太平洋等海域，并从这些旅程中受益匪浅。本书早期草稿得到了来自斯图尔特·朗、韦恩·马尔邦、阿尔伯特·诺菲和海科·沃纳·亨宁的宝贵建议。肯尼斯·斯沃普、哈罗德·坦纳和阿瑟·德·维杜文给出的特殊建议对本书的完成有很大帮助。我曾在埃克塞特大学教授海军历史课程的经历也对本书的写作助益匪浅。

目　录

CONTENTS

第五章　1919—1945

海战地图的巅峰

第六章　1946—2017

新时代下的发展

第一章　1700 年之前

ORIGINS to 1700

海事制图的起源

在有历史记载的大部分时间里，人类频繁地进行着长途海上航行。我们并不太清楚那些远古的航行者们有没有使用可靠的地图来引导和记录他们的旅程，目前也没有留存下来的地图作品等历史证据。对于那些历史久远的依靠口头交流来创建“口述文字地图”的社会来说，历史记录的留存是有点儿困难的。南太平洋的波利尼西亚人和北欧的维京人就是很好的两个例子。在他们的航海记录里，较难找到有效的历史证据，但很明显的是，他们的航海方向确立在对风向、潮汐和月球运动的观察上。古时未受过正规教育的、不识字的水手们创作出来的都是精神概念上的抽象地图。波利尼西亚人的双壳独木舟可以在危险的太平洋开阔海域逆风行进，然后在相对安全的海洋环境中继续航行。他们使用的也可能是星象导航，以及通过观察和利用盛行风方向和归巢候鸟的飞行模式来导航。在海上航行时，波利尼西亚的水手们具有特殊技能，他们可以通过观察分析马绍尔群岛等岛屿引起的海水涨潮的模式来修正他们的航海方位。

在近代的许多次试图重现波利尼西亚人当年航船方式的航行（至少跨越数百英里）中，人们发现，当年这些岛民们的航行方法上的误差很有可能产生了互相抵消，从而使得船舰领航员对船只的具体位置有着相当准确的直觉。此外，当时的船位推测法是使用星司南来推算船只位置的方法，这就意味着船员们无须过多地关注距离的问题。在没有详细地图和现代导航设备的帮助下，他们经常在太平洋上发现新的岛屿。

这些信息可能有着独特的记录方式，这是为海洋活动积累知识经验的一个重要过程。古时的领航信息图表是用细木棍（特别是椰子叶片上的叶脉）和贝壳排列而成的，海员们在进行下一次航行前会仔细研究这些形式原始的图表。他们的航行成果令人印象十分深刻，波利尼西亚人曾从新几内亚岛航行至复活节岛（约公元 300 年）、夏威夷岛和塔希提岛（约公元 400 年），以及新西兰岛（约公元 700 年）。

然而，尽管这些航行令人印象深刻，但到了 16 世纪，它们仍受到当时西方航海技术发展水平的限制。因此，西方探险家们未能在此时深入太平洋（尤其是北太平洋）进行探索。波利尼西亚人所理解的海洋世界的范围并未覆盖全球的范围；此外，波利尼西亚人的航海和航运技术并不适合温带、寒冷气候，也不适合运输大量货物。当欧洲探险者在 18 世纪邂逅波利尼西亚航海者时，上述情况仍然存在。由于波利尼西亚群岛大部分居民可以自给自足，因此他们并不要求航行的船只带回大量的食物，从而也就没有造出更大的载货船只。

在 15 世纪之前的一次越洋行动中，北欧海盗在公元 1000 年左右穿越冰岛和格陵兰岛航行到了北美。至今仍不清楚他们用的是什么样的导航方法。曾有人猜测，他们是用水晶日长石确定太阳位置的，这种水晶

◀ 中世纪的海战图（摘自《古代故事之书》，约 1285 年）

公元 1204 年，君士坦丁堡在第四次十字军东征中沦陷，拜占庭帝国爆发了政治危机，紧接着，数个有着相互竞争关系的拉丁国家成立了，威尼斯帝国开始了它的扩张行动。这幅插图记录的是其中的雅典公国和克里特岛基地上的威尼斯人之间的一次冲突。海上贸易活动为海洋军事活动提供了资金支持。在战斗中，登陆敌方的战舰是很平常的事，也是获取战利品的重要手段。登陆敌舰需要船只之间的密切接触和近距离作战，由此看来，陆地战争和海洋战争之间有着许多相似之处。大多数海军冲突发生在近海水域，这是因为船只的巡航范围有限，船员们必须靠岸下船以取得水和食物，同时还因为军队有着保护或俘获港口和基地的重要需求。克里特岛一直被威尼斯人占领，直到 1644 年至 1669 年的一次漫长的战役之后，才被奥斯曼土耳其人攻占。在这次败仗中，威尼斯人未能将他们在达达尼尔海峡的封锁进行到底。

（本书图片均为外版原图，仅供读者理解参考）

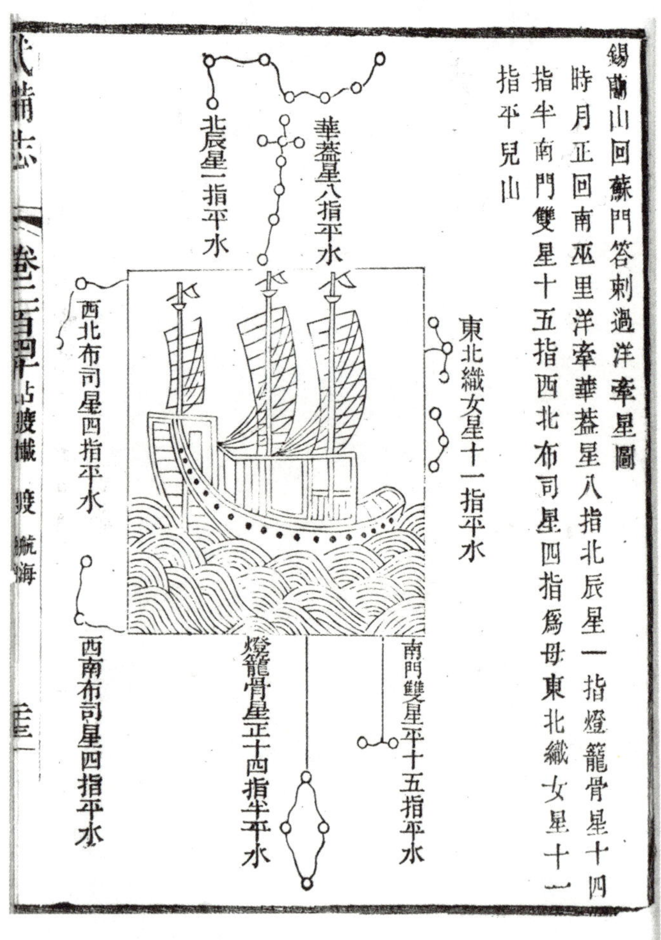

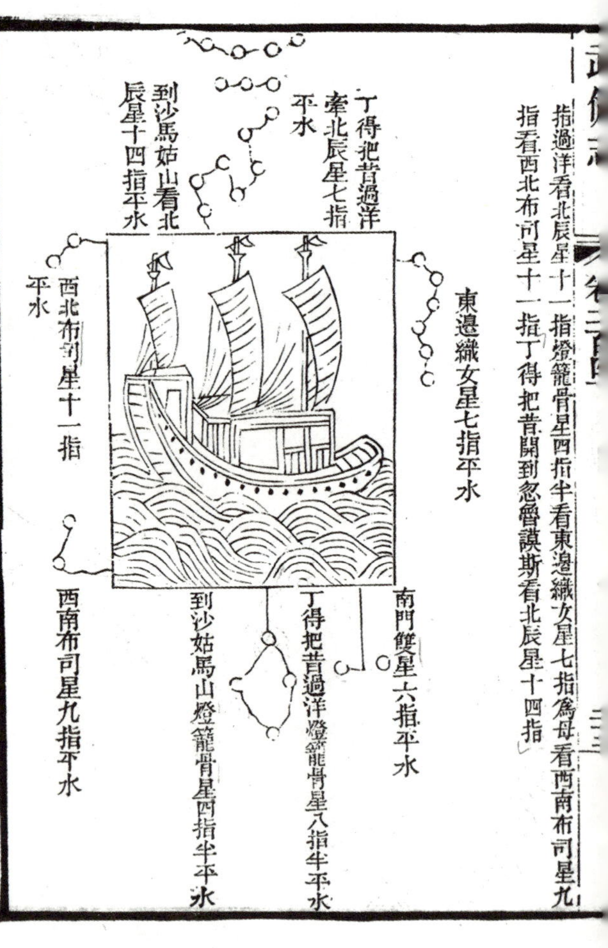

▶

郑和从南京经由东南亚直至波斯湾的航行路线图（摘自《武备志》，约 1621 年）

从郑和（1371—1433）亲手题词的一块石碑上可以看到，他把此次航行的目的解释为传播中国倡导的抵制野蛮战争的世界和平秩序："船队到达外国之后，将针对那些抵抗文明秩序并且态度野蛮的蛮族国王，并消灭那些沉迷于暴力和掠夺的海盗士兵。这同时还能为海洋航线的安全环境提供保障。"郑和船队的木制船舰可能是当时世界上最大的木制船，船上配有水密舱壁和好几层外部铺板，郑和船队还宣称他们的船只甚至长达 400 英尺，但这一点遭到了质疑，因为这个尺寸数据与船只的承载能力、吨位和排水量无法对应。在 1405 年至 1433 年的 7 次深入印度洋的远征中，郑和到达了也门和索马里，并在 1411 年成功击败了锡兰山国袭击船队的军事力量。甚至有说法称郑和船队成功地环游了世界，不过这一说法缺乏有效证据。

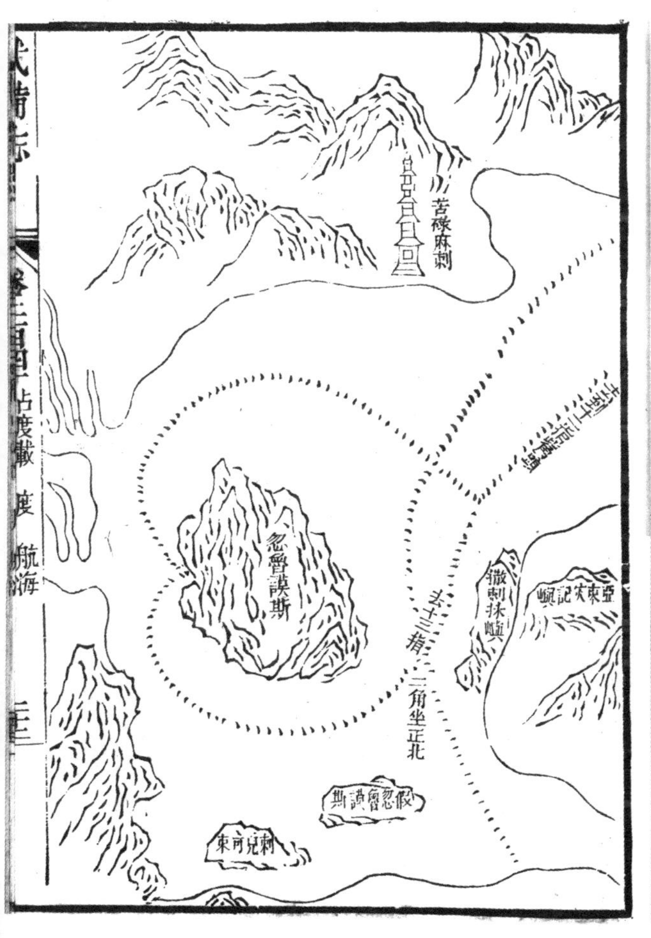

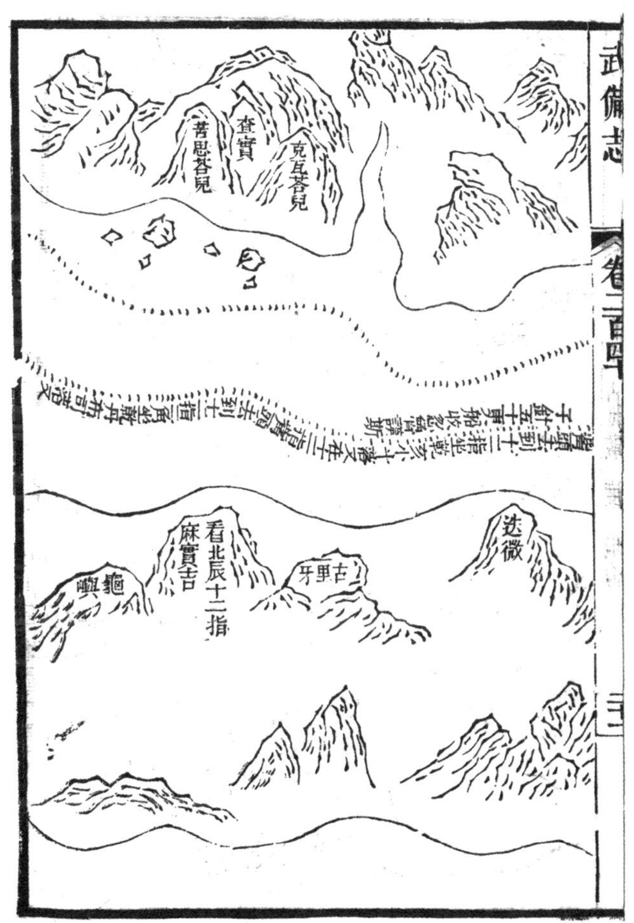

右页 ▶
意大利波多兰海图（15 世纪）

波多兰海图的名字来源于意大利语的提供导航信息的航海指南书籍。这幅 15 世纪的航海图至今保存在威尼斯，威尼斯也是意大利航海史上最令人印象深刻的国家。当时威尼斯的统治范围还包括爱琴海的一些岛屿（特别是埃维厄岛、利姆诺斯岛、纳克索斯岛和克里特岛）、爱奥尼亚群岛，以及塞浦路斯。然而，奥斯曼帝国的进攻使得这个国家节节败退，并最终失去了埃维厄岛和利姆诺斯岛。1463 年，爱琴海伊姆布罗斯岛（现称格克切岛）的领导者克里托韦罗斯指出，穆罕默德二世（1453 年征服君士坦丁堡的土耳其统治者）决定建立一支舰队，因为“他认为建立海上霸权是一项伟大的事业”。这支土耳其舰队迅速成了一个重大威胁，并在 1470 年派出 280 艘战舰和其他船舰占领了埃维厄岛，这在很大程度上削弱了爱琴海区域在西方世界曾有的地位，因为埃维厄岛上的谷物是供应给罗德岛圣约翰骑士团的贡品。土耳其人随之在 1479 年占领爱奥尼亚群岛中的凯法利尼亚岛。在 1499 年至 1503 年土耳其人同威尼斯的战争中，土耳其人攻占了位于希腊的科伦和莫顿等威尼斯基地，并于 1499 年在佐乔海岬击败了一支威尼斯和法国的联合舰队。

石可以折射阳光的偏振状态（不同方向折射出的光线显示出来的属性），用于在迷雾和多云的环境中导向航行。不过它们的有效性随后遭到了质疑。北欧维京大战船是一种带有船帆、阶梯式船桅、校准龙骨和方向舵的帆船舰艇，也是能远航深入大西洋的坚固的远洋轮船；同时，由于它还具备小量镦粗，因此也可以在吃水较浅的地方，如沿海水域和河流上游划动前进，甚至可以在只有 3 英尺深的水里行进。事实证明，维京大战船在两栖作战中是非常有效率的作战工具，船员一旦登陆，就可以立刻集结成部队。在现代意义上，它是史上第一艘“濒海战斗舰”。因此，就像西方旅行者们在 18 世纪时遇到的波利尼西亚人一样，此时的维京人勇猛善战，航海技术成熟。9 世纪和 10 世纪的北欧海盗曾令英格兰、法国和爱尔兰等国家闻风丧胆。他们还曾在公元 844 年试图大规模突击西班牙和葡萄牙，后来又在公元 859 年至 861 年再次开展突袭行动，却遭到了失败。

古代航海者们的大多数航行都是在熟悉的水域里进行的，即使是波利尼西亚人和维京人也倾向于在可观测范围内的海域里航行。航海者之间的经验、记忆和口头文化（传播过往的航行故事）形成了约定俗成的航海文化，他们还会传播一些危险的水域（譬如海峡）处有恶灵存在的传说，例如意大利大陆和西西里岛之间的墨西拿海峡。在这些真真假假的传闻中获取和积累航海知识是很重要的，且当时传播航海知识的手段除了口头传说之外，十分有限。不过，这仍然有助于将那些经验丰富的老船长和老水手们在特殊水域的宝贵航行经历保存下来，从而对后来的航行起到帮助作用。

海图和指南针

在地中海海域，通过口头渠道传递的积累性知识和经验十分重要。然而，波多兰海图的改进和发展为航海导向进一步描绘了海岸线轮廓，从而对航海指南起到了补充作用。波多兰海图的名字来源于意大利人的航海指南书籍，它的内容包括罗盘方位线、显示出风方向的辐射线，以及后来的罗盘方位角。这些图表是船只下锚和指引航行方向的指南。随着时间的推移，波多兰海图也变得越来越精确。航海员们将新的航海信息纳入了这一格式的海图中，同时，它的地理跨度也逐渐扩大，如雅各布 · 德 · 吉罗德的 1447 号波多兰海图手稿中，囊括了沿摩洛哥海岸向南直至肯丁海岬的地理信息。1492 年，亨里克斯 · 马特勒斯绘制的波多兰海图，囊括了巴托洛梅乌 · 迪亚斯在好望角展开的整段航行。

这些海图不仅是导航工具的绝佳实例，还是记录

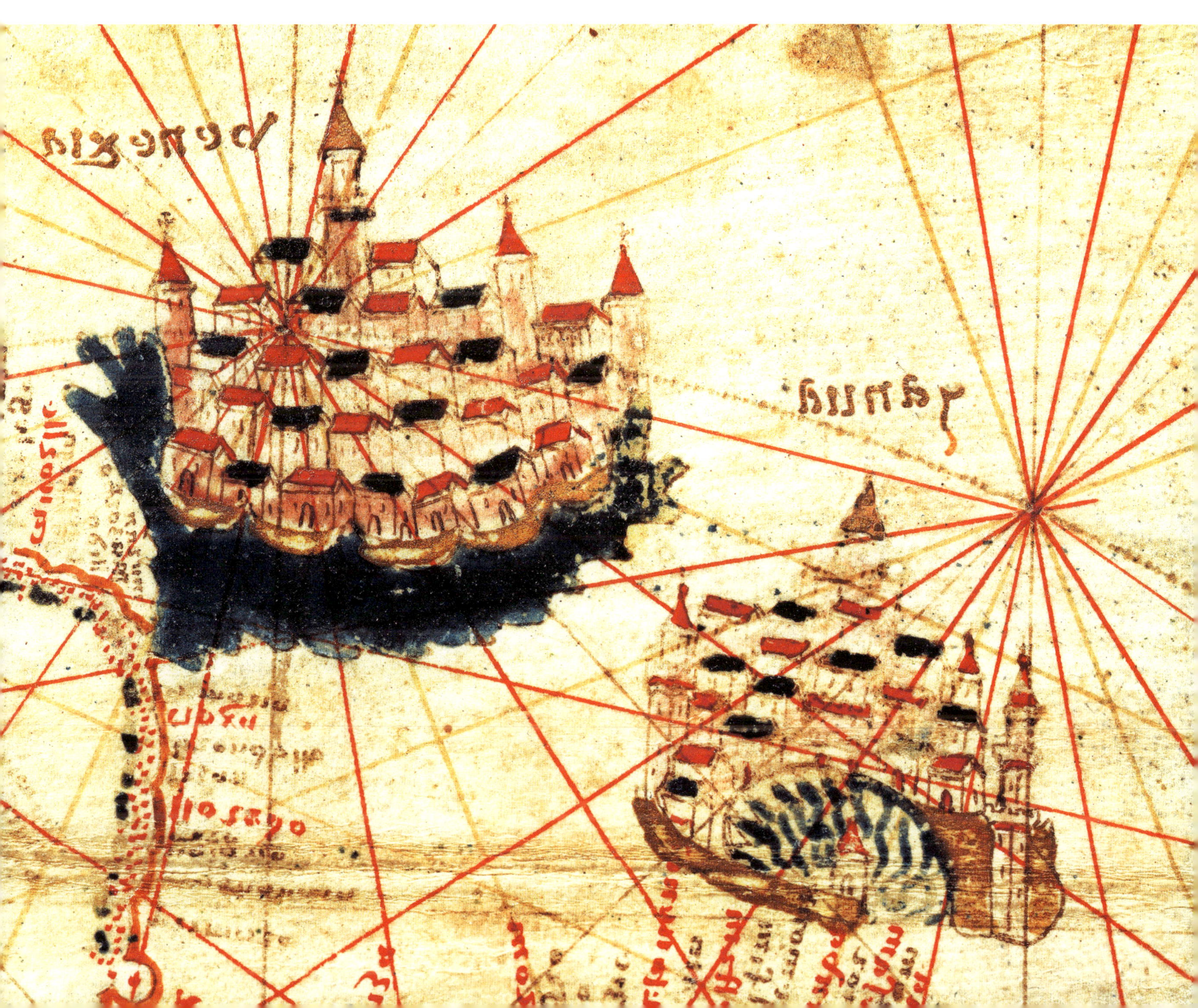

航海位置和方向、评估海风和潮汐产生的影响的有效工具。公元 12 世纪，西方人开始使用指南针进行导航，这就提供了一种新的航海信息形式。指南针的引进带来了一系列的发展变化。它的最初形式是漂浮在水面上的一根细针，随后演变成了可以旋转的指示器。到了 15 世纪，指南针作为真实北极和地磁北极之间巨大差距的补充工具，是一项技术上的非常重要的进步。然而，如何测量海上航行距离仍然是未解决的问题。

作为指南针的发明者，中国人此时也面临着如何吸收和汇编航海新资料和新信息的问题。长期以来，中国人从各类海外考察行动中获取和收集着这些航海信息，并一直有将信息汇编成册的惯例。到了 11 世纪，中国人开始频繁地围绕东南亚进行航海之旅，而最早的中国航海制图出现于 13 世纪。中国航海家朱思本的 14 世纪航海世界地图里包括了菲律宾、印度尼西亚等国家和中国台湾等地区。这些地方看上去似乎距离并不遥远，因为东亚的地图集与欧洲的地图集采用的是不同的比例尺。和跨越整个地中海地区的距离相比，中国到菲律宾的距离，以及印尼和中国之间的距离，都是相对较远的。15 世纪早期，郑和下西洋的远航甚至远至非洲东海岸，中国航海家马欢根据郑和的航行成果写了《瀛涯胜览》(对海岸线的全面考察)。

然而，中国并没有继续进行这样的大范围航海活动，在当时中国的世界观里，中国位于世界的中心位

◀
1481 年的热那亚（克里斯托夫罗·格拉西）

这是一幅热那亚人在庆祝从土耳其人手中重夺奥特兰托海峡的庆典上展示本国海上军队实力的图画。热那亚是 15 世纪时的一个重要海事国家，但和威尼斯类似的是，在奥斯曼帝国的压力下，它失去了位于黑海的阿玛斯拉基地（1460）和卡法基地（1475），以及位于爱琴海的萨默斯基地（1550）和希俄斯岛（1560），而热那亚治下的科西嘉岛 1768 年被卖给了法国。热那亚海军的专长是利用桨帆船作战，在 16 世纪时，他们和西班牙人结盟，并在 1538 年的普雷韦扎海战中获得后者极大的海军力量支援。意大利东南部的奥特兰托海峡于 1480 年被占领，土耳其人意图将它作为扩张的基地，但奥斯曼帝国的新苏丹巴耶济德二世此时正遭受来自他的兄弟杰姆的叛变，因此采取了更加谨慎保守的国际立场。土耳其人在 1481 年撤退，热那亚人重夺奥特兰托海峡。

右页▶
法国海军突袭布莱顿市地图（1514年）

16世纪早期的英法海上冲突时期是中世纪近距离海战向远距离海战的一个过渡时期，中世纪海战主要靠的是近距离袭击和登船搏斗，而在远距离海战中，军舰更强调无须直接接触的远程火力攻击。在1512年至1514年的战争中，英国和法国的舰队在英吉利海峡以传统的近身搏斗方式作战，而到了1545年的朴茨茅斯英法远岸战役中，他们的战斗方式就变成了远距离枪炮决斗。这种转变对于海军战术有着重要的影响（尽管真正有效的海军火力部署方法直到17世纪才会出现），并且进一步鼓励了作为火炮平台的军舰的发展改进。较轻的船体（船体框架覆盖有边缘连接的外板）逐渐取代了使用叠加板材鳞状搭接的船体，这使船体变得更加坚固，也可以更好地携带重型火炮。在1512年至1514年的英法战争中，亨利八世为西班牙、威尼斯和教皇力量都提供了支持。海上作战是这场广泛战役的一部分，战争结果最终取决于意大利战场的局势发展，英吉利海峡的战况只是这场战争的一个侧面。

置。1561年，一本重要的海上地图集在中国出版了，但它的覆盖范围仅限于中国的海岸线区域，并未覆盖到世界上其他海域，而此时的欧洲人正对后者进行大范围的地图绘制。16世纪90年代，中国与日本在朝鲜海域发生了大规模战争，但却没有任何相关的海战地图流传至今。茅瑞征在1621年著有《万历三大征考》（万历皇帝年间三大战役的历史研究著作），在这本著作中，我们能找到的只有中国和日本的海岸一览图。而在类似日本等其他亚洲地区，更是缺乏海上战争的相关地图作品。留存至今的亚洲印度洋航海图是17世纪的作品，其更多关注的是局部海域的地理情况，而不是全球海域的总体情况。

伊斯兰传统

阿拉伯商人长期航行于印度洋和地中海海域，他们用天文学知识丰富了自己的航海技能，并善于使用星象罗盘。历史证据表明，他们还会使用海图，而且清楚地了解季节性对流季风的运动轨迹，会利用风向来计划和预测印度洋海域的航行，这对他们的贸易航行来说很有益处。伊斯兰世界长期以来有着独特的制图学传统，在阿拉伯人被奥斯曼帝国征服之后，土耳其人将阿拉伯的制图学知识收为己用。奥斯曼土耳其人的海军力量在16世纪的地中海海域称霸一方，也令黑海、红海、波斯湾和印度洋海域的人闻风丧胆。

1517年，奥斯曼帝国迅速地征服了埃及，这主要是一场陆地战争，却为他们海军力量的积累和发展起到了重要作用。这是因为奥斯曼帝国当时还没有建立海上军队的军事传统，他们正好把埃及人的优秀海事技术收为己用。此外，击败埃及人使得土耳其人可以将他们的海上利益范围扩展至红海区域，他们建立了始于苏伊士基地，直至阿拉伯海岸（还包括1538年征服的亚丁湾地区在内）的海上势力范围，这一范围后来还包括从非洲海岸到现代的厄立特里亚国，并从那儿延伸至印度洋的一大片海上区域。从1510年代起便在红海海域开始部署的葡萄牙海军，随后遭到了奥斯曼人的驱逐。奥斯曼帝国还将他们的势力范围沿着北非海岸，一直延伸至阿尔及尔（1528）和突尼斯（1573），并据此对西班牙在地中海中西部的海上霸主地位发出了挑战。最终，奥斯曼人成功地打败了西班牙人，抵达了北非海岸。奥斯曼土耳其军队用一系列成功的两栖作战行动巩固了自己在地中海东部的地位，他们的主要战绩有对纳克索斯（1566）、塞浦路斯（1570—1571）和克里特岛（1644—1669）等地的征服和占领。然而，1565年，奥斯曼人针对马耳他发起的一项大规模两栖作战行动却遭遇了失败。

这一时期奥斯曼的一位重要军事人物是皮尔·里

斯（皮尔船长），他大约出生于1465年的盖利博卢半岛（加里波利岛），全名是艾哈迈德·穆希丁·皮尔。他追随着他的叔叔加入了奥斯曼帝国的舰队，随后在1513年创作了一张含有葡萄牙和西班牙海域地理信息的世界地图，以及《海之书》，这是一份提供了地中海沿岸地区路线图、距离图、供水地点和安全港等信息的水手手册。它包含200多幅地图，其中有航海图、海岸规划图和城市地图，但在该手册的1521年、1526年及后续许多不同版本中，这些地图的数量也有所不同。这本手册至今有超过30份原稿复制品得以保存。

16世纪50年代，皮尔·里斯由于在波斯湾和葡萄牙人的战役中落败而被处死，这也从侧面说明了16世

右页 ▶

印度洋上的葡萄牙船只（摘自一部葡萄牙航海地图集，1519 年）

1498 年，葡萄牙探险家瓦斯科·达·伽马的船到达了印度洋水域，他的船上携带有加农炮，与达·伽马邂逅的亚洲军舰武器装备较弱，无法抵抗葡萄牙人的火力。这一技术上的差距帮助葡萄牙舰队在 1503 年战胜了印度卡利卡特舰队，葡萄牙人的炮火阻止了印度人登船作战的所有企图。此后，葡萄牙人分别于 1513 年和 1528 年战胜了加帕拉舰队和古吉拉特邦舰队等其他印度舰队。1507 年，从苏伊士派来的一支埃及舰队，起初在古吉拉特军舰的支持下，在 1508 年与葡萄牙的战役中取得了成功，但很快就在 1509 年迪尔河战役中被大部分摧毁。1518 年葡萄牙大型帆船上的标准武器配备是 35 杆枪支。同时，葡萄牙人还趁机占领了一些阵地，如 1510 年占领的果阿邦和 1511 年占领的马六甲海峡，尽管葡萄牙的深水船舰在浅海水域（包括河口和上游水域）的使用价值较为有限。1512 年，葡萄牙人在爪哇和苏门答腊之间的巽他海峡旁的班塔姆建立了一个基地，1518 年又在斯里兰卡（今锡兰）的科伦坡和加勒建立了基地。

纪时欧洲人所处的海洋环境之险恶，以及海洋战争的范围所在。例如，葡萄牙在海上征战过程中遭遇了许多海上军事力量，包括 1520 年代的中国海军、1490 年到 1500 年间的印度卡利卡特海军、1530 年间的印度古吉拉特邦海军、1510 年代的奴隶制埃及帝国海军，以及后来的奥斯曼帝国海军，同时还有东印度群岛的阿特克和其他区域性大国的海军力量。相比之下，西班牙人在探险新世界时遭遇的对手，如阿兹特克人、印加人和玛雅人，都不具备相应的海军力量，但西班牙还是在菲律宾遭遇海军的袭击。

全球航行范围和信息需求

从 15 世纪晚期开始，欧洲航海家们开始了前所未有的海上探险航程，他们向东到达了印度洋，向西穿越了整个大西洋。1520 年至 1521 年，斐迪南·麦哲伦成为历史记载的第一个横渡太平洋的人（也很有可能是真正横渡太平洋的第一人），地图制作者们根据他的航行成就储存、编纂和复制了许多地理信息。麦哲伦在航行结束前于菲律宾宿务被杀，而第一次环球航行最终由胡安·塞巴斯蒂安·德尔卡诺于 1522 年完成，胡安的航行是以麦哲伦的探险为基础进行的，他们的航行促使人们开始从圆形地球的角度对世界进行了解和探索。此外，环球航行带来的新地理信息说明，地球上仍有大量的有待探索获取的未知地理信息。这些信息所在的那些大范围的有待覆盖的区域，急需人们进一步进行探索和解密。此时，在地图上起到填充作用的往往是图画作品。在海域地图上，人们倾向于在海洋区域绘出上下穿梭的大型鱼类，但这些海洋生物常常是绘图者虚构想象出来的，绘图者们有时甚至会把它们描绘为与人类船只发生冲突的状态，图画中的这些生物正试图将船只拖下大海并毁灭掉。

1569 年提出的墨卡托投影，通过将小区域绘制成详细的大幅地图来展现一些易被忽略的变形区域，从而对如何用经度和纬度描绘地球这一球体的问题做出了回应。杰拉杜斯·墨卡托（1512—1594）从未有过航海经历，却能在回顾托勒密数学法的基础上，使用坐标几何的统一数学方法，按照固定的逻辑规则来协助制定航海计划。经纬度网络与透视几何方法的结合诞生了一种比波多兰海图更有效的定位机制，从而也适应了新航海信息使用范围的扩大。波多兰海图有着与其相似甚至相同的图表显示符号，但缺乏通用的尺度和度量单位，并且基本上是基于模拟而非数学方法的方向性指南图。

以上就是为欧洲公众制作航海地图的知识背景。早期地图印制的典型方式有木版印刷等，印刷技术的不断改进可以更好地为公众提供地图服务。早期欧洲

DESSERTO
PAROPANISADE
BEGALA REGIO
PERSIA SOPHI RIO
INDIA INTRAGA
CIRCVL9
SINVS GANGETICVS
ADEM REGIO
MARE INDICVM
PEALEGVS INDICVS
SINVS ARABICVS
BAZACATA ISVLE
CIR CVL VS EQVI NOCCIAL S

右页▶
1521年的君士坦丁堡和斯库台湖（摘自皮尔·里斯所著《海之书》）

这是一张君士坦丁堡（右）和斯库台湖（左）的地图，地图标有指北针，地图的右边是金角湾。海军力量对于奥斯曼帝国的扩张非常重要，在1453年土耳其人占领君士坦丁堡的战役中亦是如此。奥斯曼军队从陆路将船只转移到金角湾，从金角湾水域发起海军攻击，向君士坦丁堡守军施加了更大的压力。此后，奥斯曼帝国以加拉塔的海军兵工厂为基地建立起一支主要舰队，这一基地位于与金角湾相隔的君士坦丁堡的对侧。后来，加拉塔兵工厂在谢里姆一世在位时期（1512—1520）得到了扩充，成了主要造船中心，谢里姆在1517年率领舰队打败了埃及军队。在1571年勒班陀战役失败后，加拉塔兵工厂迅速为奥斯曼帝国建造了一支150艘战舰规模的新舰队。

地图印刷都围绕着海上贸易集中的城市进行，特别是威尼斯、安特卫普和阿姆斯特丹。因此，欧洲地图的制作机构充当了清算和整理新旧地理信息的重要角色。印制的波多兰海图取代了手绘的图表。阿姆斯特丹不是一个典型的军事中心城市，而是一个商业中心，而关于它的地图绘制也多数出于商业动机而非军事动机。商业地图制作人通过创作最好的地图作品谋生，在当时的地图行业不存在垄断经营的情况下，商业竞争带来了可用地图技术的极大改进。

海上军事地图诞生的原因

在1700年之前的几个世纪里，海战的发生频率少于陆地战争，比较有名的海战通常呈现在那些庆祝胜利的油画或壁画上。它们的表现形式是高度戏剧化的，而且倾向于表现军队登陆状态下的近距离战役。尽管如此，在这些说明性的记录作品里，海事地图仍然是备受关注的一个绘画分支。1590年，一份击败西班牙无敌舰队的英文版报告的出版迎合了当时的时事性话题，这份由罗伯特·亚当斯撰写的报告包括了一套11幅的海事地图，地图范围十分广阔，覆盖了整个英吉利海峡，并且详细显示了每一阶段的连续性战役的具体情况。这份地图为连续性战役的背景设置提供了一个明确可用的模板。

西班牙无敌舰队在战斗中的表现（截止于1571年在勒班陀的那场西班牙人、威尼斯人和教皇的联合舰队击败奥斯曼舰队的重要战役，这是地中海海域最大、最引人注目的一次海战）是海上军事制图重点描绘的内容之一，绘图者在绘制地图时，还会分析和列举海战发生的动机和利益原因。在17世纪的西欧，海上军事冲突的绘制作品出现得愈加频繁，其中最常见的是插画形式，地图的使用也越来越常见。蚀刻画和雕刻画及它们的组合作品通常会被印制成仅有一面的大幅绘画作品，画作上有时还会出现一小段文本。在17世纪30年代和40年代的荷兰共和国，这些单页大幅版画随处可见。在1639年的唐斯战役中，荷兰人击败了西班牙舰队，荷兰首领马尔滕·范·特鲁姆普带领荷兰海军击败了西班牙将领安东尼奥·德·奥尼多带领的一支规模比前者大得多的舰队，这对于西班牙在低地国家的军事实力和声誉造成了一次重大打击。这场战争迫使西班牙使用陆军力量来维持自己在西属尼德兰（现代的比利时）的统治地位。而这次战役则被绘入了许多荷兰人制作的地图和插画作品中。这些地图往往是由新闻行业的专业印刷人员进行雕刻、绘制和出版的，所以印刷者通常不是制图者本人。这大概是因为这些单页版画的贸易和销售需要依赖于新闻行业的销售网络才能进行。在一场决定性的胜战成形之后，一幅专门的地图或插画作品是非常恰

▼
1524 年至 1526 年，中国舰队的海上防守位置

《万里海防图说》（清帝国沿海工事地图册），最初绘制于 1524 年至 1526 年的明朝嘉靖皇帝年间。1725 年的版本是后来的复刻版。这一版本描绘的是包括防御阵地在内的中国海岸线区域的地形图。葡萄牙人到达中国后，中国人对于海岸线区域的状况愈加关心起来。1521 年，中国与葡萄牙的船只在澳门附近的屯门海岸处发生了冲突，当时正值明正德皇帝驾崩之后，中国人试图驱逐海岸区域的所有有入侵倾向的外国人。葡萄牙人寡不敌众，受到了沉重的压力，虽然最终击败了中国舰队，但战斗过程困难重重，还损失了一艘船舰。1522 年，葡萄牙人在对抗中国的一支配备了加农炮的小舰队时又损失了两艘船只。从那以后直到 1528 年，每年中国都会在沿海地区部署军舰，以防葡萄牙人再次杀回来。

当的战争纪念品。

海战地图诞生的另一原因是为了给军事规划提供协助，尽管这在当时属于军事机密操作，其过程多是在暗中进行的。在西班牙开始组建无敌舰队的前几个月，英国枢密院的秘书长安东尼·阿什利赞助了将卢卡斯·瓦赫纳尔的荷兰语航海图著作译成英文版的翻译工作，这本航海图覆盖了从加的斯湾到尼德兰的海域范围，而它的英文版本就是 1584 年至 1585 年众所周知的著作《航海明镜》。随后，该书的法语版和德语版也陆续出版了。到了 17 世纪和 18 世纪，海图出版商们被呼吁制作可以满足官方需求的航海图，如 17 世纪时布莱王朝与荷兰东、西印度公司的海上联络图，1690 年代早期海事地图集《海王星弗朗索斯》及其荷兰语翻印版本的出版等。荷兰人不仅在收集新鲜海事信息方面发挥了重要作用，而且在信息材料的印刷版本尚未普及的情况下，他们在手稿版本的流通过程中也有着重要作用，例如威廉·巴伦支所使用的意大利波多兰海图手稿。

1671 年，约翰·谢勒所著《英国领航员》的第一部分在伦敦出版，这是对荷兰人在航海图出版物市场上的霸权地位的一次直接而成功的挑战，航海图市场主要的服务对象是航海水手们，该书的第二部分（第五章）最终于 1701 年面世。《英国领航员》囊括了当时地球上已知的多数地理信息，它在整个 18 世纪期间被不停地重新出版印刷了许多个版本。尽管书里的许多地图都是早期荷兰海图的衍生品，但这本著作却异常地受到欢迎，特别是书里海图附带的英语航路指南大受群众的喜爱。在当时，外语知识著作的英语版本十分有限。同样地，各国地图制作者在著书立说时彼此间的语言知识、文学知识、文字和出版方面的交流为当时荷兰制图者的地图制作事业起到了极大的促进和帮助作用。

荷兰地图中时常出现波罗的海的第一停靠港、波罗的海海域，是北欧贸易的关键区域，它是欧洲的海事资源（木材、大麻、亚麻织品）、谷物和铁器的供应地，所以显得尤为重要。直到1644年海军高级飞行员约翰·曼森所绘的第一张瑞典地图出版之前，瑞典海军一直使用的都是波罗的海的荷兰海图。而约翰·曼森的作品也是以荷兰海图为基础绘制的。1694年，在进行了海域测量普查工作之后，皮特·格达出版了一本质量更好的瑞典海事地图集。早在1687年，格达被任命为海军部航海局的首任局长，主要负责航海图的制作。从那时起，瑞典海军不断地在波罗的海区域和瑞典海岸进行地图测绘和更新工作。由于瑞典需要维持海上军事力量，来保证它在波罗的海东南部海岸的区域性地位，以及及时移动部队以应对海上威胁，因此海事地图的测绘是非常有必要的。1700年，瑞典国王查尔斯十二世在纳尔瓦战役中，及时移动海军应对海上威胁后，击败了彼得大帝的俄罗斯军队。区域性信息起到了增强军事能力的作用。

地图测绘的意识可以对国防力量起到重要的协助作用，从下面这件事情上可以看出来。1681年，英格兰政府命令皇家梅林八号海军舰艇指挥官格林威尔·科林斯上尉（约1634—1694），“测量英格兰王国的所有海岸线和链条状海岸，进行一次全面的调查，获取所有海岬的方位和准确的纬度信息”。科林斯有着丰富的航海经验，他曾尝试经由亚洲北部的一条东北航道航行通往日本，却因船只在新地岛失事而以失败告终。他还曾在地中海区域对战阿尔及利亚海盗（专门针对英国人的海盗），他们对贸易活动构成了主要威胁，科林斯为战斗行动绘制了专门的地图。后来，科林斯向英国政府游说，要求改进英国海岸调查行动。他认为此次行动既要纠正以往的错误信息，又要建立一个专门收集和传播最新地图的集中系统。英国海岸

1541年阿尔及尔远征军（摘自乔治·布劳恩和法兰兹·霍根伯格所著《寰宇城市》）

西班牙在1510年占领了阿尔及尔的佩尼格尔据点，但在1529年，著名的海盗——海雷丁·巴巴罗萨将其夺回，此时的巴巴罗萨服从于奥斯曼苏丹的指挥。苏莱曼一世在1533年作为地中海舰队的卡普丹·帕沙（舰队司令）出征该地。苏莱曼军队成了哈布斯堡王朝的主要威胁，1541年，西班牙国王查理五世发动了针对阿尔及尔地区的大远征。这是一次大规模的两栖远征，远征军包括了65艘战舰、450艘支援船和3.4万名士兵。然而，在远征部队登陆时，海上舰队却在秋季风暴中遭受了严重破坏，损失了150艘船只后，这些部队只有选择重新登船。查理五世并未能获得如1535年在突尼斯时的战斗胜果。1550年代，奥斯曼帝国派遣大型舰队进入了西地中海，此时的奥斯曼帝国海军主要是由阿尔及尔海军组成的。阿尔及尔作为一个主要的海盗基地，经常遭受袭击，西班牙分别于1775年和1784年袭击了阿尔及尔并遭到失败。阿尔及尔最终在1830年被法国人占领。

调查行动最终持续了近7年，但仍因为完成速度过快、人力资源的缺乏，以及缺乏全面陆地调查作为海洋调查基础，所以存在许多问题。更广泛地说，海上地图测绘部分地依赖于相关的陆地测绘，而两者的目的都在于海岸线及附近设施的修复工作，以及为两栖作战提供功能性准备。

科林斯在他的著作《大不列颠的沿海引航》中展示了他的研究成果，其中包括航海方向、潮汐表、海岸景观和航海图等。这部作品于1693年首次完整地出版。1683年，英国国王授予科林斯常任水道测量家的职务。18世纪时，他的这部调查作品多次被重印出版。这一类型的海上地图测绘作品的出现是带有一定功利性的，1670年，查理二世命令种植园理事会“为我们所有海外种植园绘制地图或图表，还有每个种植园所在地的港口、堡垒、海湾和河流等地的地图”。

保密机制

官方多次对地图实行的限制流通举措也从侧面证明了地图存在的价值。非西方国家会公布多少实质性的地理素材，取决于他们的限制举措力度有多大。这种保密机制的发展趋势并不局限于非西方国家。例如，西班牙政府一直试图隐瞒探索发现得来的外部地理信

SINVS SARGELYCVS
ALGERII saracenorum vrbis fortissimæ, in Numidia Africæ Prouincia structæ, iuxta Balearicos fluctus Mediterranei æquoris Hispaniam contra, Othomanor. Principu imperio redactæ, imago.
Palatium Age Janiceror.
Castrum nouum Anno 1569. perfectum
Sepulchra Regum
Scopulus Coletta dictus
Scogli
YCVM MED ITERRANEVM

右页 ▶
麦哲伦的船只正在太平洋上发射加农炮（摘自亚伯拉罕·奥特留斯所著《寰宇概观》，1570年）

虽然斐迪南·麦哲伦于1521年在菲律宾宿务岛被杀，但他的西班牙探险队在1519年至1522年完成了史上第一次环游世界的航行，这一巨大成就在当时没有太大存在感，却具有极大的潜力，因为当时的其他太平洋国家没有在跨越海洋的航行上投入太多海军力量，特别是中国和日本没有发挥他们在这方面的航海潜力。1560年代早期，西班牙在菲律宾建立了殖民地，并据此同墨西哥进行贸易往来，西班牙随后在西太平洋各个地区建立了自己的基地。然而，西班牙人在菲律宾遭到了当地伊斯兰教区域（菲律宾南部的棉兰老岛和苏禄群岛）的强烈抵抗。中国和日本都曾尝试将西班牙人从西太平洋地区赶走，但收效甚微。1574年，中国海盗林凤对西班牙马尼拉基地的袭击被击退了。

息，随后，西班牙开始致力于将其他欧洲国家排除在太平洋海域的探索之外，并将海洋地理信息进行了加密，这被认为是一种区域性垄断。

然而，在1680年，一群英国海盗在巴塞洛缪·夏普的率领下，穿越达里恩地峡（现在的巴拿马运河附近）从大西洋到达了太平洋。他们利用一艘在巴拿马俘获的西班牙船只，在1682年返回英格兰之前，袭击了西班牙船队。海盗队里有位名为巴兹尔·林罗斯的队员，在回到英国后的1685年写作出版了探险日记，并根据自己的海岸航行经历及旅途中的见闻编写了内容充实的《车夫座巡航指南》，“车夫座”后来成了航路指南的一种专门写作形式。这种巡航指南书最初起源于“水路志”（官方航海指南的成套手稿），“水路志”由大量的沿海航海图组成，1681年，夏普船长从一艘捕获的西班牙船只上搜得“水路志”，并呈送给英国国王查尔斯二世，以获取皇室对他的青睐。由于西班牙人将“水路志”当作不能进行印制的机密地图册，它多数以手稿的形式存在，发行量十分有限，因此在这种手稿作品上也并未出现印刷品固有的标准化模式。

早在1590年代，曾在印度果阿邦为葡萄牙大主教当过书记员和抄写员的凡林苏荷顿参与了一次地图制作活动，他回到低地国家后，泄露了葡萄牙人试图列为机密的制图信息。这些信息为正在印度洋上部署战舰对抗葡萄牙人的荷兰东印度公司提供了帮助，在一系列两栖作战后，荷兰人把葡萄牙人从马六甲海峡、斯里兰卡海岸和印度的一些据点中赶了出来。荷兰在区域贸易中的地位是基于它强悍的海军实力。

与现代海战的相似之处

海战不仅仅是现代战舰枪炮的猛烈轰炸，或者从航母上起飞的喷气式飞机的轰鸣声。在那个只有帆桨动力船只的时代发生的海战，仍有许多类似于现代海军作战的特点。首先，除了我们经常提到的例子之外，当时的海战多是偶发性的，多数海军行动并不以挑起战斗为目的。而实力较弱的海军部队则大多试图避免战斗。第二，许多海军行动都是为了给陆军作战提供协助，两栖作战能力是较为关键的因素。这就确保了海战所在的范围主要位于沿海水域。同时，由于沿海水域是人口密集的居住地，因此也是经营贸易和渔业的主要地区。

海上力量的重要作用通常包括击败试图入侵的敌对力量，如公元前490年和公元前480年波斯两次入侵希腊失败（第二次入侵以萨拉米斯岛的希腊海军获胜告终），公元1066年诺曼人入侵英格兰，以及1274年和1281年蒙古袭击日本失败，都是很好的例子。临海水域里的军事行动是关键要素，它可以为大部队提

MARIS PACIFICI,
(quod vulgò Mar del Zur)
cum regionibus circumiacentibus, insulisque in eodem passim sparsis, novissima descriptio.
AMERICAE SEPTEMTRIONALIOR PARS.
Quivira
Isla de Plata.
Iapan ins.
Noua Hispania.
Mexico
MARIS ATLANTICI
SIVE MAR DEL NORT
Cuba
Spagnola
Circulus Cancri.
Islas de Lucois.
Philippinas.
MARE PACIFICUM, QVOD VVLGO MAR DEL ZVR.
Circulus Aequinoctialis.
Caribana.
Quito.
AMERICAE MERIDIONALIOR PARS.
Peru.
Charcas.
Nova Guinea, quibusdam Terra de Piccinacoli.
Insulae Salomonis.
Circulus Capricorni.
Chili.
Prima ego velivolis ambivi cursibus Orbem, Magellane novo te duce ducta freto. Ambivi, meritoq; vocor VICTORIA: sunt mi Vela, alae; precium, gloria; pugna, mare.
SPE ET METV.
GENIO ET INGENIO NOBILI DN. NICOLAO ROCCOXIO, PATRICIO ANTVERPIENSI, EIVSDEMQVE VRBIS SENATORI,
Abrahamus Ortelius Regiae Mts geographus lub. merito dedicabat.
1589.
TERRA AVSTRALIS, SIVE MAGELLANICA, NONDUM DETECTA.
Cum privilegiis Imp. & Reg. Maiestatum, nec non Cancellariae Brabantiae, ad decennium.
Archipelagus insularum.
Fretum Magellanicum
Tierra del Fuego

供后勤供应和兵力支持，并且可以为海军提供躲避风暴的避风港，保证他们不会因无风而停止前进。远距离入侵的难度较高，这并不是蒸汽船出现之前的海战时代独有的特征，在1944年同盟国军队进攻德国控制下的诺曼底（第二次世界大战中的一次关键战役）时，情况也是如此。然而，在进攻诺曼底的两年前，美国带头进攻非洲西北部的“火炬行动”却是一次绝佳的远程进攻的例子，当时，穿越了大西洋之后的大部分美军进攻舰队依然保存有作战实力。

在很大程度上，作战时效也是海军部队在登陆后取得成功的重要军事要素和政治要素。1688年奥兰治的威廉三世成功地攻进了英格兰就是一个尤为显著的例子。这次进攻战役的成功，最初是因为英国舰队对荷兰人的拦截失败，这是非战役性的决定因素，运气成分起了主要作用；而战役最终的成功在于英国人选择了接受政治上的新秩序。英格兰詹姆斯二世在伦敦部署了一支大规模部队来阻止威廉三世的进攻，但由于詹姆斯的立场不坚定，意志脆弱，这支部队迅速瓦解，这次军事上的崩溃是由军队内部的人员叛变引起的。

与此同时，对于船舶在战斗中理应扮演的角色的讨论，也涉及一些与海军力量有关的问题。船舶的适航性、容量、吃水量、速度、军备和船员等因素都起到了影响作用。根据具体航海任务中涉及的水域等情况，上述因素在船舶平衡中起到的作用又有很大的不同。15世纪，加农炮在海军武器装备中变得越来越重要，到了16世纪时更甚，但不是所有战舰都有可依靠（或仅可依靠）的对峙火力。这种对武器的依赖性尤其见于配备车身型加农炮的深海战舰上。

武器的多样性强调了不需要对海军力量做出单一的定义，也不应假设海军武器力量只有一个发展方向，即愈发现代化的发展方向。如果说深吃水的军舰在19世纪确实占据了主导地位，那么在16世纪当桨帆船仍处于重要地位时，情况则不然了。桨帆船的使用范围一度十分广泛，在地中海地区尤其如此，而在如芬兰海湾和苏格兰西部水域等北欧水域，也可以看到相似的例子，同时还有东南亚的阿特克和苏拉威西等海军力量多数由桨帆船组成的地方。桨帆船的战斗重点在于迅速结束战斗和协助登陆，它更注重对峙火力的替代选择或后续行动。桨帆船是可以携带加农炮的，但船内大部分空间需要容纳划桨手和平桨，这就限制了大炮等武器的使用空间。深吃水船则面临着在近岸水域航行的严重问题，如在西非的葡萄牙人的深吃水船只，葡萄牙人为了适应近岸水域，不得不在孟加拉湾等地区使用桨帆船。

鉴于大多数拥有海岸线的欧亚帝国此时都集中关注土地阶层之间利益的分配，以及陆地战争的收益，此时的欧洲海上国家的特征则是关注海军力量和海上贸易之间有利可图的合作行动。其中最成功的例子是16世纪的威尼斯、17 世纪的荷兰和 18 世纪的英国。其他欧亚国家则未能抓住机遇，达成这种协同行动，因为他们缺乏对远程海军行动的关注。结果就是，海洋战争在很大程度上成了欧洲海上国家历史的主要组成内容。

16 世纪 90 年代，中国、日本和朝鲜都在海上战争中投入了大量的军事力量，中国和朝鲜主要是为了对抗日本大规模入侵朝鲜的战争，中国和朝鲜最终取得了胜利，却没有将胜利局势持续下去。日本停止了入侵，而中国的海军力量转为应对国内的海上战争，特别是对抗海盗的海战，海盗势力在 1683 年入侵台湾时发展到巅峰状态。在此之前，一名海盗首领率军入侵了台湾并占领了岛上的荷兰基地。清政府的统治从 1640 年代持续到 1911 年，其间，清政府的战争重点集中于陆地战役。乾隆皇帝时期，当清军在 1760 年代与缅甸交战时，战争多是经由陆地发起，并未涉及海军行动的支持。同样，清政府在 1788 年与越南的交战也是陆面交战。

海战巅峰时期

16 世纪的主要海战，尤其是在勒班陀地区发生的海战及西班牙无敌舰队参与的海战，都具有特殊的历史意义，并被人们广泛地纪念着。然而事实是，与世界上其他地区不同，欧洲水域的海上冲突在 17 世纪下半叶达到了顶峰。17 世纪上半叶，欧洲发生了如 1639 年荷兰人在唐斯战役中击败西班牙人等几场著名的海战。1635 年到 1659 年，法国和西班牙的战争也有海战部分，主要以在地中海西部海域发生的两栖作战为主。

1652 年至 1692 年，这类海战变得更加常见，英国、荷兰和法国为了争夺海上优势，争相建造军舰，并纷纷建立和军舰配套的基础设施。他们开发了专门的军舰基地，其中有法国的布雷斯特基地、英国的朴茨茅斯基地、瑞典的喀尔斯克罗纳基地和丹麦的哥本哈根基地。这些基地安置有码头和木材、帆篷、加农炮等的贮藏场。由于当时的船只是用易腐烂的有机材料制成的，因此船只的维修设施必须较为完备。

海军力量的优势是为了给总体战略目标提供服务，协助或阻止入侵战争的发起，如当时的英格兰和西西里。此外，海军实力被认为对于贸易保护来说至关重要，对于国家威望来说也同样重要。

在波罗的海水域中，西欧国家之间的海上竞争关系表现为丹麦和瑞典等国家之间的竞争。波罗的海水域的竞争较少吸引到人们的注意力，部分是因为这个区域的战争没有像其他海域的欧洲大国之间的战争一样进一步发展扩大，但波罗的海的冲突使得海战的概念变得更为常见，并使海战成为各国海军的例行事务。近海区域数量众多的岛屿和岩石，对于精确测绘也提出了特别的要求。

▶ 1571年的勒班陀地区示意图（霍雷肖·德马利·提格利诺）与1572年的罗马示意图（艾尼亚齐奥·当蒂）

作为对奥斯曼帝国1570年入侵塞浦路斯的回应，由西班牙、威尼斯和罗马教皇组成的神圣联盟部署了一支舰队，准备发起攻击行动，舰队的将领是菲利普二世同父异母的私生子弟弟，奥地利的唐·约翰。舰队在希腊西海岸的勒班陀邂逅了穆辛泽德·阿里帕沙率领的奥斯曼舰队。唐·约翰的舰队配有236艘船只和1815门加农炮，而此时正遭受疾病肆虐的奥斯曼舰队有230艘船只和750门加农炮。战争于1571年10月7日爆发，多于10万人参与了这次战斗。战斗双方都更倾向于在公海里进行战斗，这一点非常重要，如果战场是近岸海域，奥斯曼人便可借助勒班陀堡垒上的炮火掩护进行撤退，迫使基督教军队采取危险的两栖攻击。双方此时都具备良好的士气和坚定的领导能力的优点。唐·约翰的战斗特点是依靠对敌方的连续重创来取得胜利，同时他也得益于拥有一个后备中队，可以对奥斯曼海上中队的有力袭击做出及时反应。最终，在4个小时的战斗后，基督教舰队取得了压倒性的胜利，这一是因为在西班牙和威尼斯战舰上服役的基督教西班牙步兵有着优秀的战斗素质和充足有效的火力，二是因为奥斯曼帝国的火药逐渐耗尽了。6艘威尼斯舰艇上的加农炮火力在击败奥斯曼帝国舰队的过程中发挥了重要的作用。

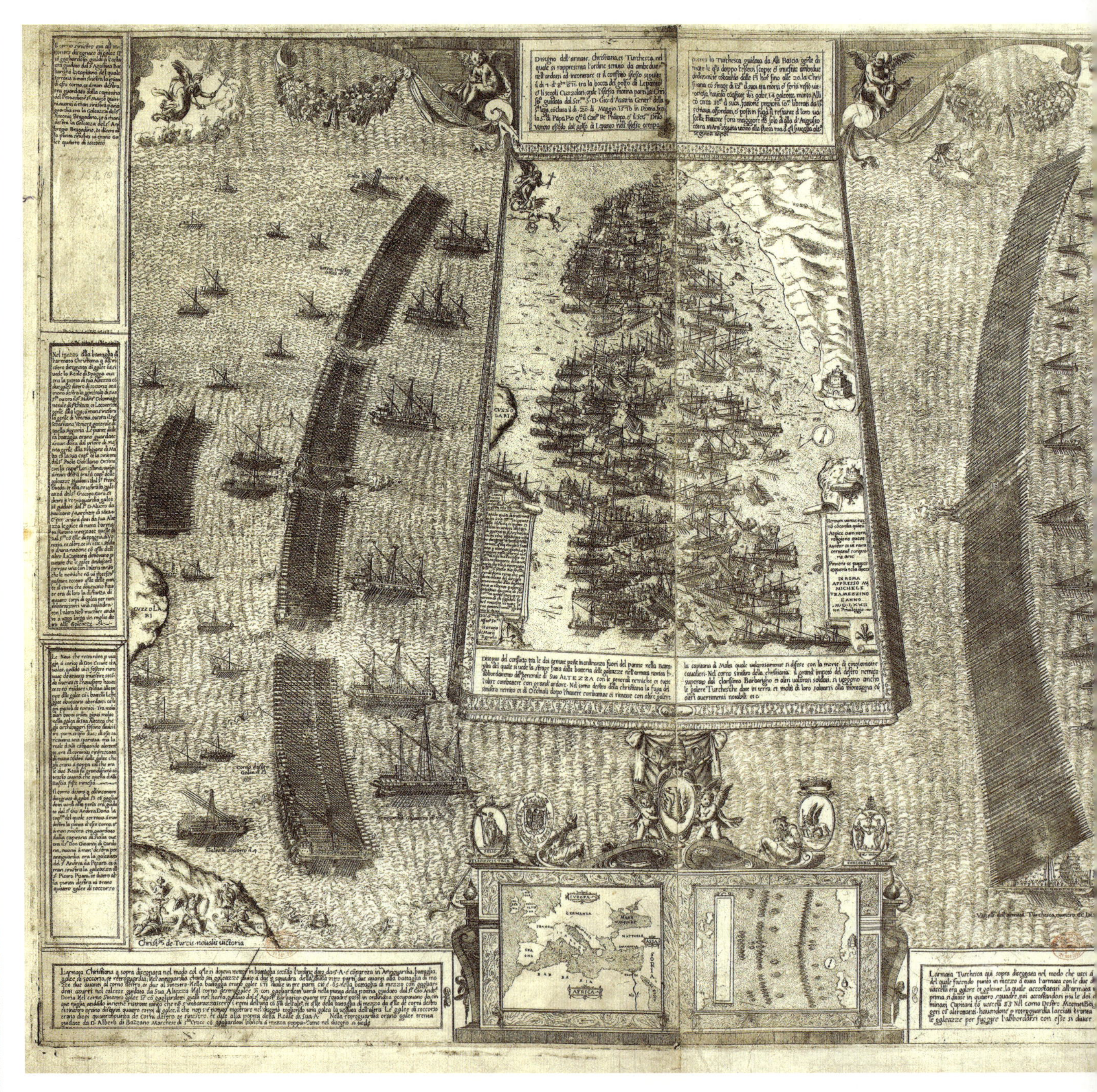

Chiarenza
Lepanto
Dardanelli
Dardanelli
Patras

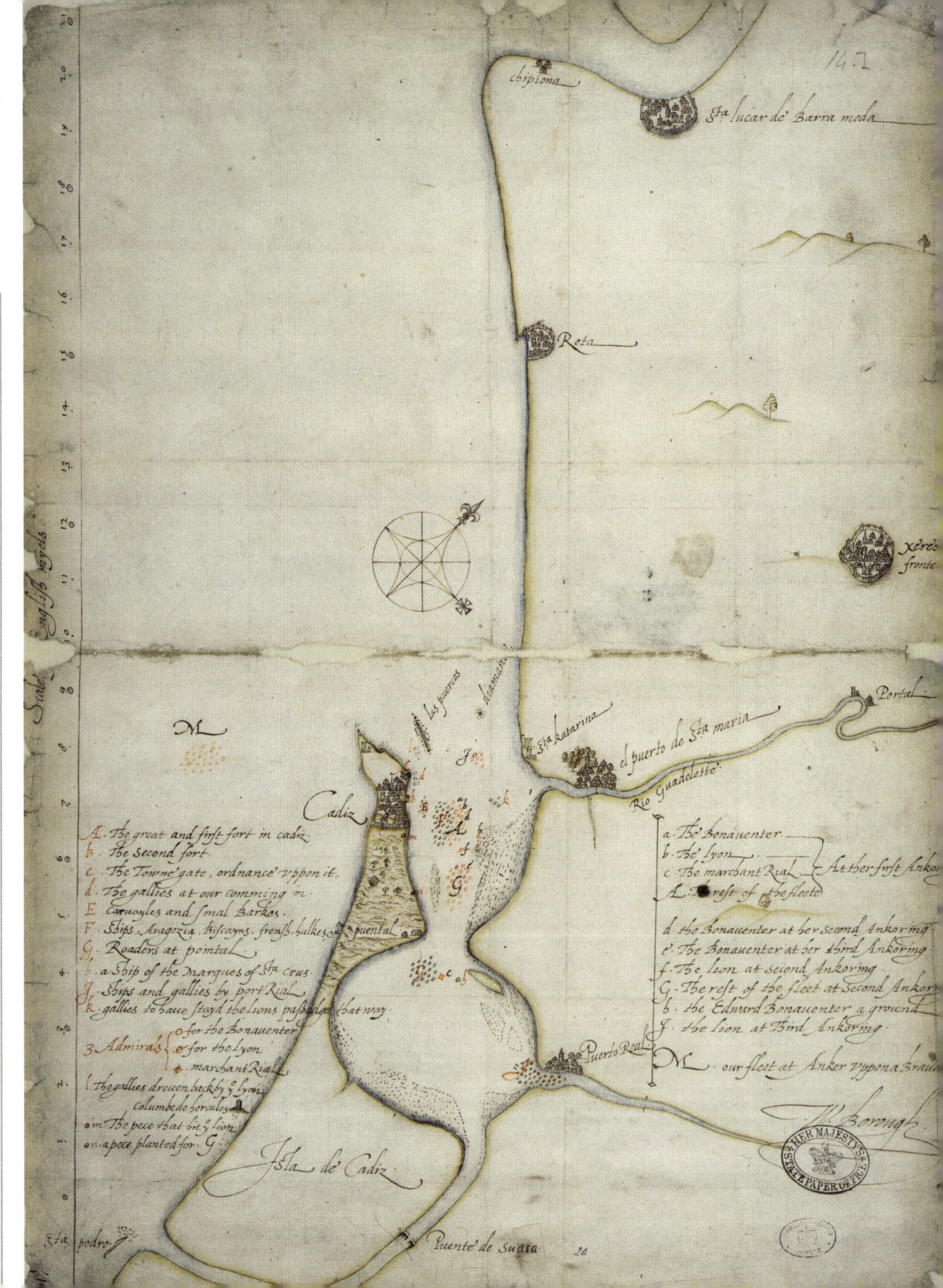

▶
德雷克对卡迪兹的攻击（威廉·伯勒，1587年）

1585年，英国的伊丽莎白一世和西班牙的菲利普二世皇帝正式开战，于是，西班牙就有了一个只有在海上才能战败的敌人。在1580年征战葡萄牙时，西班牙部署了大量海军力量，而后在1582年至1583年的亚速尔群岛邻近海域的战役里，西班牙人于1582年在蓬塔德尔加达击败了一支敌对的法国舰队。西班牙舰队使用的是大型帆船和桨帆船的组合进行攻击，但入侵英格兰的计划对西班牙大西洋远征军来说是全新数量级的战斗，这次战争的规模和军事野心都标志着海军作战能力的一次重要发展和延伸。弗朗西斯·德雷克爵士率领英军攻击了位于卡迪兹的主要西班牙海军基地，于是西班牙入侵英国的计划被推迟了。由于西班牙人较为缺乏军事侦察能力，因此他们更有可能发起奇袭。一位态度更为谨慎的英国海军副上将伯勒抱怨道，德雷克以独裁的方式进行指挥，并最终导致他被西班牙人逮捕。

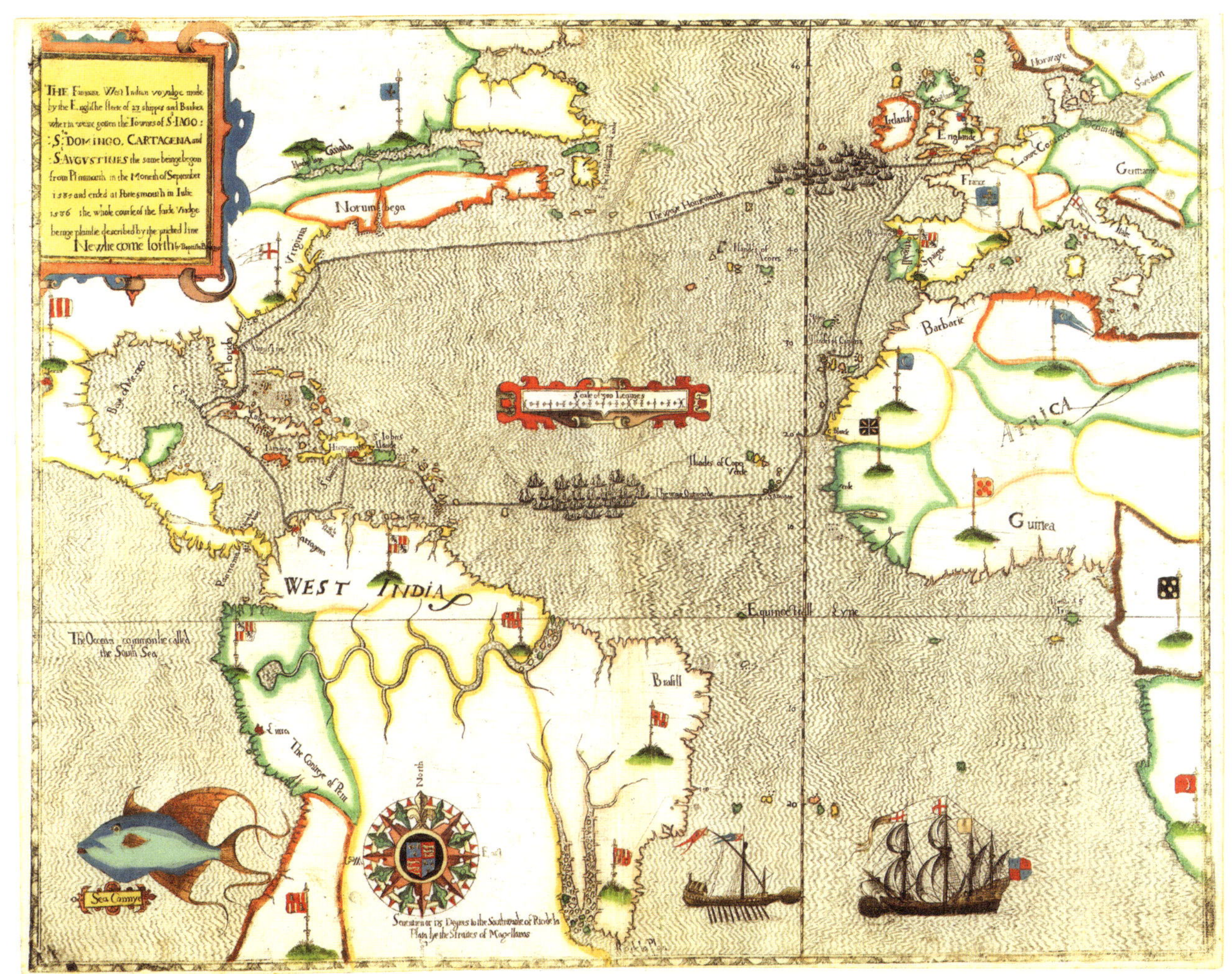

◀ 1585 年至 1586 年德雷克舰队的航行图（摘自比格斯和克洛夫斯所著《弗朗西斯·德雷克爵士西印度航程的总结与真实论述》，1589 年）

弗朗西斯·德雷克爵士指挥下的舰队于 1585 年 9 月 14 日从英国普利茅斯启航。舰队在去往加勒比海岛多米尼加岛的途中，袭击了西班牙比戈港口，随后在 1586 年 1 月 1 日攻占了伊斯帕尼奥拉岛的圣多明哥城，接着继续占领了卡塔赫纳港（最后被西班牙赎回）。英国舰队在后来的航行中由于疾病肆虐失去了许多兵力，他们经由佛罗里达返回了家乡，并顺路突袭了西班牙人的佛罗里达阵地，然后，他们到达了北卡罗来纳，最后和殖民者们一起返回了英国，于 7 月 28 日抵达英国朴茨茅斯。

频发的战争及其特性促进了新地图的描绘工作，在战斗中，军舰之间的交火过程和对于特定船只的捕获或破坏是最为重要的。同时，军事行动依赖于对地图的密切关注和使用。1652 年至 1674 年间的三次英荷战争促进了海战地图使用的发展，因为这两个大国是当时欧洲地图制作的主要中心。在第一次战争（1652—1654）中，英国拥有比荷兰更强大的舰队力量；而到了第二次战争（1665—1667），法国人为荷兰人提供了支援，阻碍了英国的战争计划，荷兰人则开始了一项大型造船计划，战舰力量最终和英国持平。他们之间的战斗非常激烈，小型冲突频发，其中包括荷兰人对因经营困境而栖在梅威河畔的英国军舰的成功袭击。到了第三次战争（1672—1674），荷兰人开始同时对抗英法两国，并进行了一场成功的防御战，尤其是成功

▲

1588 年的西班牙无敌舰队图（罗伯特 · 亚当斯，1590 年）

西班牙的入侵计划要求无敌舰队从西班牙出发，穿过英吉利海峡，为西班牙大部队在低地国家的入侵行动提供掩护。此时，西班牙军队已经在试图接近可以发起入侵的港口，这种协调作战的假设是完全可以成立的。英国人在英吉利海峡对无敌舰队的航程进行了骚扰，但由于无敌舰队采用了高度自律的航行编队，英国人的远程射击无法造成任何严重的破坏。英国舰队则有着优越的航行质量和四轮炮架设备，所以尽管有着弹药短缺的危机，遭受的损失也微乎其微。西班牙人的枪炮和火力都是装载在笨重的车厢设备上使用的，这些旧设备是为了用于陆地而设计的。这张地图显示了战斗的两个阶段，并捕捉到了西班牙舰队的纪律性。

1588 年西班牙人入侵英国未遂示意图（罗伯特 · 亚当斯，1590 年）

当西班牙舰队停靠在加莱的时候，他们发现军队已经能够集结进入英格兰所需的运输船只，但只有击败英国和荷兰的封锁中队才能从加莱出发。然而，西班牙舰队却因英国人的夜间火船袭击而受到了严重干扰。英国舰队在近距离战斗中利用大炮和步枪混战，并随后在格拉沃利纳海岸的一场持久战中重创了西班牙军队，将许多西班牙船只赶到了沙滩上。这场战斗的主要兵力是在西班牙服役的葡萄牙人，他们有着对峙火力的丰富战斗经验，却不敌计划周密的英国人。一股强大的西南风将无敌舰队带进了北海，在那里，他们试图通过危险的北部航线回到西班牙，却在不列颠群岛附近遭受了猛烈风暴的破坏。

地削弱了敌方军力从海上入侵的可能性。在这些战役中，军舰纵列战术得到了有效的发展，这是一种既能使火力最大化，又能有助于军队凝聚力的战略手段。同时，武装商船和军舰之间的区别越来越清晰，海上战舰的总体火力增加了，在接下来的大航海时代里，海军开始逐渐凸显其在军事上的特殊地位。

▶

1594 年恩尼斯基林城堡围攻战地图

在 16 世纪的苏格兰和北爱尔兰的西部岛屿上，划艇仍然是战争中重要的水上运输工具，这些岛屿上仍流传历史悠久的建造长船的维京人传统。在北爱尔兰西南部的恩尼斯基林，英国人也曾使用桨帆船作战。1590 年代发生在爱尔兰的冲突战争，显示了爱尔兰人将传统的非常规战术方法与现代武器相结合的战略，同时也显现了英格兰人在对抗防御战时的优势。

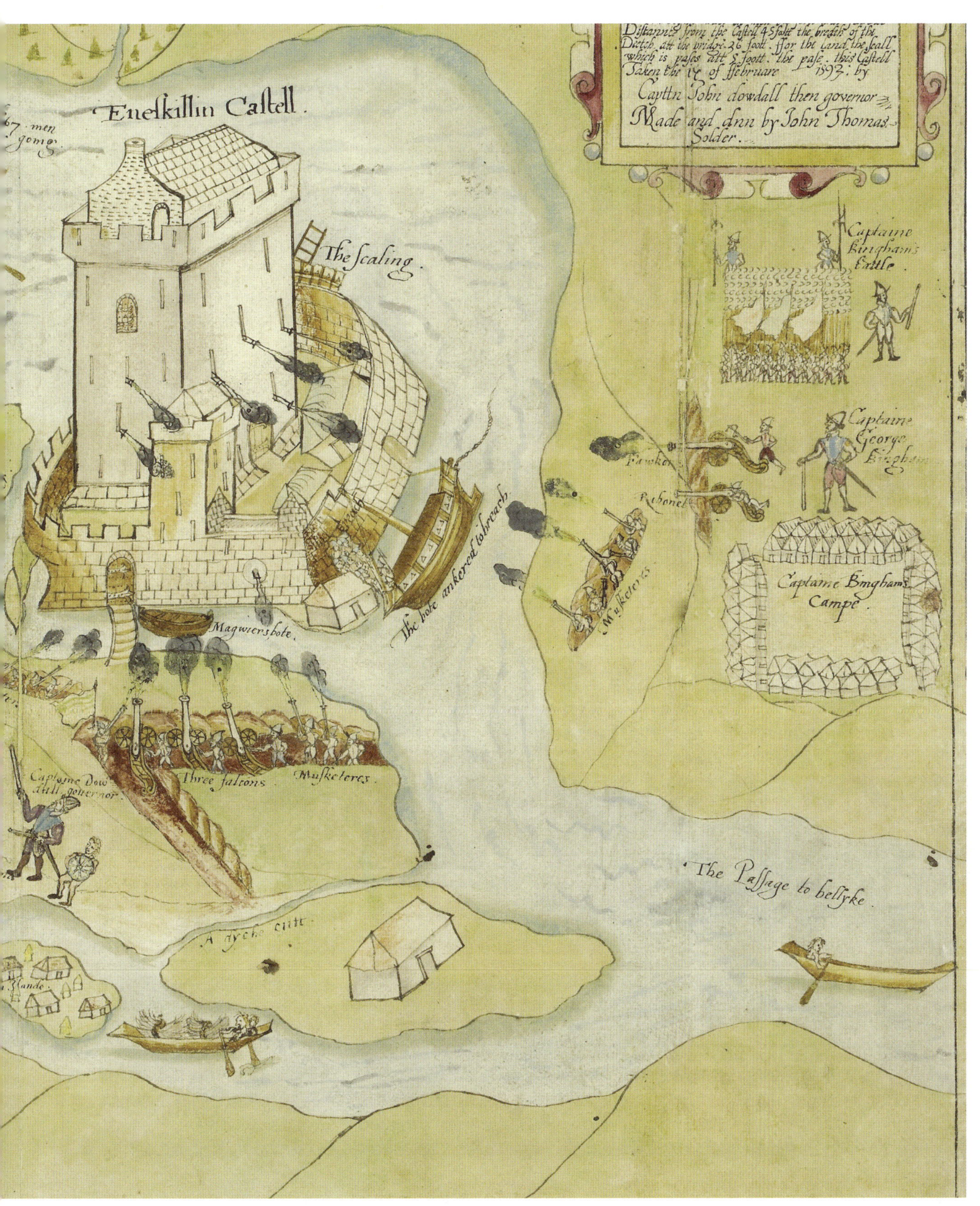

Distannce from the Castell 45 foot the bredth of the
Dietch att the bridge 26 foott. ffor the land the scall
which is pases att 5 foott. the pase. this Castell
Taken the 17 of ffebruare 1593: by
Captn John dowdall then governor
Made and dnn by John Thomas
Solder.
Enelkillin Castell
67 men going
The scaling
Captaine Bingham's Battle
Captaine George Bingham
Fawker
Rabonet
Captaine Bingham's Campe
The bote ankered to breach
Maguiers bote
Musketeres
Three falcons
Musketeres
Captaine Dowdall governor
The Passage to bellyke

▲

卡迪兹围城战地图（弗兰斯・霍根伯格，1596 年）

英国舰队在此次战役中袭击了卡迪兹，卡迪兹的右上方就是直布罗陀海峡。西班牙无敌舰队就像在 1587 年时一样再次先发制人。因为西班牙舰队遭遇了风暴，英国人幸运地躲过一劫，此前当他们在卡迪兹作战时，遭到了西班牙大帆船和桨帆船的联合突袭，卡迪兹城内还有着西班牙人的辅助火力。英国人在成功登陆了卡迪兹后，便以雷霆之势占领了这座城市。西班牙人及时地在内港自毁式地烧毁了西班牙商船，但仍遭到了巨大损失。英国指挥官们也未能成功控制部队的行动，伊丽莎白一世并未顺利获得她应有的胜利成果。由于英军无法在卡迪兹长期驻扎，他们随后还是撤退了。

▲

1601 年的越洋贸易争夺战

由于西班牙在 1580 年接管了葡萄牙帝国的统治权，荷兰在同西班牙开战后，开始频繁地对葡萄牙发起攻击。1601 年 12 月，荷兰海军在爪哇岛班塔姆海岸击败了一支规模比自己大得多的葡萄牙舰队，然后控制了爪哇岛的香料贸易。在这幅插图中，作者使用连续字母序列的方式来诠释了战争发生的过程。荷兰东印度公司采用武力的方式来连接荷兰的交易区域及创造垄断，从而促进经济的专业化发展和交流。在击败了葡萄牙人之后，荷兰人在 1619 年击败了班塔姆的伊斯兰苏丹军队，并将班塔姆镇改名为巴达维亚（现在的雅加达），这个小镇随后成了荷兰人在当地的权力中心。

1607 年直布罗陀战役

在雅克布 · 范 · 海姆斯克带领下的 26 艘荷兰军舰杀了西班牙舰队一个措手不及，荷兰人在 4 小时内摧毁了大部分的西班牙船舰。荷兰的海军力量在很大程度上依赖于当时荷兰人在海上贸易活动中的国家力量和活力。当时的荷兰共和国是欧洲和全球贸易网络的中转港，在这种贸易网络中，比较优势给荷兰人带来了丰厚利润。荷兰人为了和西班牙人决一死战，将经济实力转变为军事力量。

rhafftige Abbildung
derbahrlichen/ Schiffstreits/ zwischen
da des Königs von Hispanien und etzlichen
schiffen der Herrn Staden/ unterm Com-
o des Admirals Iacob Heimskirchen
n Amsterdam: geschehen auff der Re-
de von Gibralter/ den 25 Apri-
lis im Jhar 1607.
LTAR
Spaensche Admirael
Spaensche schepen
Den Admirael Heemskerck
Capiteyn Lambert
Casteel

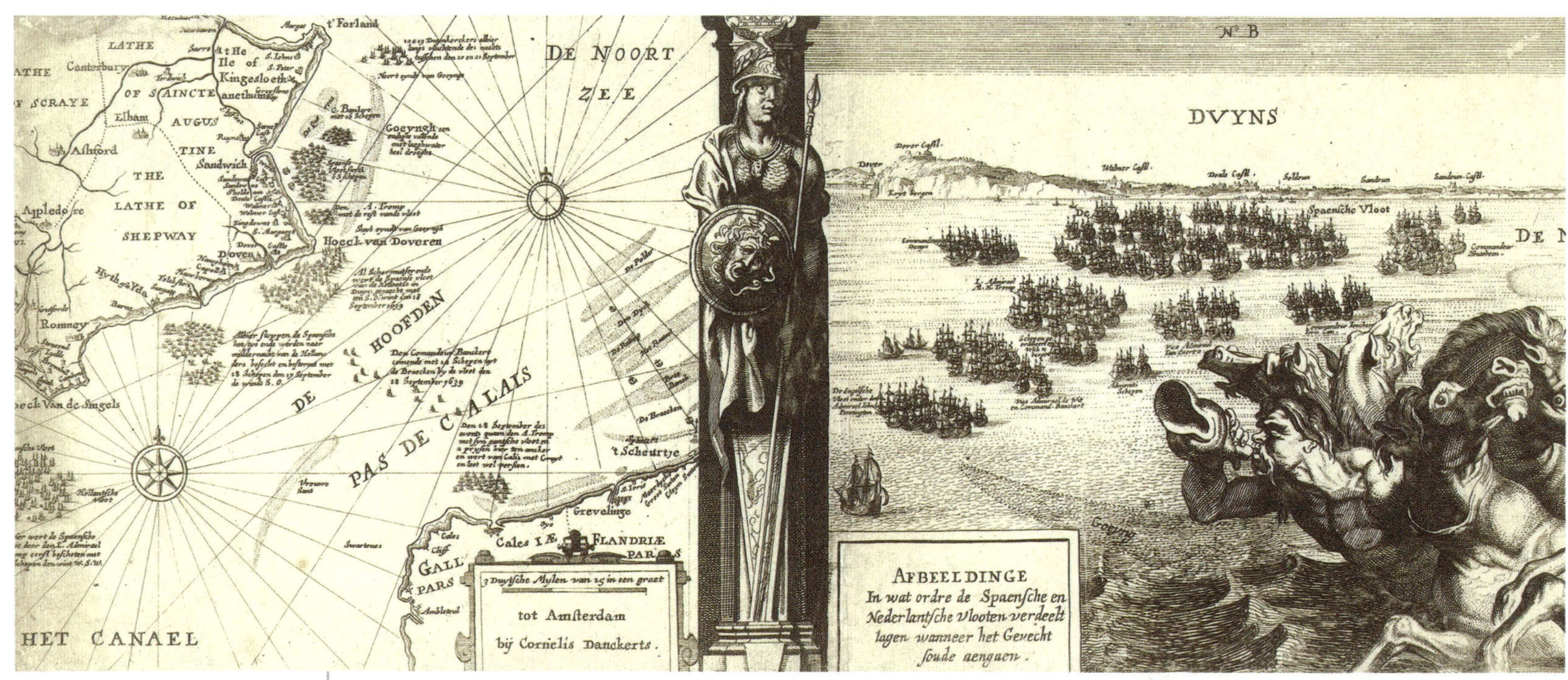

▲

1639 年的唐斯战役（地图于 1640 年至 1645 年出版）

在与西班牙人的争斗中，荷兰人一直试图切断他们与西属尼德兰（比利时）之间的海上联络线。这场战斗表明，西班牙人尽管在舰艇设计上进行了改进，但仍未采用与炮兵结合的海军作战方针，也没有坚持使用登陆战术，这大概是由于西班牙指挥官坚信相较荷兰敌军而言，西班牙舰队在海战方面更具权威性。西班牙人被击败之后，逃到了英国唐斯海岸处避难，却遭到荷兰海军特隆普上将的追击，伤亡惨重。在风平浪静的水域，西班牙人更容易受到火船和更为灵活的荷兰军舰的攻击。

右页 ▶

卑尔根战役地图（1665 年）

这是第二次英荷战争里的一次战役，战斗开始时，英国舰队袭击了驻扎于挪威卑尔根市的荷兰军舰。此时的挪威处于丹麦人的统治之下，挪威海岸的炮台为荷兰人提供了支援火力，阻止了英格兰军队的继续入侵。

Bergen in Norway
The Names of his maje Ships of Warre at Berg
a, yᵉ Norwich
b yᵉ Prudent Mary
c yᵉ Breda
d yᵉ Foresight
e yᵉ Bendish
f yᵉ Happie Returne
g yᵉ Saphir
i yᵉ Pembroke
K yᵉ Revenge
L yᵉ Coast Fregat
m yᵉ Guinea
Nor-
way
Werkenesse.
Hornes
The Chanel from Selteford.
Part of Dicsholme
Discription of yᵉ chief Places about Berge
1, the Castle
2 a platforme of wood
3 a platforme, newly made
4 yᵉ Several Hollanders Guns
5 a Smal old Castle
6, a Fort, 34 Guns, 1500, Men
7 yᵉ Custome House
8 yᵉ Buy,
9 yᵉ Bay or Port of B
10 yᵉ Towne of Berge

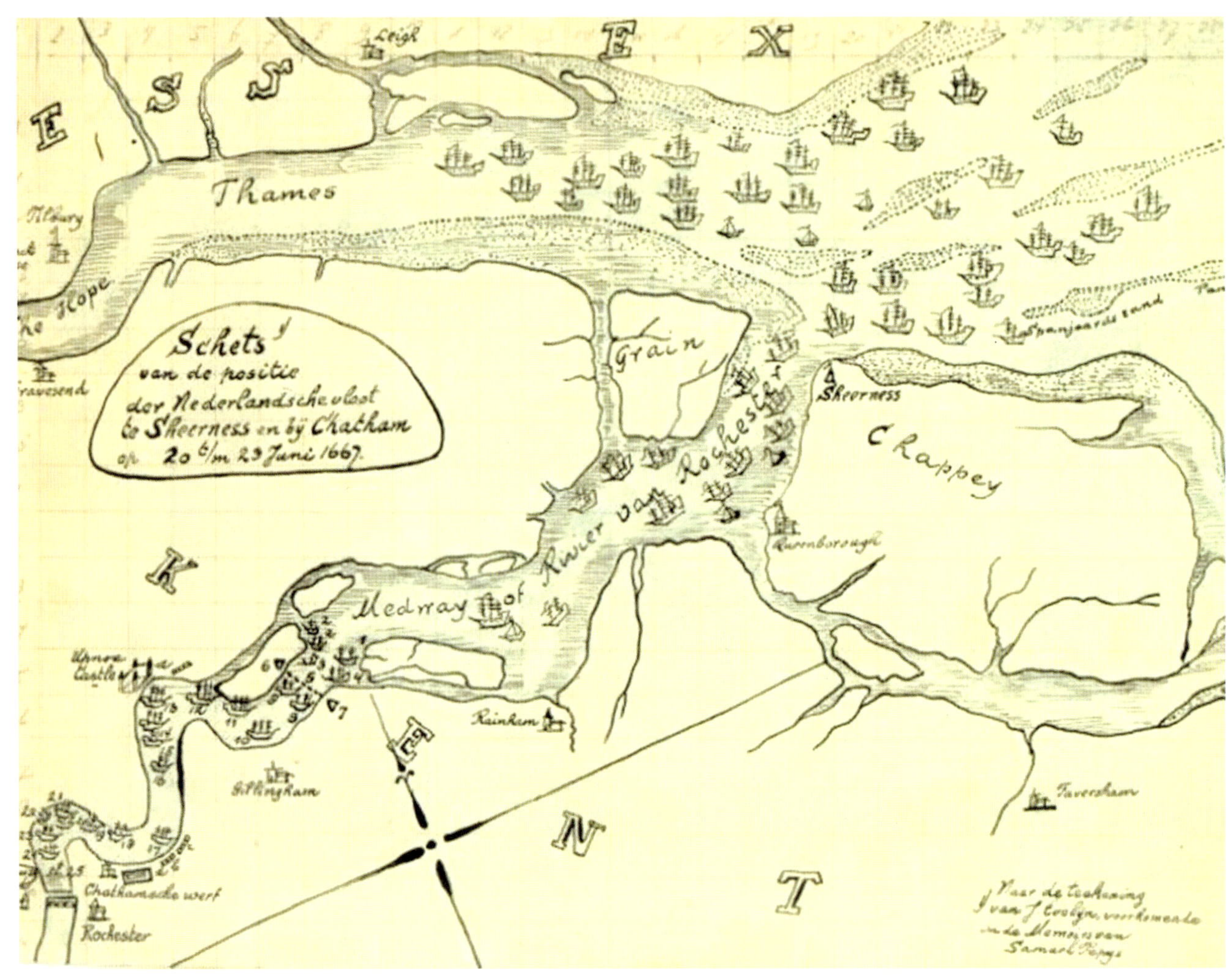

▶

荷兰人袭击查塔姆群岛

这是一幅显示1667年6月20日至23日荷兰舰队所处位置的示意图。第二次英荷战争（1665—1667）中，英国海军对荷兰本土带来沉重打击，尤其是在1665年的索莱海湾之战及1666年的二日战争中。但英国战争财政的紧张使得他们在1667年的战斗中准备不够充足。荷兰人发现了英国人的这个弱点后，成功地袭击了停泊在梅威河畔的英国军舰。这就使得这次战争比起第一次英荷战争（1652—1654）而言，给两国人民留下了截然不同的政治印象。

右页 ▶

1672 年的贸易战争

罗伯特 · 霍尔姆斯爵士率领的一支小舰队在同荷兰士麦那护航队作战后，从地中海返回，而后进行了一系列准备充分的作战行动，发动了第三次英荷战争（1672—1674）。这幅素描画带有大量的荷兰语注释，详细记录了战争爆发第一天的很多细节，准确描述了荷兰军队守卫阵地的困难所在，以及枪支使用黑火药时烟雾缭绕的场景。

London

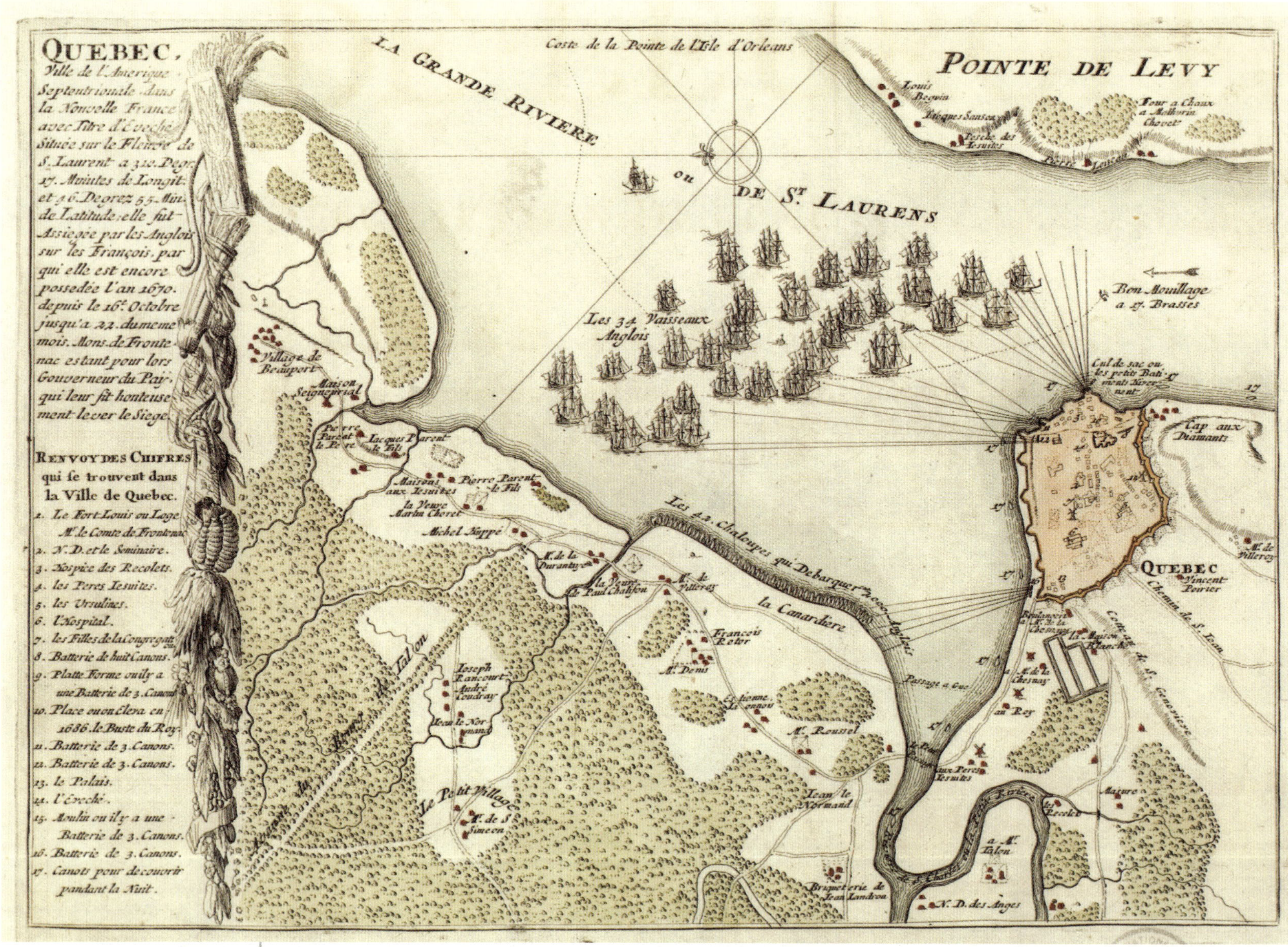

▲

1693 年英国围攻魁北克之战

海军力量的投放对于英国征服北美法属基地的计划来说至关重要。1608 年，法国人建立了魁北克市。1629 年，在英国军队的围攻下，魁北克缺水断粮，被迫投降。1632 年，英国根据一项和平协议将其归还给了法国。1693 年和 1711 年英国两次试图发起的针对魁北克的袭击都以失败告终，第一次主要是由于英国部队遭遇疾病肆虐，第二次是因为英国人遭遇了夜间沉船事故。1759 年，英国军队终于占领了这座城市，詹姆斯·沃尔夫带领的远征军极大地受益于詹姆斯·库克于前期完成的对圣劳伦斯河流域的地图测绘活动。

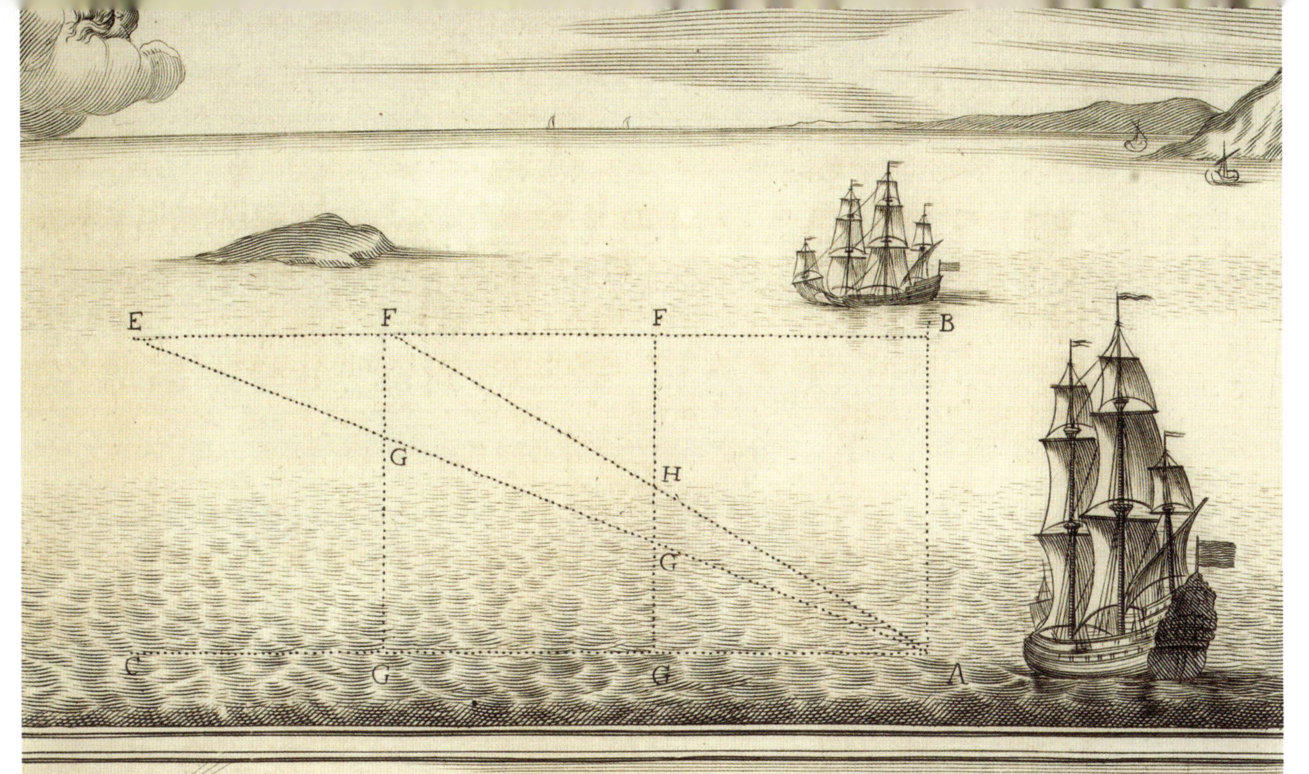

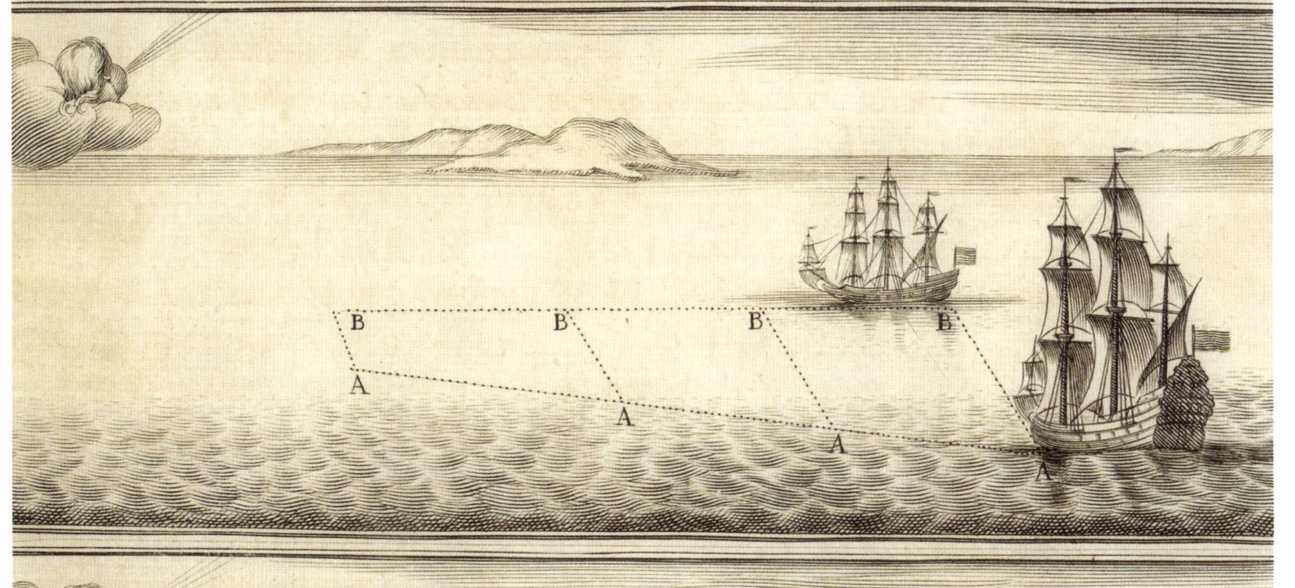

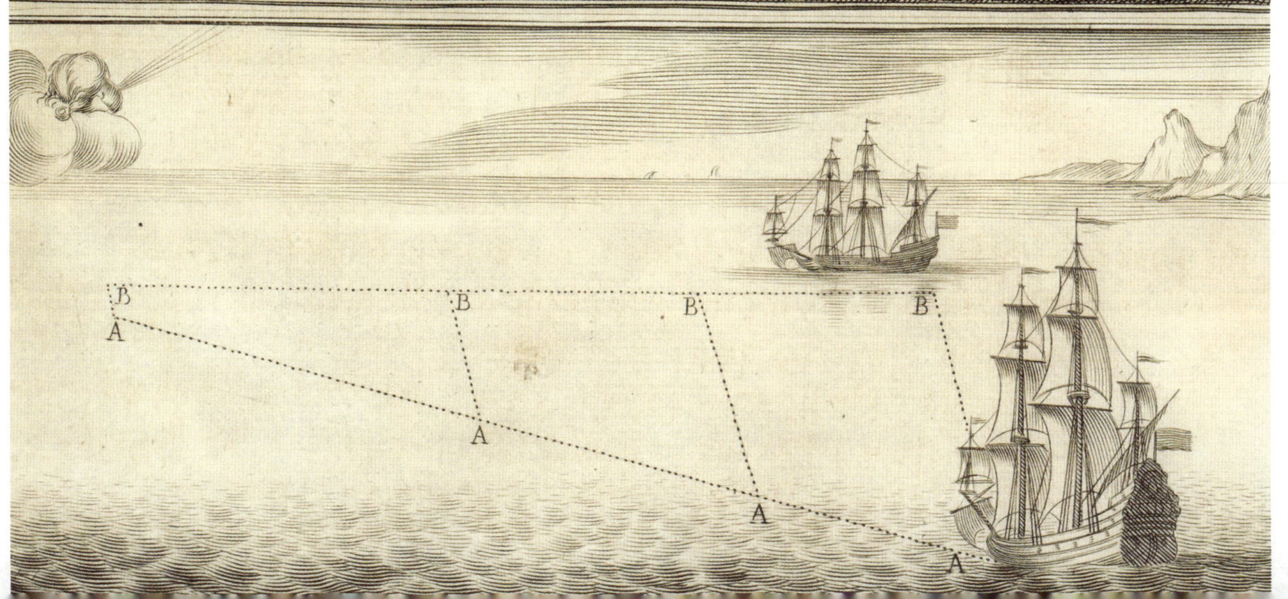

◀ 海军战术说明（摘自保罗·奥斯特所著《海军艺术》，1697 年）

保罗·奥斯特的作品试图对海军战术进行系统性的分析，将法国海军的战略和同期陆地战的军事策略（尤其是沃邦的军事策略）相结合。经过 1692 年法军在拉乌格海岸战败之后，法国人发现，这种几何形式的战略在与敌人实际交战时并不适用。此外，奥斯特的研究更适用于 17 世纪 60 年代后期法国的海军建设中，如果排除 1693 年至 1694 年法国经济危机的影响的话。由于财政紧张的压力，以及近期海事行动带来的利益有限，法国将他们的海军战略从“舰队作战”（派遣主动作战的小舰队），改为“贸易战”（以袭击虏获英国和荷兰的贸易商船为主）。

第二章　18世纪

THE EIGHTEENTH CENTURY

海战制图的发展

右页▶
1700年，英国、荷兰和瑞典舰队联合轰炸哥本哈根

沿海城市极易受到来自海上的炮击轰炸。拥有29艘船只的丹麦船队尝试着阻止瑞典舰队和23艘船只的英荷联合舰队会师，但瑞典人并没有从相对安全的海峡主干道处取道，而是在1700年7月14日悄悄从弗林南海峡处溜了过去（他们将8艘大船留在了后方，船队搁浅后仅剩4艘可用），并参与了此次哥本哈根的轰炸行动。轰炸行动同时还是为了保证在瑞典军队登陆时，丹麦舰队没有还手之力。最后，瑞典人安全着陆了，丹麦被迫退出了战斗。

他们将这本很有名气的书呈送给了国会的议员们，书后附有一张地中海的海图，可以让人一目了然地发现，在该海域里，对大英帝国的贸易航线来说最重要的就是，西西里岛和撒丁岛必须归我们忠实的盟友所有，而且如果可能的话，这个盟友最好不应是一个海事强国。这两个岛屿的存在就像布下两张大网，既可以拦截意大利人，还可以拦阻土耳其和黎凡特的贸易路线……如果西班牙的海军力量以最近的势头持续增长，这个国家就会自认为是地中海贸易的主宰者，他们会开始随心所欲地征收通行费，就像丹麦国王在埃尔西诺城的所作所为一样。

伍斯特·泊斯德门，1718年11月21日

1718年，一幅海图在对海军政策的诠释中扮演了关键角色。此时，英国政府正急于赢得国内舆论的支持，派遣舰队到地中海展开支援行动，应对西班牙1717年对撒丁岛和1718年对西西里岛的入侵。里弗·威廉姆斯撰写了一本小册子——《一个商人写给国会议员的信：随着西班牙海军力量的迅速强大，英国正在失去她的贸易路线（附有地中海海图）》，他的作品得到了政府方面的大力资助，麦克莱斯菲尔德的第一任伯爵，也就是当时的上议院大法官，给他提供了资金赞助。在这本非常强调地图附件的小册子中，威廉姆斯解释了人们对信息的需求：

国王陛下的舰队与西班牙皇家舰队之间的近期冲突（西西里海岸的帕萨罗海岬之战，英国取胜）已经成了人们茶余饭后必有的消遣话题；但不幸的是，在这些自娱自乐的人们当中，每五百人中都很难有一个人能真正理解这次胜利的意义所在。虽然“西西里”和“撒丁岛”这两个词经常被他们提起，但他们却对这些岛屿究竟位于世界上哪个位置一无所知。

虽然并不是必须通过这张海图来理解关于海军力量的争论，但这幅位于小册子中最显要位置的海图，不仅帮助澄清了各方论点，还使这种争论变得更有分量。这个例子说明，关于海军力量的地图不仅成了公共娱乐的组成部分，也成了公共宣传教育的一部分。它的潜力在于，有助于形成一个可以公开讨论政治的国家环境和较为清晰明确的政治制度。然而，有必要指出的是，此时绝大多数英国（及其他国家）关于外交事务的小册子中都不含有地图作品，报纸等媒体上也极少提供地图成品。在公共印刷品中，很难找到像地图一样可以提供航海教学和海军军官教育素材的替代品。这一时期，印刷一张地图仍然很复杂，报纸媒体如果想附带地图作品，制图成本也很昂贵。

政府对这本小册子的支持是公共服务和私人产业、政府机构和民间企业之间相互跨界的一种表现。

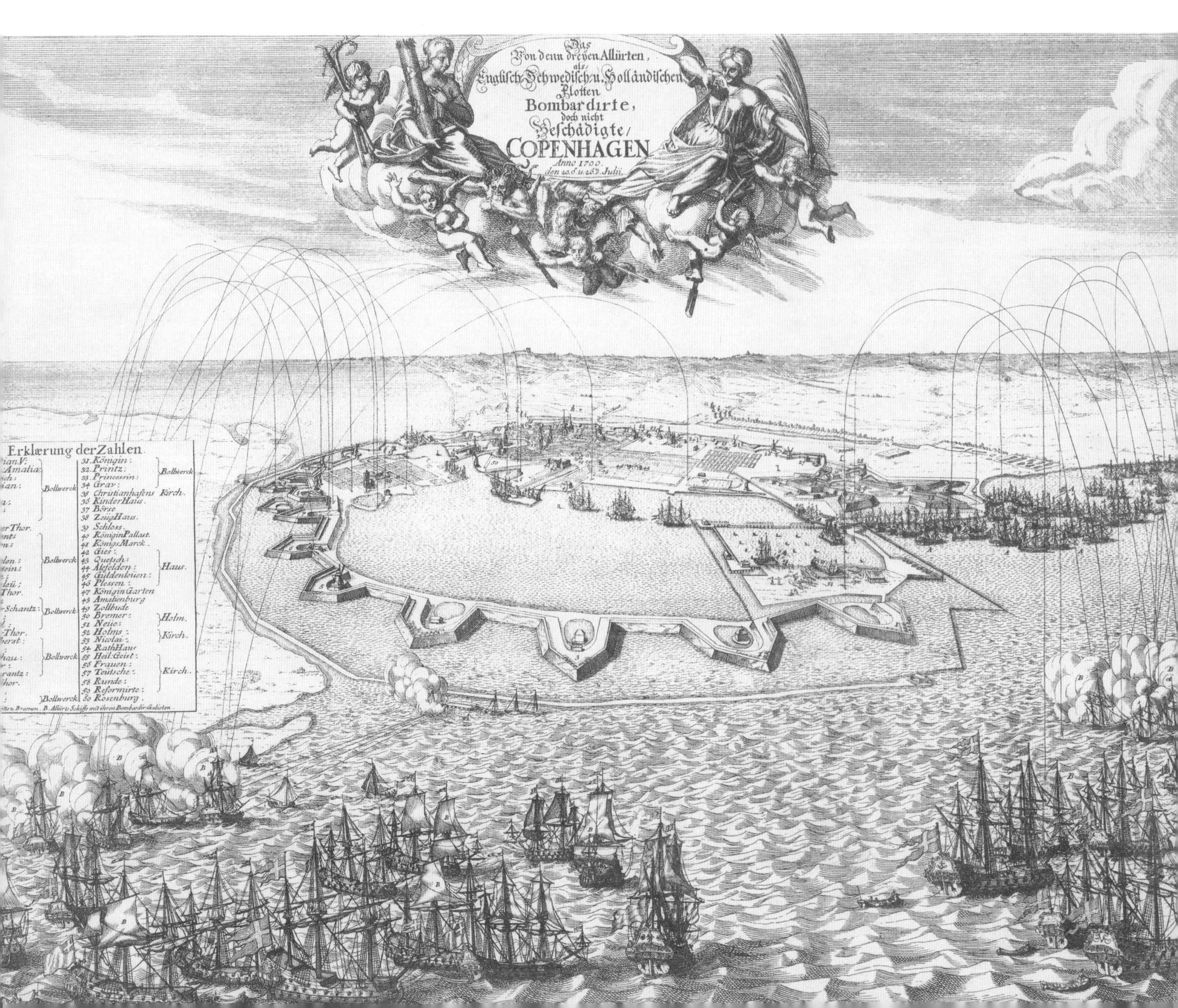
Das
Von denn dreyen Allürten,
als,
Englisch Schwedisch u. Holländischen
Flotten
Bombardirte,
doch nicht
Beschädigte/
COPENHAGEN
Anno 1700.
den 20.6. u. 26. Julii.
Erklærung der Zahlen
Bollwerck
Bollwerck
Bollwerck
Bollwerck
Bollwerck
31. Königin :
32. Printz :
33. Princessin :
34 Grav :
Bollwerck
35 Christianhafens Kirch.
36 Kinder Haus.
37 Börse
38 Zeüg Haus.
39 Schloss.
40 Königin Pallast.
41 Königs Marck.
42 Gies :
43 Quetsch :
44 Alefelden :
45 Güldenleüen :
46 Plessen :
Haus.
47 Königin Garten
48 Amalienburg
49 Zollbude
50 Bremer :
51 Neüe :
Holm.
52 Holms :
53 Nicolai :
Kirch.
54 Rath Haus
55 Heil: Geist :
56 Frauen :
57 Teütsche :
58 Runde :
59 Reformirte :
Kirch.
60 Rosenburg.
B. Allürte Schiffe mit ihren Bombardir-Galioten.

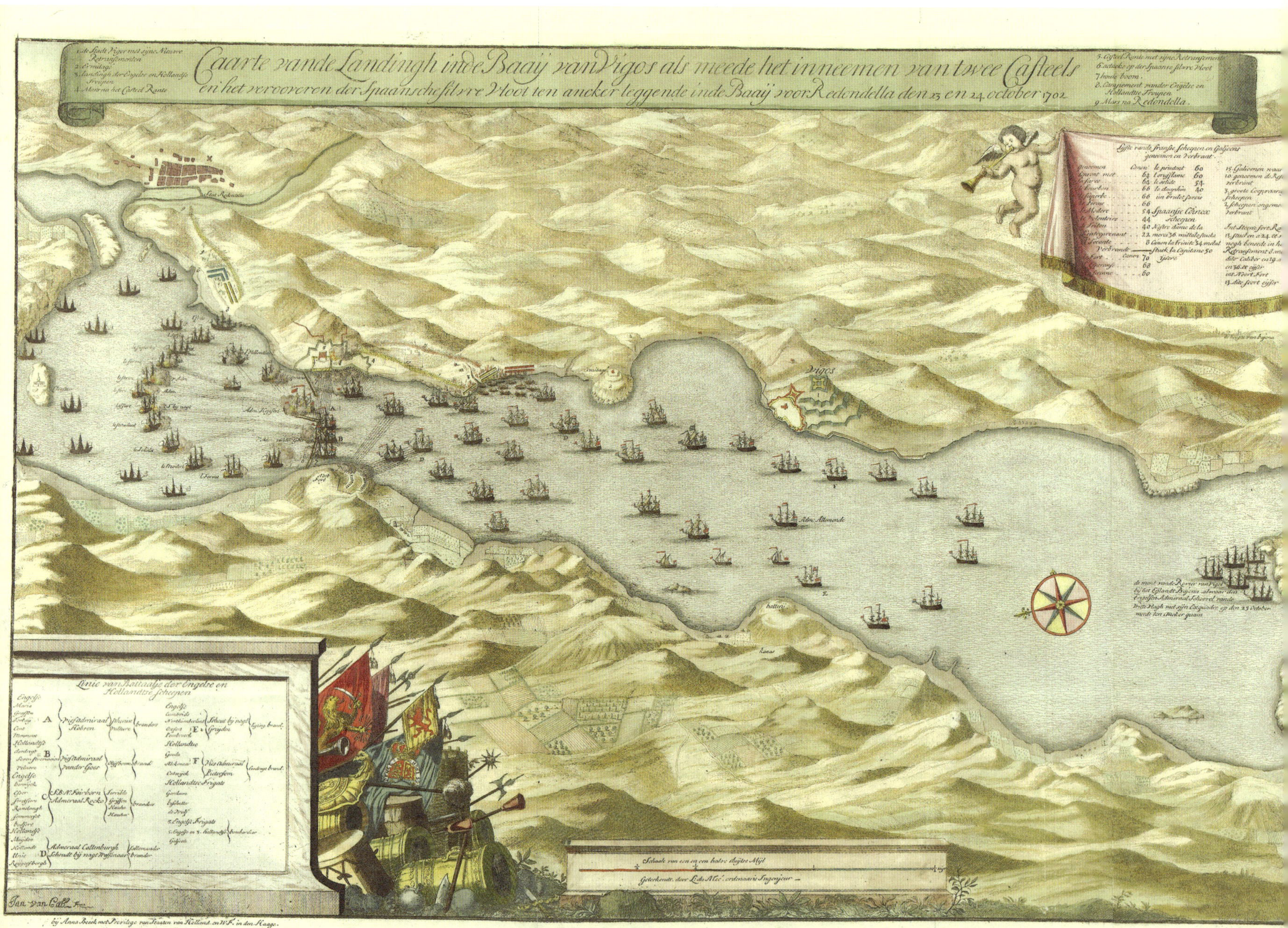
Caarte vande Landingh inde Baaÿ van Vigos als meede het inneemen van twee Casteels en het verooveren der Spaansche silvre Vloot ten ancker leggende inde Baaÿ voor Redondella den 23 en 24 october 1702
Vigos
Linie van Battaalje der Engelse en Hollandtse Scheepen
Jan van Call

这种跨界作用对于英国的制图业来说非常重要，从地图产业在早期低地国家的发展过程中便可见一斑。在低地国家，地图制造商的生意主要依赖于私营企业的销售渠道和资金融资。这就确保了普通客户的产品体验是至关重要的，至少对于那些追求竞争优势的地图商们来说，客户的想法非常宝贵。英国市场的商业压力带来了地图出版业的整合，消费者们可以根据自己的质量评判标准来选择地图作品。与此同时，商业地图出版可以依靠并利用政府资源。皇家地理学家托马斯・杰弗里斯被授予特权，可以读取印刷一些官方地图制作机构（如英国海军部和贸易委员会）的手稿作品。英国贸易委员会是殖民地政府的核心机构。政府机构的支持使得将地图的设计和范围进行规范化成为可能。

此外，政府官员、要员，以及其他社会名流都拥有自己的地图藏品。1728年在伦敦出版的纳撒尼尔・卡特勒和艾德蒙・哈雷的《海事商业地图集——世界大地图》就是约翰・克利夫兰的藏品，它的复制品的流通是海事地图所有权发展变化的一个实例。克利夫兰于1743年至1746年任皇家海军的行政长官，1746年，他成为英国海军部司长，1751年至1763年去世期间还兼任了海军部的秘书长。《海事商业地图集》可以为水手们提供世界上大多数贸易地区沿岸航线的优质海图。事实上，各国政府也在搜集自己的地图藏品。法国海洋和海军部门在1720年建立了专属的地图和航海计划办公室，这是最早的航海地图办公室，但在后来的发展进程中，法国没能有效利用官方机构的力量来实现地图作品的标准化。

地图制作的挑战

制作精确的地图是很有必要的，18世纪初，世界上的大部分水域尚未绘制出可用的海图。在1717年的《地图和地球仪的制作过程》中，约翰・格林是这么描述欧洲当时的情况的：“这是可以观测到的，不仅是海岸线，在观察不同地图上的相同地区时，会发现它们之间有着很大的差异；这些地区的现有各版海图也很难达成一致。”在进行地形测量时，也缺乏可用的普遍标准，尤其是长度标准。这就使得同一地区的地图比较工作变得十分复杂。这种情况也造成了在港口进行船只封锁时问题频发，而封锁法国港口是英国海军的关键任务之一。这是保护英国免受侵略的必要步骤，可以防止诸如1588年试图入侵英国的尝试和1688年英国被入侵这样的事情再次发生。

这些问题随着各方势力纷纷在海上建立据点，以及时间记录的相关缺陷而变得更加突出。在一定程度

◀左页
西班牙比戈示意图（杨・范・考尔，1702年）

1702年，海军上将乔治・鲁克带领的英荷舰队未能成功地在海上拦截西班牙的“新世界”宝藏舰队，但却成功地在比戈袭击了它。宝藏舰队受到了西班牙军舰队轰天炮和陆面强力炮火的掩护，但西班牙军南边的炮台被英荷联军的两栖军队攻下，轰天炮也在英国皇家海军舰队的猛烈炮火下被损坏了。鲁克上将的舰队在随后的交战中取得了决定性的胜利，法国人和西班牙人不得不选择焚毁自己的船只。1703年，英国海军力量协助葡萄牙人脱离了它与法国的同盟。

右页▶

1704年直布罗陀包围战

在西班牙王位继承战争期间，英国两栖部队占领了直布罗陀海峡，这是英国支持奥地利哈布斯堡王朝皇位候选人查尔斯大公的一步策略，也是英国干涉奥地利内政的表现。在这之后，法国派出海军支援部队包围了直布罗陀海峡。由英国海军中将约翰·列克爵士率领的英国海军中队，受命掩护直布罗陀，他们随后在里斯本靠岸接受了补给。列克带领船队驶回直布罗陀湾，并于1704年10月25日突袭了一支由三艘护卫舰和五艘小型船只组成的法国中队，法军的船只全部被俘获或是被毁灭了。从地图中，我们还能看到休达市，这是位于摩洛哥海岸的一个西班牙基地。

上，建立据点的困难在于缺乏时间记录的准确标准，因而无法可靠地测量航程距离。例如，1708年，搭载着詹姆斯八世和三世（苏格兰和英格兰王位的伪统治者，詹姆斯二世党人）的法国海军中队在大雾天气中，于敦刻尔克海岸成功躲过了英国海军中队的封锁拦截，并先于紧追其后的英军到达了苏格兰海域；但他们并未能顺利地在预计的福斯湾港口登陆，而是由于计算失误，登陆在了福斯湾以北100英里处。这么一来，法国人就失去了战斗主动权，英国军舰对其穷追猛打，法国人退回到了敦刻尔克，这是他们在北海仅剩的唯一港口。詹姆斯二世党人没能成功登陆，入侵英国的计划也夭折了。尽管如此，这次经验教训强调了在战斗中要永远保持足够的警惕，警惕程度的高低取决于英国军队是否拥有一支强大的训练有素的海军部队。

在另一个出现定位困难的例子中，乔治·安森带领的英国皇家海军几乎搁浅在了南美洲火地岛上。他的船位推测法有误，导致定位偏离到了300英里外的海面上。乔治·安森坚持要进入太平洋，他意图搜寻一艘1743年的西班牙宝藏船，然后进行全球航行，用这次胜利的旅程为英国及其海军力量的国家形象提供重要的英雄故事。

由于要冲破邻国的海上封锁线，英国海军做出了许多努力，他们绘制了法国和西班牙海岸的准确海图，但被封锁船只仍然搁浅了。这是由于在大风影响下，帆船驶离海岸非常困难，这种情况直到19世纪蒸汽动力船出现后才有所改变。在法国大革命和拿破仑战争期间（从英国的角度来说，时间为1793—1815年），由于此类搁浅频发，英国皇家海军在与敌军交战前，就失去了许多船只。一般来说，海军部队会因为各种航运危险而失去船只，除了船队被禁闭在港口内无法出发的情况以外。

在远离熟悉水域展开海事行动的过程中，船队会遇到更多的问题。1791年，当英国政府因为奥恰科夫危机，就要与俄罗斯开战时，英国海军发现自己并没有可用的黑海航海图，于是不得不向荷兰盟友请求信息协助，荷兰人是当时世界上保有海图信息量最多的国家。事实上，由于信息匮乏，英国人甚至不清楚战略位置至关重要的奥恰科夫要塞是否真如谈判中所宣称的那样，控制了第聂伯河的入口。而奥恰科夫实际上位于第聂伯河口的北岸，是黑海海岸上的一个几乎被陆地包围的区域，伯格河和第聂伯河的河口均位于此处。奥恰科夫位于狭窄的海峡处，形成了一段面海的海湾通道，但英国军队缺乏足够的地图及海岸图资源来了解这一点。这些并不是英国人所面临的唯一缺陷，1805年，英国皇家海军的纳尔逊中心舰队不得不依靠40年前法国制作的海图，为他们在地中海西部的航行进行导航。

Vcüe du d'Estroit de Gibraltar, et des
Enuirons, auec les tranchées du Siege
mis en 1704.
Montagnes de Totteguin au Royaume de fez
Nuestra Señora
de Africa
Camp des mores
Sebta
Ceuta a Espagne
Destroit de Gibraltar
Sud
Ouest
Est
Nort
12 brasses
Nuestra Señora de Europa
Tour del hacha
antien Gibraltar
chasteau
batterie
Superieure
le paté
Vieux Mole
Nouueau mole
5 brasses
Nouueau Gibraltar
10 brasses
golfe de Gibraltar
8 brasses
Algezires
chasteau du Comte Julien qui
les mores en Espagne.
7 brasses
les tranchees
6 brasses
camp des Assiegeans

绘制沿海水域海图

英国人努力地在力所能及的沿海海岸和水域绘制了航海图和地图。对于军舰和商船来说，接近陆地的近岸水域有着更大的危险。例如，在16、17世纪西班牙的跨大西洋航行中，相比跨洋航行，更多的船队迷航情况出现在驶离或找寻卡迪兹、哈瓦那和韦拉克鲁兹海港的过程中。

绘制海图的倡议者多种多样，就英国来说，有英国皇家海军、殖民地政府，以及有绘图需求的私人航海家们。他们促进了地图和海图的绘制工作，进而使得航海绘图技术得到很大进步。例如，对卡罗来纳海岸的系列测绘带来了改进后的地图制品，尤其是爱德华·莫斯利在1733年绘制的卡罗来纳海岸全方位详细地图。最值得注意的是，1757年至1760年，英国人从法国手中夺过了新法殖民地（现代加拿大的法语地区）

之后，对加拿大的大西洋海域进行了海图测绘工作。曾在乌尔维奇皇家军事学院受训的优秀测量员，瑞士籍的约瑟夫·费德里克·德巴勒斯，受海军部之命调查测量新斯科舍和布雷顿角岛的海岸区域，这个地区曾是法国领地，后来分别按《乌特勒支条约》（1713）和《巴黎和约》（1763），由法国转让给了英国。1777年，德巴勒斯的航海图集的第一版，《大西洋上的海王星》出版发行。这在地图测绘行业是一次令人印象深刻的尝试，它旨在为北美水域提供系统海图图表，最终绘图成品有 115 个图表和海图。

从 1764 年到 1781 年，英国海军部试图巩固西班牙根据 1763 年《巴黎和约》转让给英国的佛罗里达地区的治理，便任命乔治·高德绘制墨西哥湾的海域图。这一时期的佛罗里达州一直从墨西哥湾海岸延伸至密西西比河沿岸。乔治·高德需要绘制这一区域的所有水湾和入海口，其中包括现代的佛罗里达州、阿拉巴马州、密西西比州和路易斯安那州的东部沿海地区。这一海图绘制工作不但对加勒比海区的贸易来说很重要，而且对于理解该海域的洋流、潮汐、风向、岛屿和可航行路线之间的相互作用而言同样重要。

英国人在印度洋海域的海图绘制工作也很活跃。1760 年代早期，才华卓著的詹姆斯·伦内尔绘制了印度洋和斯里兰卡之间的帕尔克海峡和潘班海峡的地图。对于在印度海岸找寻航行路径的船只来说，这些海峡的浅滩处是较为危险的区域，有了可用地图之后，他们再无须绕着斯里兰卡岛做无用的航行了。东印度公司的官方水道测量家亚历山大·道尔林普在 1795 年同时兼任了英国海军部的水文学家，1779 年，英国枢密院颁布密令，指示道尔林普“负责绘制相关计划和海图，这些作品今后可能作为枢密院办公室的藏品公之于众，并负责挑选和汇编现有的地图信息，作为提高海军航行能力的知识储备，也为国王陛下的舰队首领做出航行指导和方向指引做准备”。

海上战争的古典时期

18 世纪是海军历史的古典时期。除了战略影响有限的多方战争之外，在美国独立战争中，海战也扮演了主要的角色，尤其是在 1778 年的韦桑岛之战、1781 年的弗吉尼亚海岬战役和 1782 年的圣特斯战役中。海战的独特地位影响了后世的海军理论家们，如阿尔弗雷德·塞耶·马汉和朱利安·克比特对这段海军历史时期做出的评价和讨论。此外，此时的海战发生频率高于后来的 19 世纪，尽管多数海战中都没有亚洲国家的参与，但西方大国之间及有土耳其人参与的海战规模越来越大。当代战争地图在了解历史详情方面，本身的价值是有限的。它们只是一系列复杂历

◀左页

大北方战争（1700—1721）地图：丹麦海军袭击瑞典阵地

这些地图记录了两种涉及不同军事操作的战场规模。马斯特兰岛位于哥德堡北部，为了保护该岛免受意料之中的丹麦人的袭击，瑞典哥德堡中队的大部队都驻扎在了马斯特兰岛。1719 年 7 月，丹麦人发起了袭击，陆地和海上的轰炸战成了整个战役的主要部分。丹麦人一路挺进，在马斯特兰岛登陆后，占领了这座岛屿，并击沉了瑞典军舰。瑞典人撤退到了卡尔斯滕要塞，但是马斯特兰的炮兵军官们拒绝了指挥官轰炸自己家乡的指示。瑞典人随后选择了投降，前提是丹麦人不会将他们当作战俘，剥夺他们的自由。瑞典指挥官在返回瑞典后，被军事法庭审判并处死了。

右页 ▶
1707 年土伦防御战

这是针对法国港口城市土伦市发起的一次成功的联合行动，在英荷联合海军的轰炸下，加上奥地利和皮埃蒙特军队的协助围攻，法国的地中海舰队被彻底击败了。战斗伊始，土伦市看似屹立不倒，围攻军被挡在了城外，它似乎可以坚持到强大的法国军队到来之时，却意外沦陷了。在围城战期间，英荷舰队在进行支援，提供加农炮、给养和医疗物资方面都发挥了关键作用。土伦战役表明了两栖作战的重要性日益增强，而战争的关键目的已不再是对领土的占领，而是以摧毁敌舰的形式去实现特定的战略目标。

史事件的静态呈现，如英国对战波旁王朝的马拉加战役（1704）、土伦战役（1744）和拉各斯战役（1759 年在葡萄牙海岸开战）的系列地图，以及英国为了确保英国海军在西地中海的统治地位而展开的重要海战行动系列地图。然而，与 16 世纪和 17 世纪的情况一样，许多地图的设计目的是通过展示图片为例证说明增加趣味性。在这一方面，需要强调的是海战公开地图多是回顾性的，它们对即将发生的新的交战并没有什么指导作用。

20 世纪的即时地图技术（对于即将发生的当前行动来说十分重要）在 18 世纪时还尚未出现。18 世纪的船舰上还没有携带现成的地图印刷设备，更不用说电子设备了。此外，对敌方部队的侦察仅能通过肉眼观察、望远镜观察，以及对船只、旗帜的视觉识别来进行。这一时期，最接近现代超地平线侦察的侦察工作是靠索具和桅顶上的观察员来完成的。在没有无线电通信的情况下，人力传递的来自敌方港口的情报，其时效性是有限的。还需考虑到的是，迫使不愿战斗的对手进入战场是比较困难的，所以毫无疑问，许多作战计划都是临时做出来的。尽管如此，军队训练开始以一个舰队，而不是单一的船只作为训练单位，对作战计划的需求也开始增加了。

然而，一旦加农炮开火，战斗细节的规划就变得模糊和困难了，这也取决于加农炮使用了多少会产生大量烟雾的黑火药。标准化计时制度的缺乏，导致了战斗细节的回顾和记录十分困难。

当试图避免战争的一方舰队航行至预计安全水域的计划失败时，战斗就会爆发。主要的例子有 1759 年英国在拉各斯和基伯龙湾战胜法国人的两次胜仗，这两次战役分别发生在葡萄牙海岸的中立海域，以及布列塔尼海岸的一个遍地岩石的海湾处。这些胜利主要归功于英军熟练的指挥技巧和船长、船员们丰富的航海经验，他们顺利阻止了法国入侵英国的企图。同样地，1805 年的特拉法尔加战役意味着，法国人在失去了这么多船只之后，不再有能力或意愿发动类似的侵略行动了。

海上冲突而非战争

与其他时期一样，对战争的强调可能导致研究重点无法集中在形式多样的海军冲突上，这些冲突的形式从军事封锁到商业掠夺，再到商业掠夺带来的必然结果——商业保护，各不相同。从 18 世纪 60 到 70 年代的阿姆斯特丹海上保险费率可以看出，战争期间的费率要高得多，这就说明海上战争仍构成海上贸易的主要威胁。

此外，两栖作战仍然十分重要，随着帝国财产在

F De Reede van Toulon
PAYS OU ENVIRONS DE TOULON
HET LANDT VAN TOULON
Ollioules
TOULON
Rade de Toulon
Sixfours
La Valette
MER MEDITERRANÉE
EXPLICATION
Chateau de Maubousquet
Notre Dame de Bregaillon
STAD TOULON
TOULON
RADE DE TOULON
La Seine
Tour de l'Equillette
Tour des Vignettes
Fort St. Louis
Boscage
Krupel Bos
Lazaret
Infirmerie
Cap de Toulon
Cap Sure
St. Marguerite
La Valette
Hollandse Schepen
Engelse Schepen
MER MEDITERRANÉE
Armée navale des Alliez

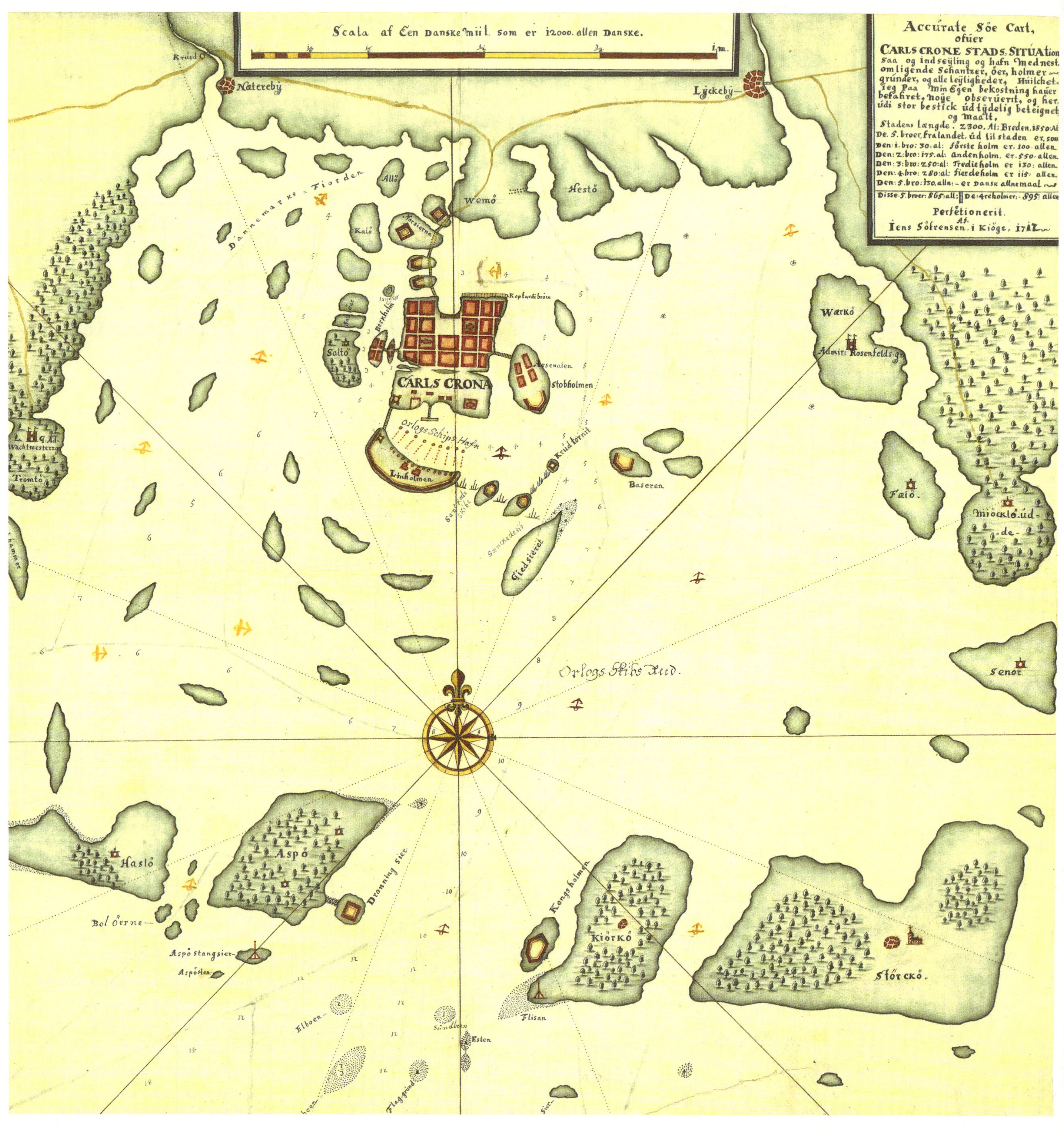
Scala af Een Danske miil som er 12000. allen Danske.
i.m.
Accúrate Söe Cart,
ofúer
CARLS CRONE STADS. SITÚAtion
Saa og indseÿling og hafn mednest.
omligende Schantzer, öer, holmer
gründer, og alle leÿligheder, Húilchet.
ieg Paa min Egen bekostning haúer
befahret, noÿe obserúerit, og her:
údi stor bestick údtÿdelig beteignet
og maalt,
Stadens længde. 2300. Al: Breden. 1850: Al
De. 5. broer, fralandet. úd til staden er, som
Den: 1. bro: 30. al: förste holm er. 100. allen
Den: 2: bro: 175. al: andenholm. er. 550. allen
Den: 3: bro: 250: al: Tredieholm er 130: allen
Den: 4. bro: 280: al: fierdeholm er 115. allen
Den: 5. bro: 130. alln: — er Dansk allnemaal
Disse 5 broer: 865: all: || De: 4reholmer: - 895: allen
Perfetionerit.
Af.
Iens Söfrensen. i Kiöge, 1712
Krüd
Nætereby
Lÿckebÿ
Dannemarks = Fiorden
Allö
Wemö
Hestö
Kalö
Kopfardi broen
Saltö
Berkholm
CARLS CRONA
Arsenalen
Stobholmen
Orlogs Schips Hafn
Linholmen
Krüd tornit
Baseren
Giedsieret
Wærkö
Admir: Rosenfelds gr.
Fæiö
Möcklö úd de
G. Al. Wachtmesters g.
Tromtö
Orlogs Skibs Xud
Senor
Haslö
Aspö
Dronning Sier
Bol Öerne
Aspö stangsier
Aspösten
Kongsholmen
Kiörkö
Flisan
Stórckö
Elboen
Sandboen
Esten
Flag grund

强权政治财产中比重的增大，两栖作战模式也越来越受到重视。1762 年，在英国远征军从西班牙手中夺过哈瓦那和马尼拉之后，英国就有了一次展示海军力量和远程海军能力的关键机会。每一次远征行动都要依靠海军来进行。英国皇家海军舰队“里士满号”的船长约翰·埃尔芬斯特，曾带领舰队穿过危险水域前往哈瓦那。后来，他向海军部提供了一张古巴北侧的海图，上面显示有舰队的航行路线，以及皇家海军可以利用的详细地理信息。海军力量和准确的信息对于英军占领法国治下的路易斯堡（1758）和魁北克（1759）的行动来说至关重要。相应地，1781 年英国海军在北美水域的力量减弱，最终导致英国在美国独立战争中打了败仗。在弗吉尼亚海岬战役中，英国皇家海军无法突破法国的封锁线，解救被包围的约克镇英国陆军，这支军队最终向美军和法军的围城部队投降。

静态作战能力

就兵力投射和应战能力两方面来说，英国军队将军舰和大规模部队移动到美国和印度等地的运输能力非常重要，但世界总体海军实力在这一时期并没有显著改进，当然也就没有出现像 19 世纪那么迅猛的变化了。而在推进力、船体结构、军备、人力、供应和组织等其他方面，各国海军力量保持着基本一致的发展速度。个别国家的海军实力变化会带来高效的发展（例如，在热带水域用于预防海洋蠕虫蛀蚀木制船底而诞生的铜制船底，解决了重大安全隐患问题），这些发展变化也是很重要的。然而，它们的重要性仍比不上对供给系统的长期维持和个体指挥官的技能熟练程度，而英国人在这两方面都做得很好。截至 1762 年，英国皇家海军共拥有 300 艘船只和 8.4 万兵力，这一军力规模反映了政府对海军的大力支持，以及海运方面的商船数量、人口、经济和公共财政的快速增长，同时还是七年战争期间重型造船计划带来的成果。快速发展所需的资源量是巨大的。在 1764 年启航的“凯旋号”皇家海军舰艇，配备有标准的 74 个炮手的设置，这艘船每 50 立方英尺所需的木材数量是 3028 块之多。而更加庞大的 100 个炮手的“乔治号”皇家舰艇同样单位则需要 5760 块木材。

世界各地的海军力量

迄今为止，比起英国的自我形象而言，海上民粹主义变得更加重要。因此，英国以极大的热情向世界宣扬着自己的海上霸权统治思想。这种思想成功地帮助英国树立起陆地统治的帝国形象，而在实际中，18

◀ 左页
1712 年的瑞典卡尔斯科罗纳海军基地

这幅地图是在大北方战争期间（1700—1721）绘制的，其作者是索伦森上将，他也是后来海军地图档案室的创始人和领导者。图中的堡垒港口由近海岛屿基地提供保卫措施。

右页▶

1714年大北方战争中，赫里戈兰岛上丹麦军队的两栖攻击

赫里戈兰岛是瑞典的盟友荷斯坦-托普公爵领地的一部分，却在战争结束后，被丹麦人占领了。后来，这个岛屿在1807年被英国占领，英国在1890年将它同德国进行交易换得了桑吉巴尔岛。地图和图画中都尽力展示了轰炸战对岛屿带来的影响。

世纪马尔堡公爵率领下的英国军队，以及1759年英军在明登和魁北克取得的胜利，都象征着英国军队取得的累累硕果。然而，军队往往同独裁的倾向和传统是联系在一起的，如英国的奥利弗·克伦威尔和汉诺威主义，这也推动英国发展起无可比拟的海军实力，在同一时期，仅有实力稍次的荷兰海军能与其抗衡。

自从新兴国家美国在1775年至1783年从英帝国独立出来之后，发展海军的压力和紧迫感作为一项优秀传统，并未在这个新国家得到传承。当然，仍有一些美国政治家认为发展海军是很重要的，尤其是亚历山大·汉密尔顿，他认为发展海军可以保护美国的贸易发展。然而，这种想法遭遇了强有力的反对意见。美国第三任总统托马斯·杰弗逊等政界人士认为，发展海军是建立一个强大的中央集权国家的英帝国发展模式，这和美国独立自由的国家发展理念不相符。相反地，他们强调的是大力发展自力更生的当地民兵组织。杰弗逊倾向于用巡逻小炮艇这种军舰的替代品进行海上作战，而他的反对者汉密尔顿则支持战列舰队作战。最终，来自欧洲海军力量的威胁，尤其是1812年至1815年海战期间来自英国海军的威胁，促使美国不得不开始发展海军力量；但是，除了在美国内战时期（1861—1865）的海军建造取得了较大进展外，美国海军一直都是相对弱小的海上力量，直到19世纪晚期才初具规模。

在除了欧美之外的其他国家和地区，海军力量仍然欠缺规模，实力弱小。中国和日本的海军主要目的是对抗海盗。土耳其拥有一支大型海上舰队，但在1770年的希俄斯岛海岸战役中，这支海军被俄国人击败了，俄国人充分利用火船攻势取得了胜利，他们在18世纪80年代后期再次击败了土耳其人。许多印度统治者，尤其是迈索尔的蒂普苏丹，都曾试图发展海军力量，但是这些计划都由于英国的阻挠和统治者对陆军力量的过度偏好而夭折了。而在非洲，没有任何一个国家拥有强大的海军力量，余下的几个太平洋国家的海军力量仅限于在当地进行有限的海上活动。

英国具有海军实力发展的广泛基础。这是船舶、人力、基地、后勤支援、资金和政治支援的综合协调成果，其中的每一项因素相互间都有着密切关系。此外，在面对军队发展的更强大需求时，保持海陆发展的一致性是很有必要的，这种一致性尤其依赖于政治方面的协调和支援。同样地，英国在这方面也表现得不错。

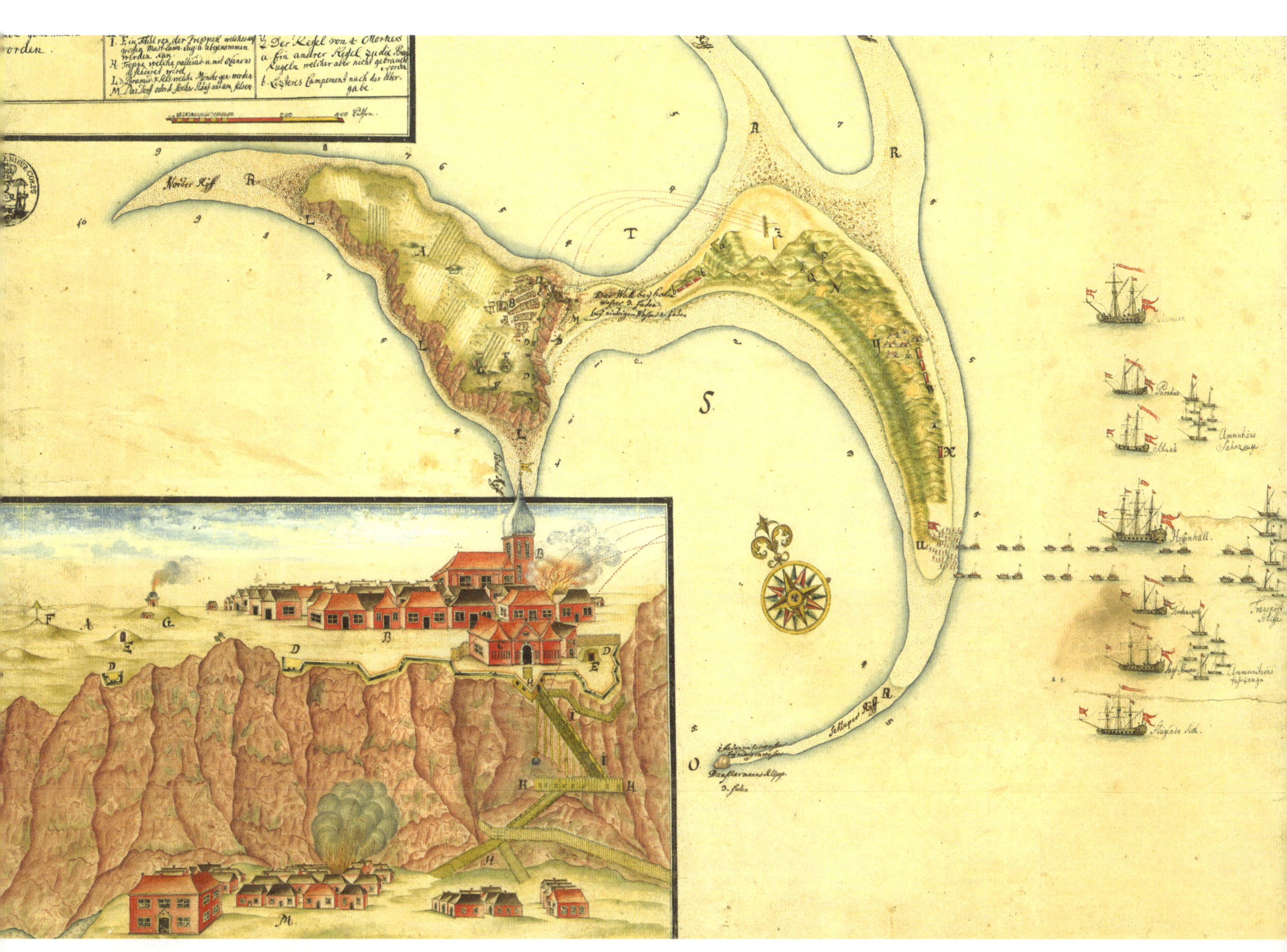

PLAN DER BELAGERU
VON FRIDRICHSHA
angefangen von CARL dem XII glorwürd. andenckens der Schweden Goth und
Wenden König mit 10000 Mann 36 Can. u. 18 Mort. d. 11 Nov. aufgehoben d. 1
Dänische Postirung so sich retiriret
Königl. Schwedisch Lager so zu Ende des Novembers bezogen und den 20 December Anno 1718 wieder aufgehoben worden
Christiania
TISTEDALENS ELBE
Schwedische Batterien von 18 Canonen
THEIL DES KÖNIGREICHS NORW
Fridrichstat
Schwedische Trenchée auf die Attaque des Fort Guldenlöw
Hölzernes Haus worin der König von Schweden nach Eroberung der Schantz Guldenlöw sich aufgehalten
Das Fort Güldenlöw
Kleine Brand Berg
Fels Oglan
Ein gepflasterter Weg
Neue Schwed. Attaque
Schwedische Batterien die aber nicht zu Stande kommen seind
Lauffende Trenchée alwo der König von Schweden aus dem Fort Fridrichstein d. 11 Dec. Nachts um 11 Uhr durch einen Cartätsch Schuss das Leben verlohren
Kaggi
Königl. Dänische Postirung so sich aber zuruck gezogen
Klänne
Nort Seite
Materialhof
Roe
Rosbrucken
FRIDRICHSTEIN
Die offene Stadt und Hafen FRIDRICHSHALL
Stor Tornet
Ober Berg
Knardahl
IDEFIORD
In dieser Gegend ist die Schwedische und Dänische Flottille offt aneinander gewesen
Schwedische Postirung
Schwedische Postirung
Savoe
Bartoe Insula
Schwedische Detachement
Echwig

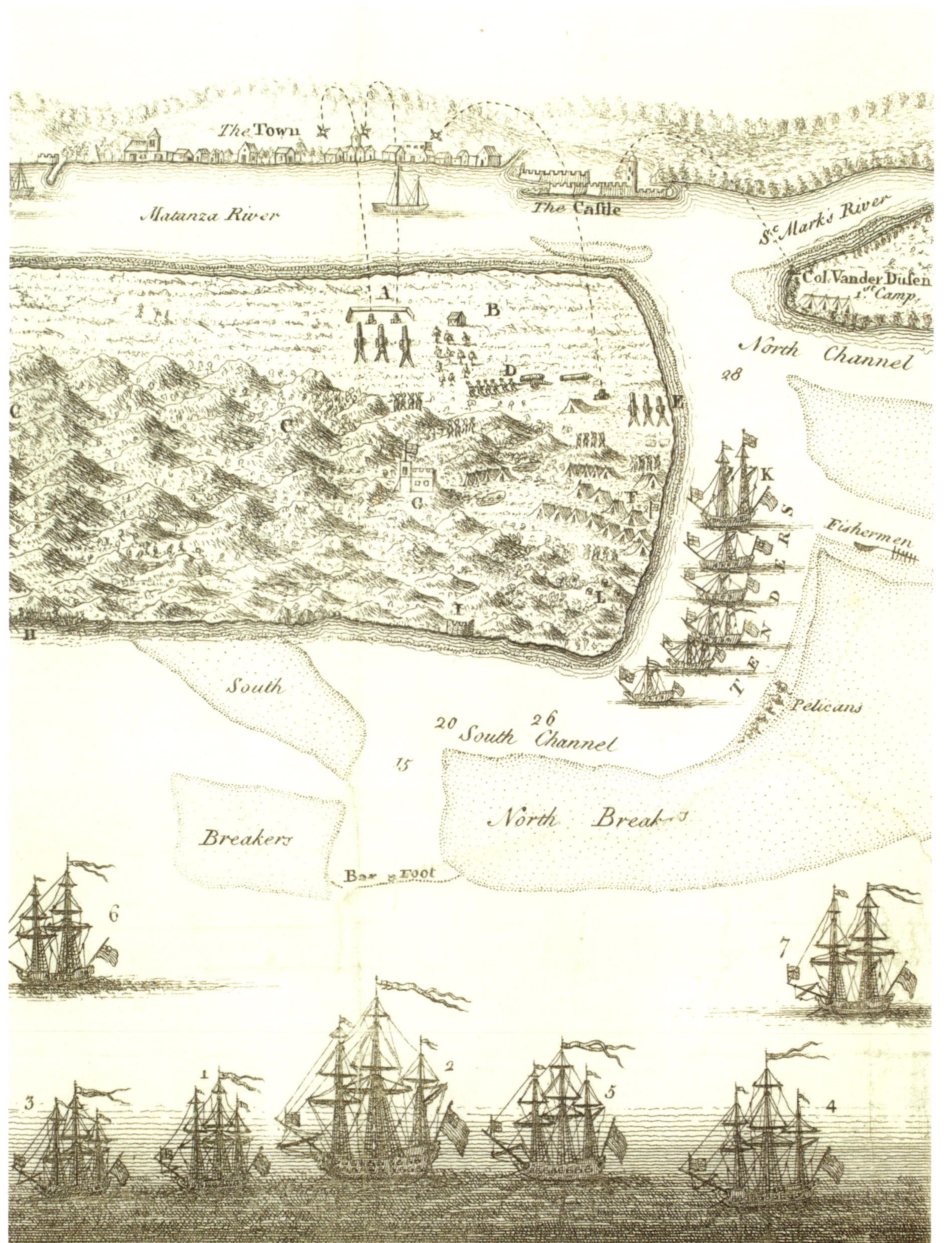

◀左页

1718 年，瑞典人在挪威围攻丹麦治下的巴特腓特烈斯哈尔

在这次围攻战中，瑞典的查理十二世被杀了。这是一次伴随海军近岸行动的战役。

◀

1740 年佛罗里达袭击战示意图（摘自《绅士杂志》）

通过图片说明，《绅士杂志》的读者们对于英国海军在圣奥古斯丁海岸战场的优势地位一目了然，尽管这次攻击行动最终失败了。乔治亚州州长詹姆斯·奥格尔索普计划进行一场有条不紊的围城战，但南卡罗来纳州议会则坚持要速战速决。海上封锁未能阻止补给船的到来，防御坚实、戒备森严的西班牙战地成功抵御了轰炸战，在逃兵渐多、疾病泛滥的情况下，奥格尔索普撤退了。1702 年，圣奥古斯丁堡垒还成功地抵抗了英国的进攻，被西班牙殖民地古巴的一支舰队解救了出来。

▶

袭击格利亚示意图（1756 年）

1756 年 2 月 12 日，英国海军少将查尔斯 · 沃森率领的海军中队试图攻下印度西海岸的格利亚要塞，这个要塞是马拉地族昂格利亚人的领地，马拉地族的舰队骁勇善战，经常对欧洲商船进行私掠袭击。当印度人开火时，沃森“以他们从未见识过的火力开始回击，很快地击毁了他们的炮台和船上的大炮”。5 小时的轰炸也导致了图吉拉 · 昂格利亚的印度舰队的覆灭，他们的船体被英军炮弹结结实实地打中了。第二天，英国军舰缩小包围圈，近距离地集中轰炸海岸堡垒，以便攻破堡垒城墙，攻入城内，城墙被毁后，格利亚将迅速举旗投降。沃森记录道：“英国船只的船体、桅杆和索具几乎没受到任何损坏，如果有需要，我们的船队可以在 24 小时内做好出海的准备。”此前，英军于 1718 年和 1720 年发起的袭击都失败了。1756 年英军取得胜利后，沃森开始同罗伯特 · 克莱夫的军队合作，和马拉地军队也开始有了合作关系。

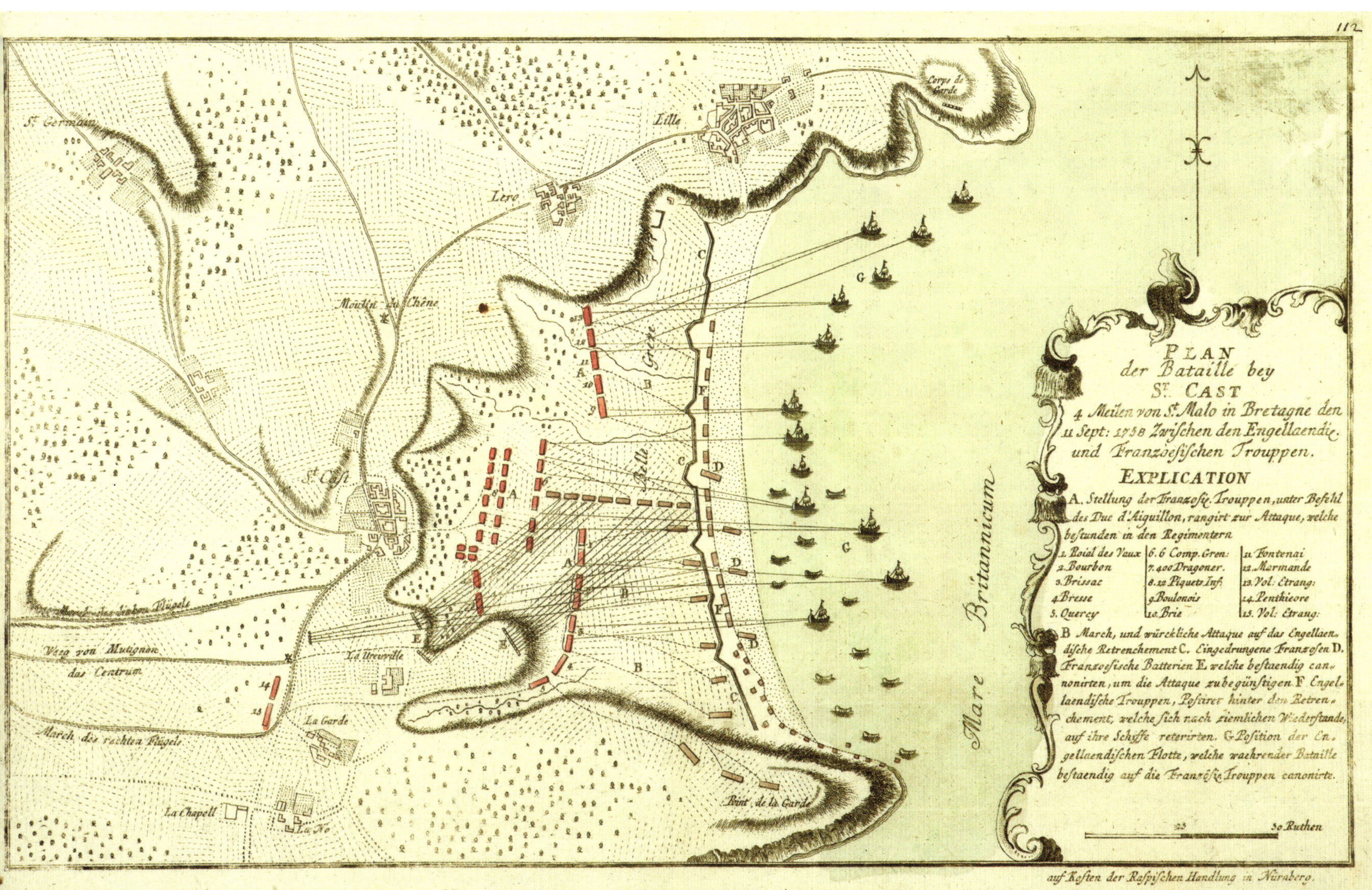

▲

1758 年布列塔尼的两栖攻击

这是一幅在纽伦堡一家大地图制作中心出版的德国地图，记录了1758年9月在布列塔尼发生的英军对圣卡斯特进行的两栖海岸袭击。为了进一步攻击法国在圣马洛的私掠基地，在面对规模更大的法国军队时，英军不得不在失去了750人的兵力之后重新整理了海军队伍，积极应战。在此前的一个月里，英军在瑟堡港发起了一次成功的袭击，捣毁了港口的防御工事。这些袭击行动不仅是为了减轻英国盟友——俄国弗雷德里克二世的战斗压力，而且也是为了遵守一项政治议程：政府的战斗行动计划是为了追求国家利益，而不是简单地向德国派遣军队。

▶

1759 年英法海军冲突

这幅插画表现出了战斗的节奏感和战场范围的广阔性质。英军之所以取得成功，不仅是因为拥有先进的武器设备——当时各国军队的船只和设备水平基本上是一样的；相反地，取得胜利的关键因素是持续的战斗力和较高的经费支出，使得他们能在有限的海战技术水平限制下有效地使用军舰；此外，英军还将民族精神和政治策略融合在了战略操作和进攻战术里。在战列交战中，英国人更喜欢在固定距离内进行猛烈炮火决斗，这与法国人对远程射击的偏好形成鲜明对比。1759 年英法战争的关键战役是拉各斯（葡萄牙）和基伯龙湾的胜仗，这两次战斗中，英军挫败了法国的入侵计划，摧毁了他们的舰队。11 月 20 日的基伯龙湾战役中，爱德华·霍克设计了一个大胆的袭击计划，他要攻击在海湾处避难的法国舰队，那儿的法军指望着充满险阻的浅滩水域和巨浪能阻止英国舰队的到来。英国舰队迎着烈风勇猛地驶入了海湾，在混战中，英国海军表现出了更为优越的枪击和航海技术，7 艘法国一线作战军舰被俘获、击沉或摧毁了。

ANNO 1759.
CARTE des ENTREP. ANGLOISES par MER sur les Cotes de France aussi dans les Colonies Françoises en AFRIQUE et en AMERIQUE Septentrionale tirées des meilleures Relations et Avis speciels et Suivant les meilleures Cartes Geographiques et Topographiques, avec les Observations de Longitude et Latitude, de Signée et expliquée avec des Remarques Historiques par C. F. de H.
Englischer Überfall und Landung d. 6 Junij 1758 zu St. Malo ein Hafen in Nieder Bretagne
Überfall und Landung derer Engelländer zu CHERBURG
LA MANCHE ou LE CANAL
ST. MALO
CHERBOURG
Valognes
Granville
Eroberung der Insul ANTICOSTI und des Landes GASPE durch den Englische Admiral Hardy im Sept. 1758.
PAIS DES ESQUIMAUX
DU FLEUVE ST. LAURENT
V. PRISE de LOUISBOURG et Cap Breton par l'Admiral Anglois Mons. de Boscowen le 26 Juillet 1758.
VI. SURPRISE Angloise de Cherbourg en Normandie le 7 Aout 1758.
VII. PRISE de FRONTENAC en Amerique par les Anglois le 27 Aout 1758.
VIII. ACTION près CAST
IX. PRISE de l'Isle ANTICOSTI et Gaspé par l'Admiral Hardy au Mois Sept. 1758.
Gravé par J. A. Frederic. et se vend chez lui meme a Augsbourg.

▶
1776 年的一场湖泊战役

在 1776 年的 5 月和 6 月，英国人谨慎地向南行进到尚普兰湖，成功地清除了加拿大疆域内的美国入侵者，延续了他们之前取得的胜利战果。这一进展显示了英军在进攻方面的能力：1776 年 10 月 11 日和 13 日，在靠近英瓦尔的湖面上，一支由托马斯 · 普林格尔白手起家建立的英国小型舰队，击败了本尼迪柯特 · 阿诺德带领的美国小舰队，摧毁了 11 艘美国船只。

右页 ▶
1777 年圣卡塔琳娜战役

葡萄牙和西班牙之间在现代乌拉圭地区（尤其是萨克拉门托的葡萄牙基地）长期的紧张关系，最终导致了西班牙的这次大型海军远征。在远征途中，西班牙人袭击了圣卡塔琳娜岛。这张地图上显示出了远征军的探险路程，用红色标记出的是包括运输船只在内的所有海军船只。西班牙海军将葡萄牙的军舰一扫而光，葡萄牙的阵地被迅速占领了。在随后的停战协议中，萨克拉门托成了西班牙的领地，而圣卡塔琳娜则仍归葡萄牙所属。1770 年，西班牙人又占领了位于福克兰群岛的英国基地艾格蒙特港，但在英国海军给西班牙军队施加压力之后，西班牙人被迫归还了艾格蒙特港。

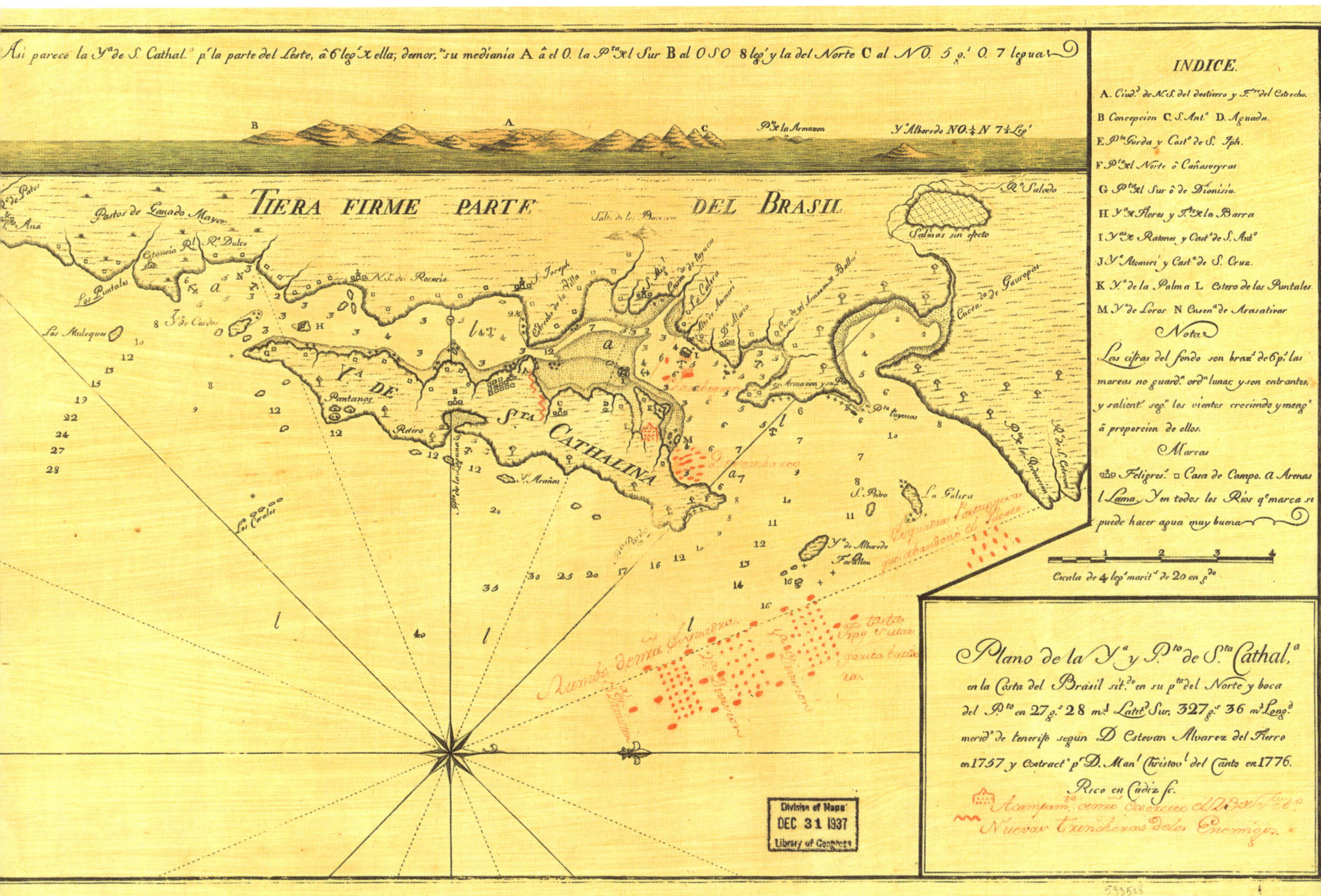
Asi parece la Yª de S. Cathal.ª p.r la parte del Leste, â 6 leg.s d'ella; demor.os su mediania A â el O. la P.ta del Sur B al OSO 8 leg.s y la del Norte C al NO. 5 g.s O. 7 leguas
INDICE.
A. Ciud.d de N. S. del destierro y F.te del Estrecho.
B Concepcion C. S. Ant.º D. Aguada.
E P.ta Gorda y Cast.º de S. Jph.
F. P.ta del Norte ô Cañasveyras
G P.ta del Sur ô de Dionisia.
H Y.s de Flores y F.te de la Barra
I. Y.as de Ratones y Cast.º de S. Ant.º
J Y.ª Atomeri y Cast.º de S. Cruz.
K Y.ª de la Palma L Estero de los Puntales.
M. Y.ª de Loros N Ensen.ª de Arasativar
Nota
Las cifras del fondo son braz.s de 6 p.s las mareas no guard.n ord.n lunar, y son entrantes, y salient.s seg.n los vientes creciendo y meng.º â proporcion de ellos.
Marcas
Feligres.s □ Casa de Campo. a Arenas l Lama. Y en todos los Rios q.e marca se puede hacer agua muy buena
Escala de 4 leg.s marit.s de 20 en g.do
TIERA FIRME PARTE DEL BRASIL
Y.A DE S.TA CATHALINA
Plano de la Y.ª y P.to de S.ta Cathal.ª
en la Costa del Brasil sit.do en su p.te del Norte y boca del P.to en 27 g.s 28 m.s Latit.d Sur, 327 g.s 36 m.s Long.d merid.º de tenerife segun D. Estevan Alvarez del Fierro en 1757 y Extract.º p.r D. Man.l Christov.l del Canto en 1776.
Rico en Cadiz fc.
Division of Maps
DEC 31 1937
Library of Congress

▶

美国独立战争期间（1775—1783），罗德岛州的纽波特港

这是一幅包含了防御工事、射程区和海军舰艇位置的地图。1780年7月11日，一支由罗尚博伯爵率领的包括5200名士兵的法国远征海军部队，在7艘一线作战军舰的陪同下，于纽波特港抛锚停靠。英国指挥官亨利·克林顿将军敦促英国海军上将阿巴斯诺特，希望进行一次摧毁法国军力的联合袭击行动。尽管亨利和阿巴斯诺特之间的个人关系日益恶化，但亨利将军仍希望联合行动能终结法国带来的威胁。而就在法国人对纽波特基地进行加固前的关键时期，阿巴斯诺特方面的不配合（如拒绝出借加农炮等）导致联合行动的发起失败了。在接下来的一个月里，出于报复心理，克林顿将军不再配合海军上将乔治·罗德尼联合进攻纽约的计划，仅给乔治上将提供了屈指可数的几支陆军支援部队。陆军将领和海军将领之间的分歧反映了统一指挥结构的缺乏，但这也是由两种军队所服务的具体利益不同导致的。

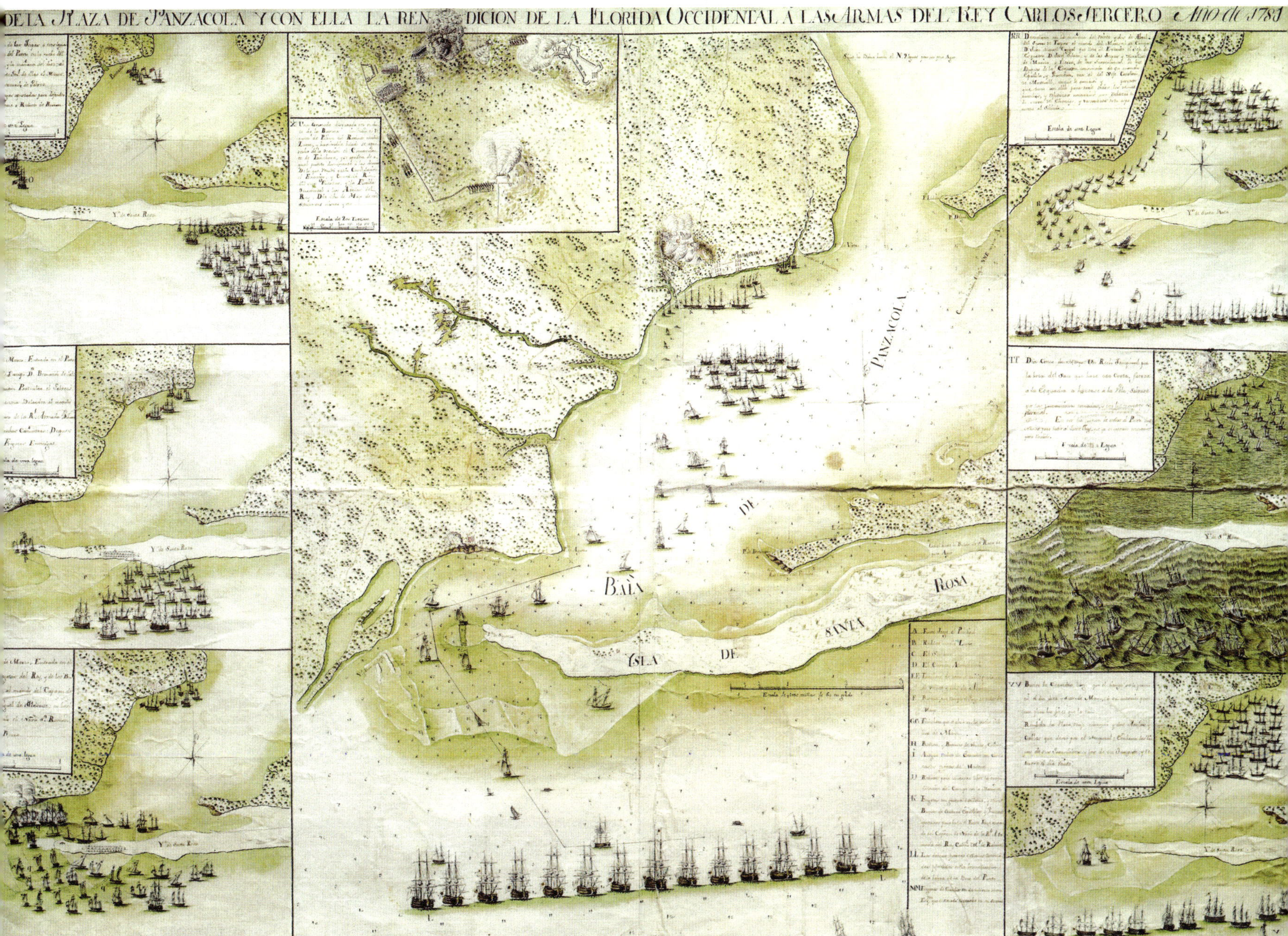

▲

1781 年征服西佛罗里达

在西班牙成功地攻入了彭萨科拉之后，墨西哥湾的这一场令人瞩目的成功战役也就到了尾声。在战斗中，路易斯安那州的西班牙州长博纳多·德加尔维得到了来自哈瓦那基地的西班牙加勒比舰队的支援。德加尔维在1779 年 9 月占领了位于曼查克、纳齐兹和巴吞鲁日的英国堡垒，又在 1780 年 3 月占领了莫比尔的英国堡垒。1781 年 5 月，一支规模更加庞大的西班牙军队来袭，英国阵地彭萨科拉沦陷了。战败的英军指挥官将失败原因归咎于“为彭萨科拉提供了过多的海军保护和援助，是一次臭名昭著的错误或疏忽”。这是对英军在其他战略位置所实施政策的警告，在同年的约克镇，英军也犯了类似的错误。自 1763 年以来，西班牙海军实力大增，西班牙人利用他们在海湾地区的海军力量，实现了将陆军部队从古巴转移出来，并进行两栖作战的策略。根据 1783 年的和平条约，西班牙获得了东佛罗里达和西佛罗里达。

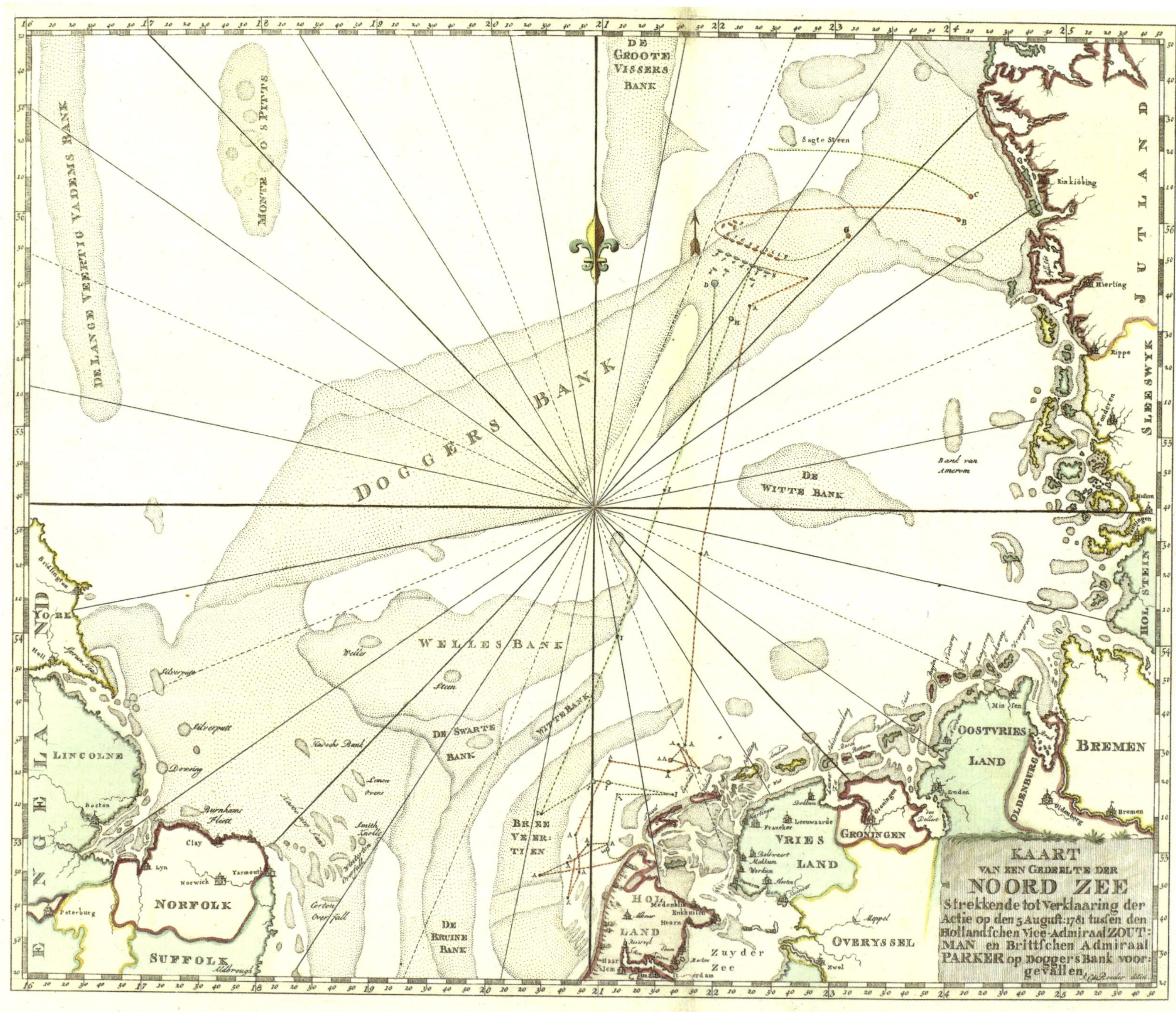
KAART
VAN EEN GEDEELTE DER
NOORD ZEE
Strekkende tot Verklaaring der Actie op den 5 Augusti 1781 tussen den Hollandschen Vice-Admiraal ZOUTMAN en Brittschen Admiraal PARKER op Doggers Bank voorgevallen.
DOGGERS BANK
DE GROOTE VISSERS BANK
DE LANGE VEERTIG VADEMS BANK
MONTROS PITTS
WELLES BANK
DE SWARTE BANK
WITTE BANK
DE WITTE BANK
DE BRUINE BANK
BREE VEERTIEN
Sagte Steen
Bank van Amerom
ENGELAND
YORK
LINCOLNE
NORFOLK
SUFFOLK
JUTLAND
SLEESWYK
HOLSTEIN
BREMEN
OOSTVRIES LAND
OLDENBURG
GRONINGEN
VRIES LAND
OVERYSSEL
HOLLAND
Zuyder Zee
Rinkiöbing
Hierting
Ripe
Tonderen
Emden
Bremen
Oldenborg
Leeuwaarde
Franeker
Harlingen
Enkhuisen
Hoorn
Alkmaar
Zwol
Boston
Lyn
Norwich
Yarmouth
Peterburg
Clay
Dowsing
Silverpitt

◀左页

1781 年多格滩之役地图（约翰·克里斯托夫·德罗德）

荷兰人于 1780 年加入了这场战役。1781 年 8 月 5 日，荷兰人的舰队在海军少将约翰·佐德曼的带领下，与年长的海军中将海德·帕克的英国中队作战。他们各自都护送着一队商船。这幅地图记录了在北海中移动的战舰的具体位置和动向。这两支势均力敌的舰队进行了一次损伤惨重、近距离的、优柔寡断的战役，每一次战斗都是一次死拼到底。英国人由于其中几艘旧船的适航性较差而略占劣势。这场战役结束后，英国人得到一个血的教训，那就是一定要让至少一个中队紧紧地盯着荷兰人的下一步动向。

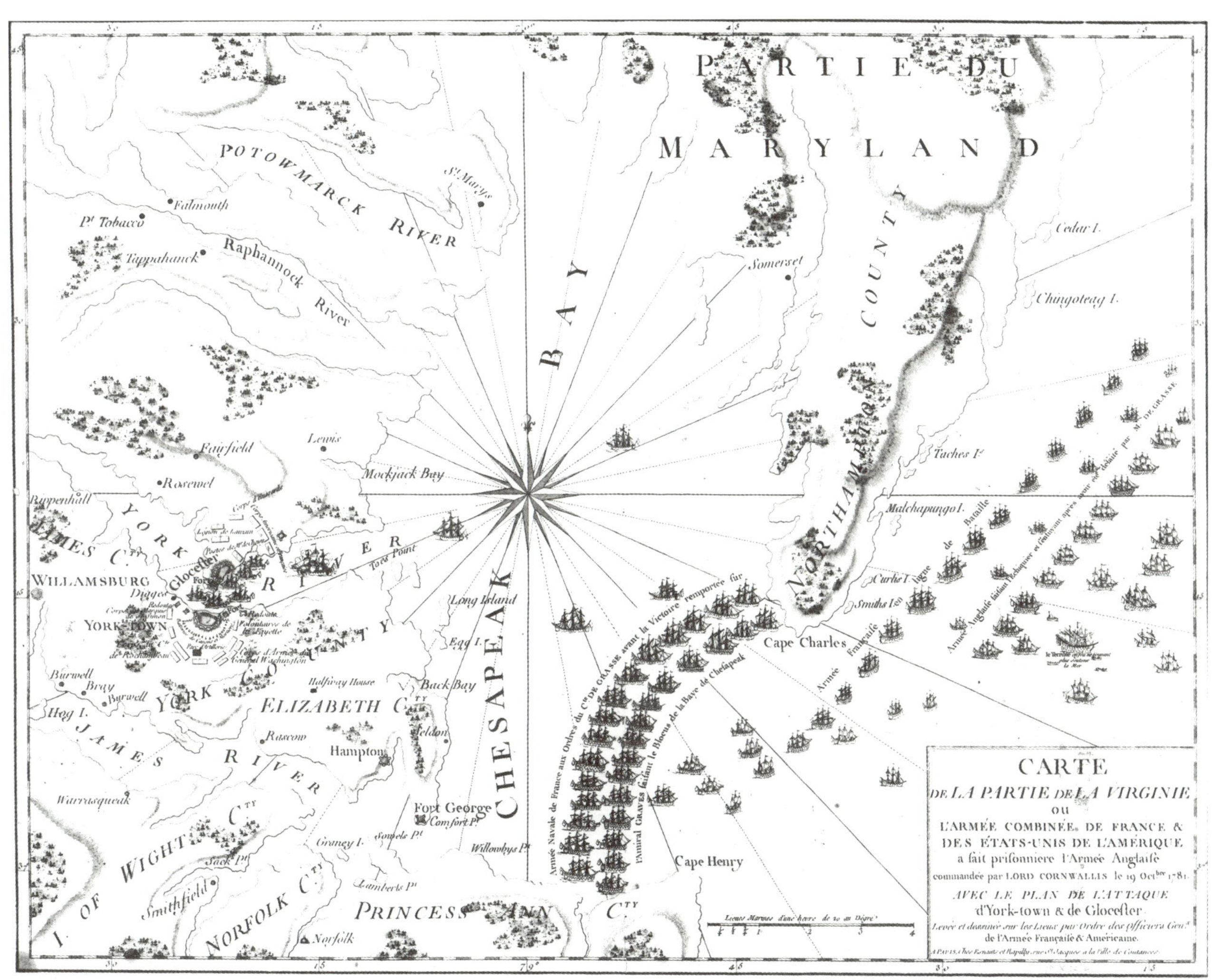

▲

1781 年，约克镇围城战和弗吉尼亚海岬战争

英国海军上将托马斯·格雷夫斯未能在弗吉尼亚海岬击败法国人，但由于双方都没有损失任何船只，这次战斗的影响力也比较有限。然而，由于弗吉尼亚海岬战役使得被围困在约克镇的英军未能被解救出来，因此这算是英军的一次大败仗。就战线上的船舰数量来说，格雷夫斯的 19 艘船在法军的 24 艘船面前显得有点儿寡不敌众。在法国船只匆忙无序地驶离切萨皮克湾时，格雷夫斯没有选择冒险进行追击，而是使用策略将船队尽数迁回到法国战线的背面，这就让法国人有了充足的时间重组战线，向格雷夫斯发起再一次攻击。

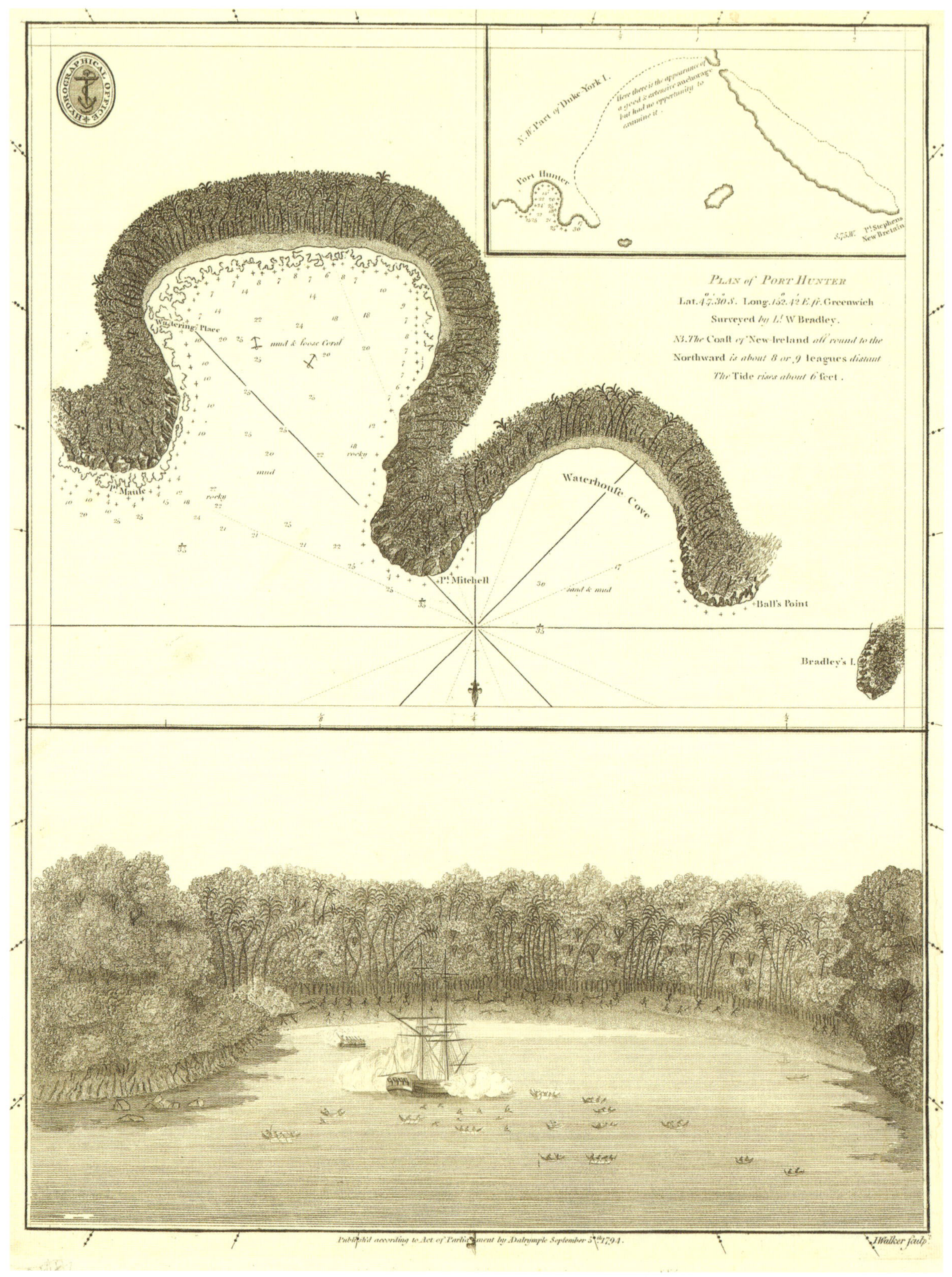

▶

1791 年太平洋对抗战

这幅航海图上显示的是猎人港（现代被称为巴拉纳旺），以及位于巴布亚新几内亚约克公爵岛的沃特豪斯湾。有观点认为，下图中是一艘搭载触礁失事的英国船员的荷兰运输船，它正向土著独木舟开火射击，这些土著船队曾在 1791 年袭击过这艘运输船。

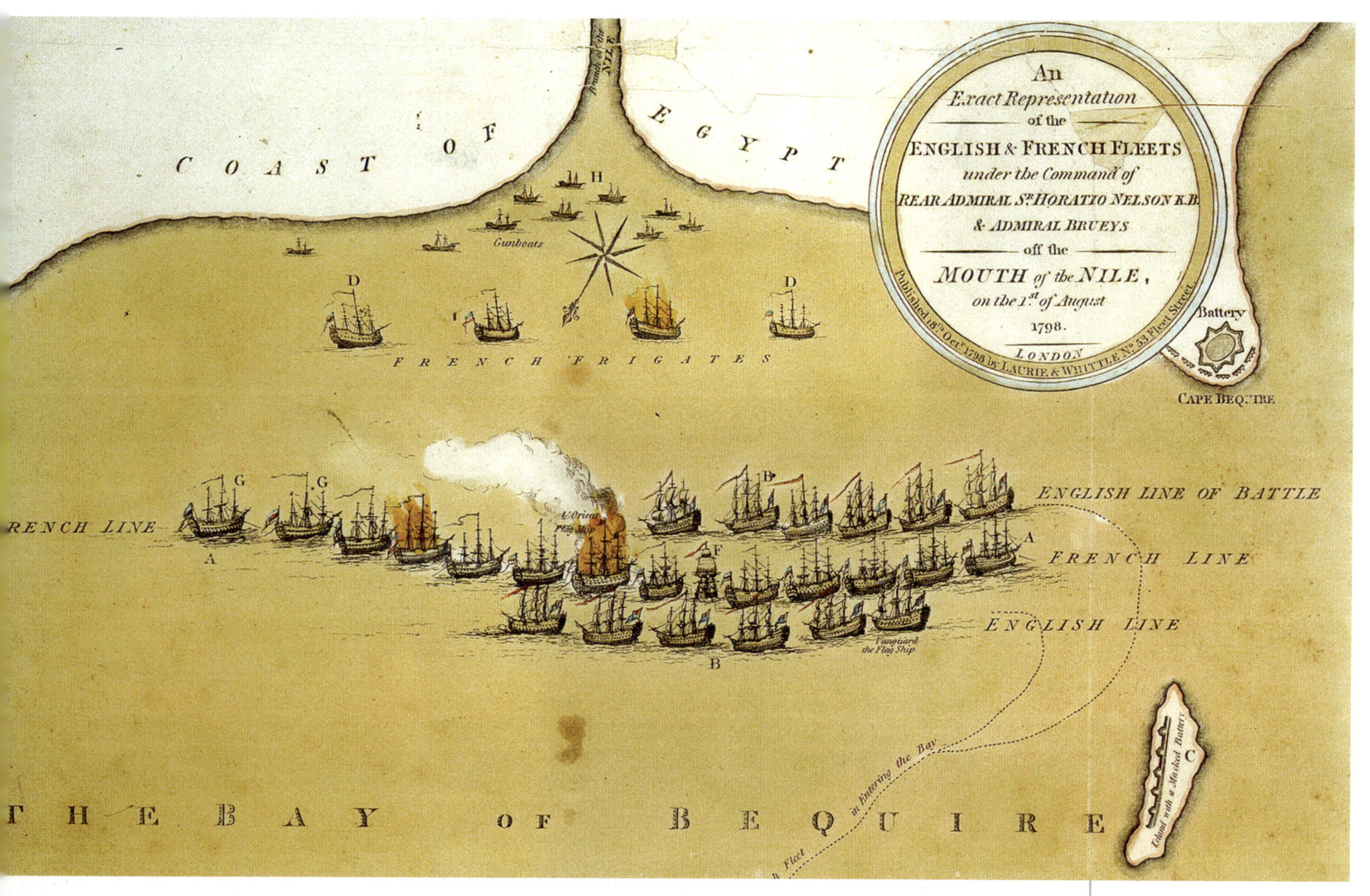

▲

1798 年 8 月 1 日，尼罗河战役

黄昏时分，纳尔逊率领的英国海军出乎意料地从法军锚索的两侧发起袭击：在锚索的浅滩一侧发起的袭击让法国人猝不及防，而同时在另一侧的奇袭则幸运地避开了风险——法军的“卡洛登号”皇家舰艇碰巧搁浅了，无法参加战斗。英国人选择在夜间进行近距离的交火，法国人因此失去了现有阵线上 13 艘主战舰中的 11 艘，另外两艘和法国护卫舰一同逃跑了。法军阵地有着天然的缺陷，使得纳尔逊顺利完成了一场歼灭战：先是击败了法国先锋队的船只，然后再继续前进攻击那些停泊在后面的船只，让它们无法给前线提供援助。事实证明，法国的枪炮火力是不够的，法军不仅部署得很糟糕，而且对英军的奇袭也没能做出恰当的反应。英国海军则在协调作战中显得更像一支综合力量强大的部队。纳尔逊和他的舰长们做好了充分的沟通工作，确保他们可以在许多可能的情况下积极地进行合作，并向他们充分解释了他的战术。

第三章 19世纪

THE NINETEENTH CENTURY

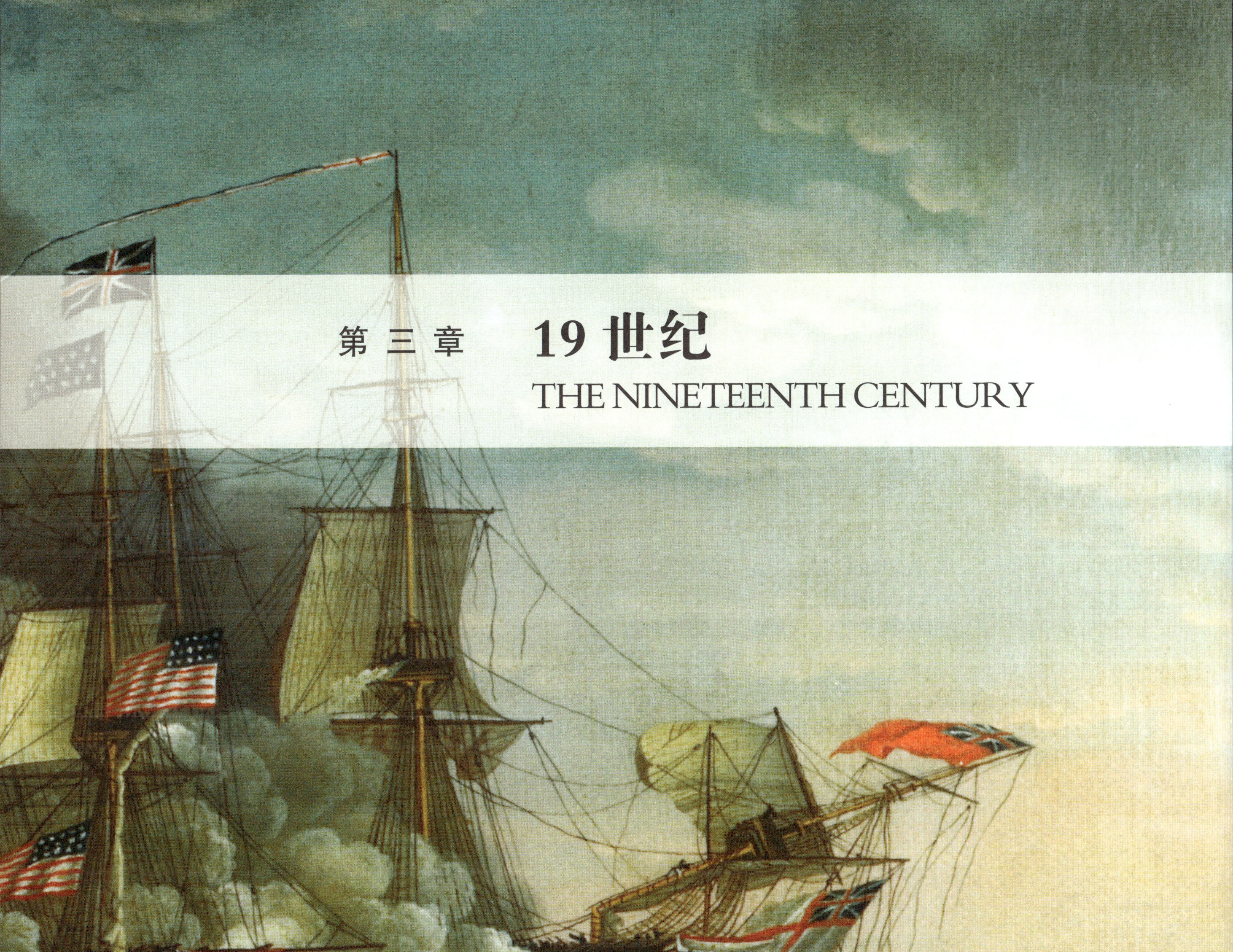

大型海图的绘制和使用

右页 ▶
1801 年哥本哈根战役地图

用红色标记出来的是在港口停泊的丹麦船只，而英国的进攻军队则用蓝色表示。

19 世纪来临，西方列强在世界舞台上日益占据主导地位，并开始对亚洲、非洲和大洋洲等地区产生重大影响。这一影响过程和西方国家对信息的采集、部署和应用有密切关系。而反过来，这种信息的应用也反映了西方国家所具备的潜力，尤其是海上军事潜力。国家力量和信息应用之间的关系不仅体现在政治效力上，还体现在经济活动等其他方面。此外，西方力量还试图在非西方国家中建立一种文化主导的支配地位，并以此为基础制作、讨论和使用更多的信息。

绘制大洋海图

大型海图的绘制正是 19 世纪西方国家信息应用具体过程的一个重要实例，它汇集了对地理信息和国家信息的搜索、积累、描述和使用。这一过程同国家权力关系密切，例如，英国凭借着势力范围的全球分布、征战全球的野心及海军和商业方面的实力，使得上述信息的获取和利用变得十分必要并唾手可得。的确，在整个 19 世纪，英国在大洋海图的描绘方面发挥了主要作用。1808 年，英国与法国拿破仑势力交战，战斗中，英国十分依赖海军力量，英国海军部下令让海上制图委员会的军官们就如何最好地改善战斗局势提出建议。这是国家制图机构承担新型职能的指导性实例，在他们提出建议的过程中，现有信息资料的可用数量和可靠性也得到了梳理和整合。制图委员会建议尽快为每一个英国海军监测站提供一套官方可用图表，并停止使用私营商制作的海图。

这就带来了向商业地图出版商购买海图，以及买回那些由企业出版的海军官方制图版权的需要。第二种购回版权的做法在 18 世纪曾经非常重要，它体现了英国制图业官方出版商和民间出版商之间的独特关系。为了寻求各方机构之间信息的互补，英国陆地测量部还曾尝试提供英国海岸线的相关地理信息，这也是英国军方开展大型土地测绘工作的一部分。国土海岸线是一个关键的区域，因为它是入侵军队登陆的地方，也是英军海战失利后，对抗入侵军的前线区域。

一份含有 31 张海军用途的《英吉利海峡海图》图集在 1811 年出版了。这些作品的绘制参考了早期海图的绘制方法，如 1797 年英军使用的东印度摩鹿加群岛（今马鲁古群岛）荷兰海图。这些陌生海域的早期海事制图是很重要的，在拿破仑战争期间，英国人征服了这些区域。在军舰尝试登陆进行岸上作战，如提供两栖作战支援或执行船只封锁等操作时，船只搁浅是主要的问题。由于着陆行动较为频繁，海军队伍庞大，英国皇家海军常因为搁浅而失去许多作战船只。相比和敌人作战时的船只损失，英军由于搁浅频

Plan over
Slaget paa Kjöbenhavns Rhed
den 2den April 1801.

发而失去了更多的船只。搁浅的情况较多发生在欧洲水域，英国对法国军队及其盟军的封锁行动是主要原因。在其他如印度洋等水域，英军也承受着重大损失。

1815 年拿破仑战争结束后，英国人继续绘制了世界各地的沿海水域海图。这是地图信息系统化和正式化发展过程的一部分，西方国家正尝试用正式的、官方主导的信息收集方法取代早期非系统化收集信息的方式。而许多现有的实际情况并不乐观。在罗伯特 · 索耶关于苏门答腊岛巽他海峡（东印度群岛海域的一条主干道）的报道中提到，"在邦卡南部海岸区域的危险为大众所知之前，这条通往该区域的海峡通道是非常危险的，而对于那些在东南部众多岛屿之间隐藏的危险点，我们同样一无所知"。例如，1817 年，在前往中国广州的途中，"埃尔切斯特号"皇家海军舰艇在巽他以北碰触了一个未知的珊瑚礁，损坏了船只。

除了一些如泰晤士河口等水域的重点测绘之外，大部分海图关注的都是遥远地区的海域。此外，许多绘图区域并不属于英国控制范围，而这并不是最主要的问题。例如，一项 1822 年至 1824 年的英国海岸调查带回了许多关于东非的地理信息。而英国政府与私营部门之间的合作关系也在延续着，尽管它们之间的交换条件已经和 18 世纪时大不相同。从 1821 年起，

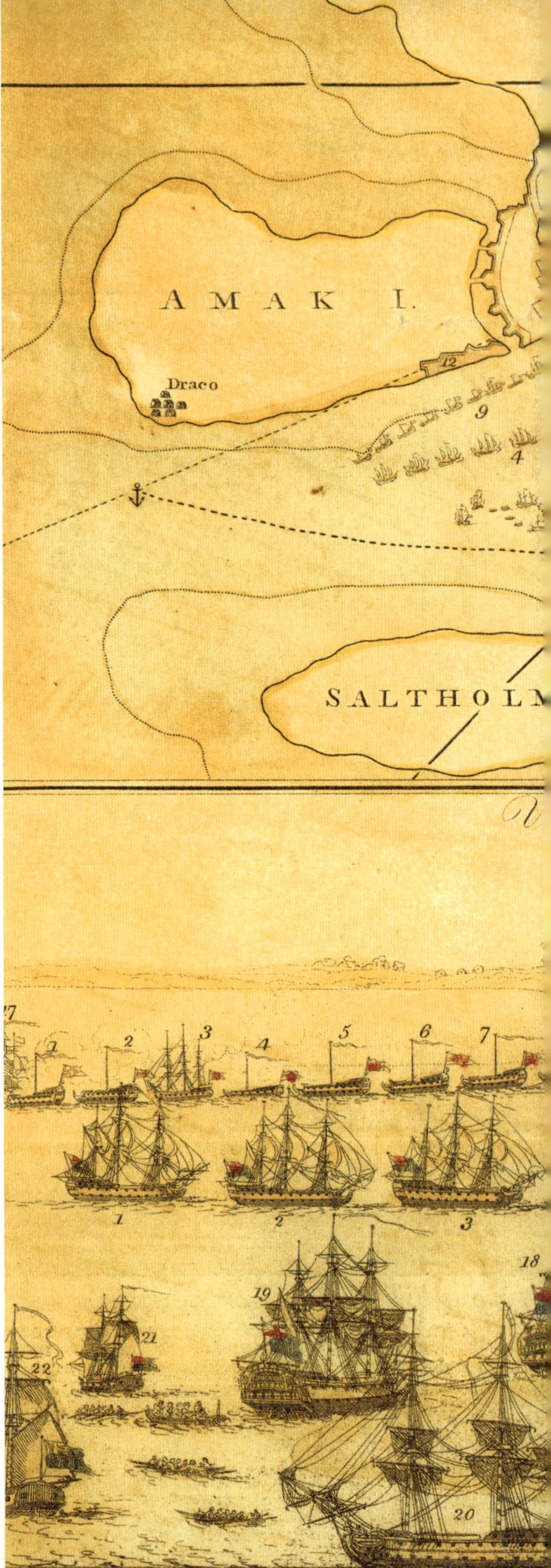

▶
1801 年的哥本哈根战役地图

面对日益恶化的外交和军事形势，英国在 1801 年采取了军事行动，对抗愈发具有威胁性的波罗的海诸国组成的北方联盟。丹麦拒绝了离开该联盟的最后通牒。在 1798 年的尼罗河战役中，纳尔逊将军在毁坏了法国军舰的锚索后取得了胜利。在 1801 年 4 月 2 日的哥本哈根战役中，纳尔逊又一次成功地利用敌方锚索的弱点打了胜仗。他趁着夜色进行了海峡处的水深探测和浮标标记，然后率领他的军舰分队驶过了危险的霍兰德深海处，以便从一个敌人意想不到的方向发起进攻。丹麦敌军的猛烈炮火导致纳尔逊的上司海德 · 帕克爵士命令他在适当的时候"停止行动"，但纳尔逊继续进行炮火还击，迫使丹麦人最终接受了休战协议。丹麦战线上的 17 艘船被英军捕获或摧毁。因此，英国人不再继续同法国进行中立贸易。纳尔逊开始声名远播，4 月 25 日的《邦纳和米德尔顿的布里斯托日志》称，"在这一伟大的历史性时刻，纳尔逊勋爵将他的创造性精神和战斗热情发扬光大，军队的士兵们都在激动地传颂纳尔逊指挥下的军舰的事迹，纳尔逊舰队由此产生了巨大影响"。这也展示了记录和表现战争细节的不同方式。

PASSAGE of the SOUND
TO
COPENHAGEN & DRAC
exhibiting
THE TRACK of the BRITISH FLE
Pub.d Apr.l 22 1801 by J. Fairburn, 146, Minories
Tarbeck Ness
Elseneur
Cronborg
SOUND
HVEN I.
Elsinborg
Landscrona
Scale of Miles
Ground
REFERENCES
1. Sir H. Parker's Division } passing Cronborg.
2. Lord Nelson's D.o
3. Sir H. Parker's D.o in reserve
4. Lord Nelson's D.o coming down to the Attack
5. Bomb Vessels
6. Agamemnon at Anchor
7. Crown Islands and Batteries
8. Line to defend the Harbour
9. Floating Batteries and Block Ships
10. Arsenal with Men of War in it
11. The Citadel
12. Lunette Quintus
the Attack upon the Line of Defence, before Copenhagen, by Lord Nelson; April 2.1801.
MIDDLE GROUND
Wind S. by E.

右页 ▶
海军宣传画（约 1803—1804）

这是一幅法国的海军宣传卡通画，意图说明拿破仑追求的航海自由的大目标。陆地和海洋战争力量之间的斗争，要求双方都必须在对方的战斗领域中占领先机。盟军的作用是至关重要的：由于盟军不给力，拿破仑在 1814 年和 1815 年的陆地战场上完全失利，但在 1805 年，拿破仑由于与西班牙结盟，并控制了荷兰舰队而海军实力大增。拿破仑的入侵计划需要在英吉利海峡占据至少 4 天的战斗优势，以使他的部队能顺利穿越海峡。他设计让军舰中队逃离英国的封锁线，驶向加勒比海，和加勒比海的盟军会合后再折回英吉利海峡击败英军。不过在纳尔逊取得特拉法尔加战役的胜利之前，这个计划就失败了。

英国海军部制作的大量地图被公开发售，这一政策旨在为更多的地理测绘调查工作提供基金支持。事实上，从 1825 年起，地理材料的销售目录也开始出版了。

个人贡献

负责进行海图测绘的个体海军军官和船队的职业生涯充分反映了英国进行海事测绘的活动范围，同时也反映了海图测绘与英国国家力量之间的关联程度。这一情况决定了后来英国在潜水艇电报领域的统治地位，英国的优势地位不仅在于海图绘制、电报线路、相关产品的所有权，以及海底电缆的铺设，还有在制定电报标准方面的权威性。

弗朗西斯 · 蒲福爵士（1774—1857）的父亲丹尼尔 · 蒲福牧师（1739—1821），在 1792 年出版了一幅爱尔兰地图，这幅地图在 1798 年镇压爱尔兰民族主义起义时非常有用。弗朗西斯 · 蒲福在 1787 年加入了皇家海军，1800 年他带领船队击败一支西班牙军舰后，收留了 19 名英国伤员。1807 年，弗朗西斯 · 蒲福模仿詹姆斯 · 库克 1759 年英国攻打魁北克之前对圣劳伦斯河进行测绘的模式，对普拉特河入海口处进行了调查测绘。英国正准备对布宜诺斯艾利斯展开大规模海上袭击，这次测绘活动给英军舰队提供了宝贵援助。尽管这次袭击最终以失败告终，但海图测绘带来了更深远的影响——这些水域即将成为英国贸易船队的主要目的地，因此对这些水域的了解显得非常重要。

作为一名护卫舰舰长，蒲福（弗朗西斯 · 蒲福）在 1810 年至 1812 年活跃于土耳其水域，参与了多次镇压海盗的行动，对一些海岸线区域进行了测绘，最后在一次海上冲突中受了重伤。随后，他根据自己做过的海岸测绘制作了海图。在威廉 · 史密斯的水文测量报告中，蒲福所著的《卡拉马尼亚》（1817）阐述了英国是如何通过对各地的重新命名来实现对地中海区域的控制的。史密斯出版了《西西里、马耳他及邻近岛屿的水文图》（1823），并对亚得里亚海和北非海岸进行了测绘调查。威廉 · 史密斯最终晋升为海军少将，并担任英国皇家地理学会和皇家天文学会的会长。

1829 年，蒲福成了英国海军的水道测量家，并担任此职务直至 1855 年。在被任命后不久，他就绘制完成了一张世界地图，地图里的所有海岸线的绘制使用的都是最新得来的调查数据。这是 19 世纪信息收集方法更加系统化，也更为主流的具体表现。考虑到若干海岸线的长度问题尚未解决，仅能在地图上标明一段大概的长度，蒲福将海岸测量工作继续了下去，以填补缺口。

各种测量工作的结果体现在制图者接收的信息流

A LONDRES
Liberté des Mers
pour le bonheur de l'univers
Isles Britanniques
la Manche
Pas de Calais
DANNEMARCK
Stokholm
G. de Finlande
Courlande
RUSSIE
PRUSSE
POLOGNE
HONGRIE
Vienne
Paris
Madrid
Lisbonne
Rome
MER NOIR
Constantinople
MER MÉDITERRANÉE
AFRIQUE

右页 ▶

特拉法尔加战役地图（罗伯特·多德，1805 年）

在战争结束后不到一个月，这幅插画就出版了。图中的英国舰队装备齐全，法国－西班牙舰队仅是用简笔画表示了出来。作者多德在插画下注明并解释道，为了使图像更清晰，他“觉得最好要避免（由于战场规模过小而导致的）混淆的情况，无须展示法西舰队的帆船和索具，如果在这一视图中引入过多内容，将使得各国旗帜变得不可辨认”。在特拉法尔加，单艘英国船只的战斗质量是由航海技术和经验丰富的船员在近距离交火时的开火速率决定的，这和舰队的指令文化是结合在一起的。指令文化强调作战策略和抓住主动权，主动接近敌方舰队，在交叉破坏敌方战线后，再攻击那些脱离战线落单的船只。纳尔逊的计划和战术为英国军舰的射击技巧和航海技术提供了发挥的机会和空间。19 艘敌方战线上的法西军舰被俘获了，英国海军获得了明显的战斗优势，但拿破仑率领的法军在 1805 年至 1807 年在与奥地利、普鲁士、俄罗斯的对战中取得的胜利使得这次战役未能带来第三次反法同盟战争的成功。这也使得法国在欧洲的地位大大提升。

中。例如，19 世纪 30 年代早期，爱德华·贝尔彻对西非海岸进行了测绘调查，西非海岸是英国试图压制奴隶贸易的重要区域。压制奴隶贸易在 19 世纪的大部分时间里是英国的一项重要海军承诺。威廉·菲茨韦利·欧文和亚历山大·维达尔于 1821 年至 1845 年对非洲海岸线地区进行了测绘调查。之后在 19 世纪 30 年代，贝尔彻调查测绘了南美的西海岸，他的测绘工作表明英国已成为拉丁美洲的一个重要的非正式帝国势力。英国的贸易船队从这些测绘工作中得到了帮助，英国海军不仅获得了实用的知识，还取得了相当大的威望。

罗伯特·莫尔兹比在 1829 年至 1833 年调查测绘了红海水域。1799 年在红海水域对抗埃及军队的英国军舰曾遭遇搁浅问题。这是一个典型的例子，在有着贸易活动和海军力量投放的危险水域中，当发生冲突和谈判时，海图和图表发挥着重要作用。作为量变带来质变的一个例子，1834 年出版的新的红海航海图由于蒸汽航行的发展而逐渐产生重大影响，它能使船只克服红海的北风，顺利到达平静的地中海区域。这里依靠的是蒸汽船只在航行时的灵活性和多用性。

反过来，大国权力也开始发挥作用，英国决定控制通往印度的最迅捷的航行路线。这代表了一种新的战略责任和海事任务类型。军队最终依赖于海军实力来支持更大范围的战争野心和提供大量的职位。西方国家于 1810 年征服了毛里求斯，1839 年吞并了亚丁，1869 年苏伊士运河开通后不久，西方国家就取得了它的控制权。接下来的 1878 年，塞浦路斯沦陷，在亚历山大港有着一个主要海军基地的埃及也在 1882 年沦陷了。

对准确性的追求也体现在皇家海军对查尔斯·巴贝奇的赞助上，他是海事信息计算机发展的关键人物。海军想要的是不存在印刷错误、可以准确定位的天文图表。巴贝奇最初开发的差分机可以提供使用倒模混凝纸型的印刷工具，从而减少了许多排版中的人为错误。

海图的使用

海图在各类战争中被广泛使用。1810 年 12 月，英国从法国手中夺取了毛里求斯。在作战前，双方都曾对毛里求斯岛周边的水域进行仔细的测绘调查。1810 年初，英国封锁中队的两艘护卫舰在敌军火力中被迫搁浅，并最终被摧毁了，这一重大打击反映了英国海军在海事地理信息方面的匮乏。同样地，（伦敦）皇家联合服务研究所的收藏品中有一幅舟山岛的海图，这是亚历山大·道尔林普（1795 年至 1808 年为海军水道测量家）所绘海图的扩大版。“布伦海姆号”皇家舰队的舰长 H. 勒弗莱明·森豪斯爵士在 1840 年 8 月 30

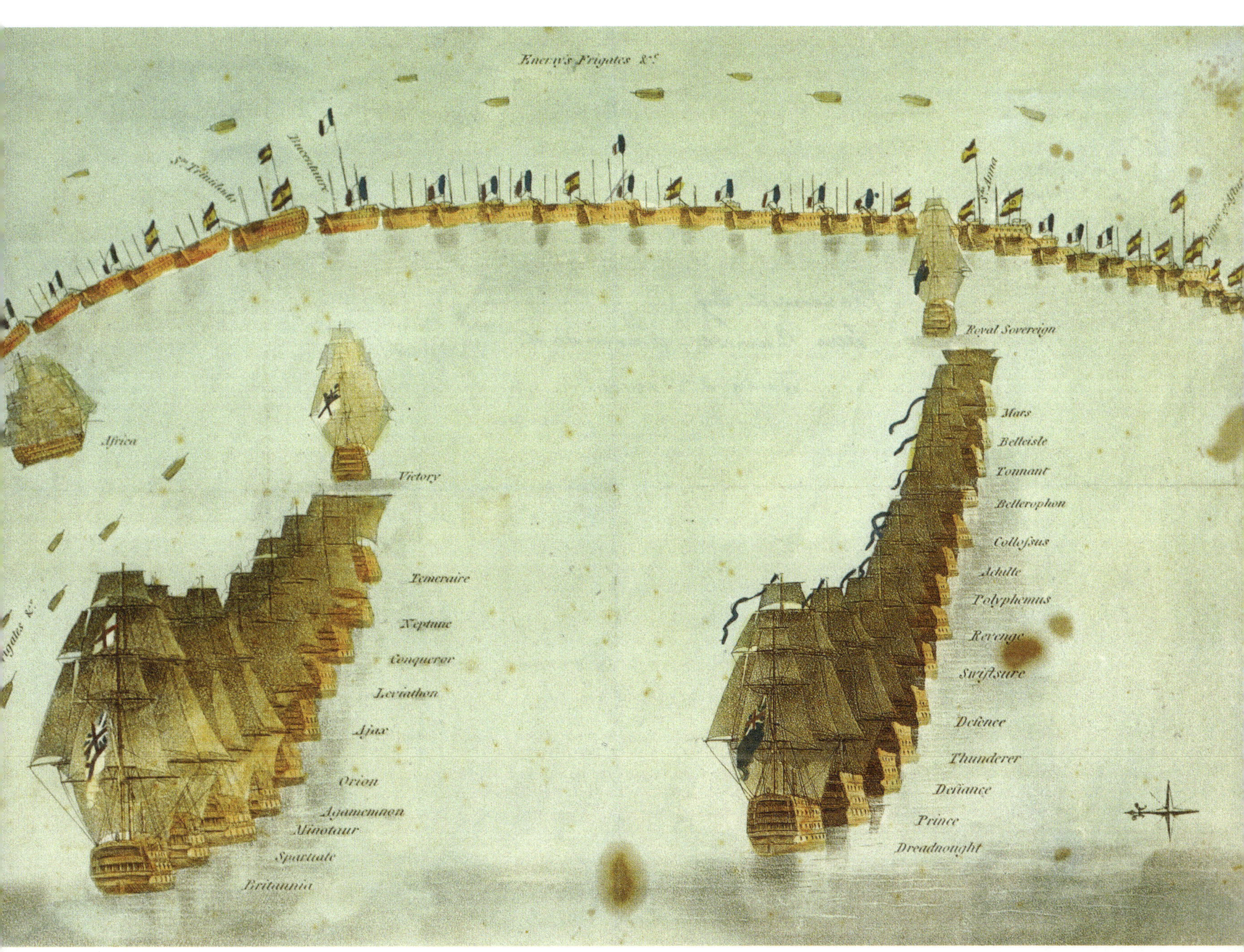
Enemy's Frigates &c.
Bucentaure
Royal Sovereign
Africa
Victory
Temeraire
Neptune
Conqueror
Leviathan
Ajax
Orion
Agamemnon
Minotaur
Spartiate
Britannia
Mars
Belleisle
Tonnant
Bellerophon
Collossus
Achille
Polyphemus
Revenge
Swiftsure
Defence
Thunderer
Defiance
Prince
Dreadnought

右页▶

拉坦战役地图（卡尔·古斯塔夫·吉尔伯格，1809年）

关系到瑞典土地的最后一场战斗发生在1809年8月19日至20日。俄国人在征服了瑞典治下的芬兰后，在现代瑞典北部地区留下了一支小部队。瑞典人试图通过陆地和海上的联合攻击来消灭这支部队，但俄国人的行动更加迅速，他们于8月19日在萨瓦击败了在拉坦登陆的瑞典军队。第2天，瑞典军队从拉坦撤离时又遭到了袭击，但图中所示的瑞典军舰的炮火阻止了俄国人的登船计划。随后，两国达成了和平协议。

日到9月4日期间进行的远征中得到了许多新的观测数据，这些数据也对舟山海图的更新起到了很大作用。在英国与中国的第一次鸦片战争期间，这些海图信息得到了利用和改善。第一次鸦片战争后，爱德华·贝尔彻率领的“硫磺号”皇家海军舰队开始在1841年左右对香港周围海域进行海图绘制。此外，英帝国在中国得到的新控制权也延伸了测绘舟山地区地理信息的范围。贝尔彻在1842年至1847年担任“萨马兰号”皇家海军舰队指挥官期间，对婆罗洲、菲律宾和中国台湾的海岸地区进行了调查测绘。这次测绘行动反映了英帝国发现的可投射兵力的新领土，特别是婆罗洲北部。

海图不仅在战争中得到了使用，它们还有助于了解开发海洋地区时带来的新机遇。关于鲸鱼、海豹和鱼类的捕获范围和分布信息，带来了人类海洋活动的扩展。随着时间的推移，这种扩张也影响了当地人民的生计，南美火地岛的雅玛纳族就是典型例子。更著名的是，英国的航海记录对进化论的发展做出了贡献。查尔斯·达尔文于1831年至1836年在“贝格尔号”皇家海军舰艇作为博物学家随行，在航行经历中，他收获颇丰，尤其是前往加拉帕戈斯群岛的旅程给了他很大灵感。这一理论的形成过程类似于约瑟夫·班克斯随詹姆斯·库克的“奋进号”皇家海军舰艇在太平洋上航行并采集信息的过程。

“小猎犬号”皇家海军舰艇的船长罗伯特·菲茨罗伊是官方气象服务业发展中的杰出人物，他于1854年成为贸易商业局气象部门的部长，并担任该职务一直到1865年。菲茨罗伊非常信赖气压计，并亲自设计了一种造价很便宜的气压计。他曾著有关于如何最好地使用气压计的书，并在1861年建立了一个风暴警报系统，他将这一系统称为“天气预报”的基础系统。第一次电报形式的天气报告是在1865年进行的。作为术语命名传统的一个实例，2002年，西班牙菲尼斯特雷海域被重新命名为菲茨罗伊海域。

其他国家的海域调查测绘

除了英国以外，其他国家也在海图上标出了本国和世界上其他国家所属的海域范围。1815年至1838年，在查尔斯－弗朗索瓦·波坦斯－波普勒指挥下，法国进行了大西洋沿海海岸线的地图测绘，他们使用的是在前半个世纪里因为战争而中断了的法国专用的三角测量法。此时的西班牙虽然看起来已经是一个衰落的皇权国家，缺乏强大的海事基地，但于1800年建立的西班牙水文局在西班牙帝国各个殖民地设置的分支机构仍有着活跃的海事测量活动。殖民地水文局绘制了西班牙殖民地广阔领土的地图，尤其是19世纪60年

Utsigt af Affairen vid Ratan.
Karta
öfver
AFFAIREN VID RATAN
Den 20 Augusti 1809.
C. G. Gillberg
Ratvik
Rata
Rata Skär
Chef Skeppet Adolph Fredrik
Svenska Trupper
Ryska Trupper
Alnar

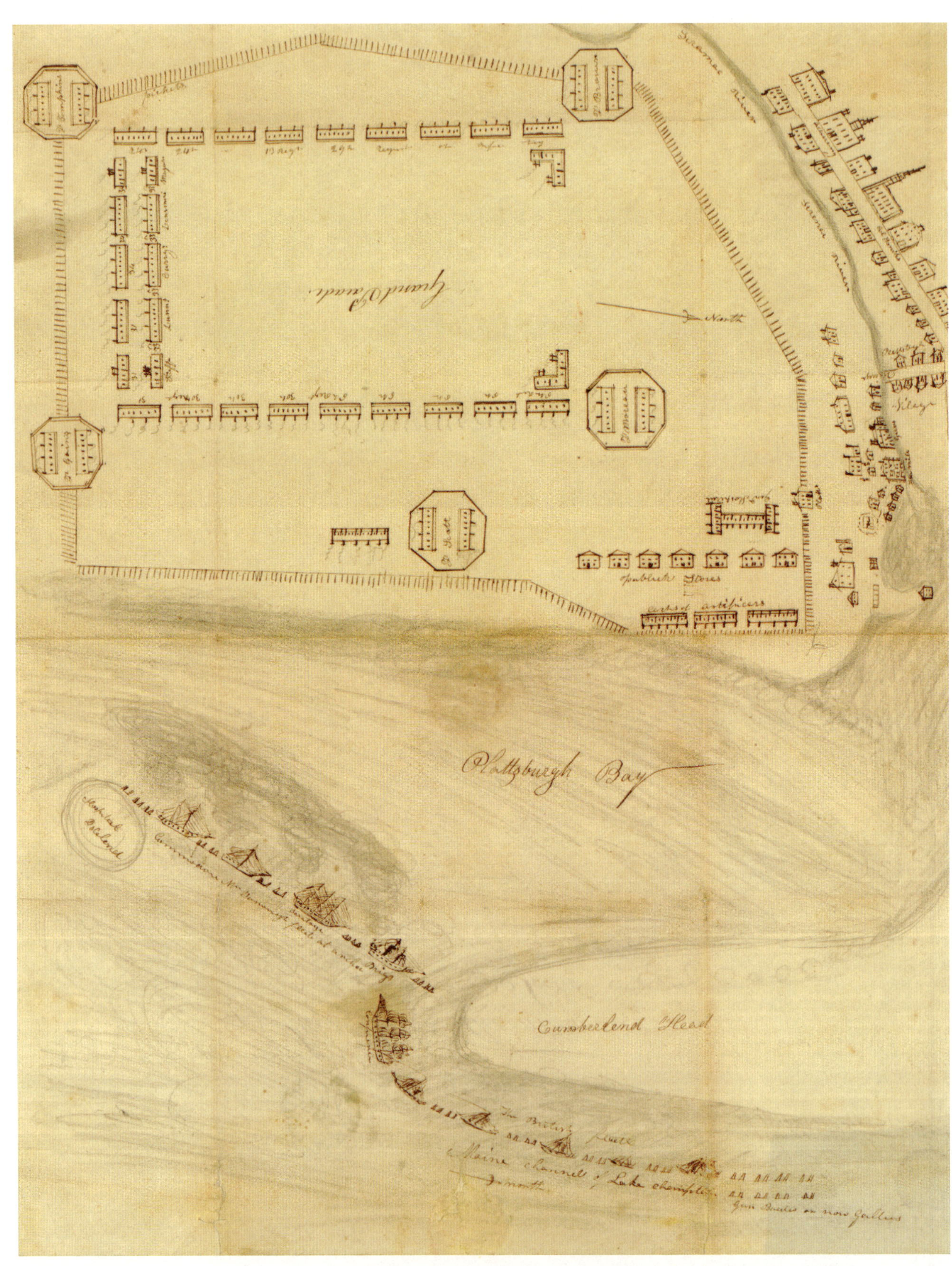

▶ 普拉茨堡战役地图（1814 年）

由于美国海军缺乏战斗优势，英国决定在尚普兰湖走廊以大约 1 万人的海军兵力入侵美国。英军在尚普兰湖西岸的一项进军计划在普拉茨堡被拖延了，此时的英国人正在等待与敌方的一场海军冲突，以确定他们是否可以利用湖面来运输补给物资。在托马斯·麦克多诺领导下的美国海军中队有着很好的布局和充分的准备，9 月 11 日开战时，这一队伍的状态非常好。美军优秀的航海技术、良好的指挥决策和短程炮弹的力量都使得他们可以追上英军在远程射击方面的优势。英国主要船只全部被击沉或捕获了，英军指挥官乔治·道尼遭到美军轰炸而死。在战斗当天，英国的地面部队袭击了普拉茨堡南部的美军，但在湖面战役失利之后，他们放弃了后续的袭击计划。

代绘制的古巴北部海岸线图和19世纪90年代的波多黎各海岸图，而此时西班牙仍占领着菲律宾群岛的大面积领土，水文局在菲律宾的测绘活动就相对较少了。

美国在海图测绘领域积累了相当多的专业人才和知识，这是美国在世界范围内力量投射的重要产品。重要的是，美国人此时需躲过英国皇家海军的关注视线，不能让他们过度关注美国的此类测绘活动。由野心勃勃的激进派人士查尔斯·维尔克斯于1838年至1842年带领的美国探险远征队，负责进行探险地测绘和海洋学相关研究工作，同时还有着将美国势力投射到太平洋区域的任务。维尔克斯将他的测绘作品以多卷叙述的形式出版印刷。第二次世界大战期间，维尔克斯的地图复制品成为南太平洋许多地区唯一可获取并使用的地图作品。1852年至1855年，另一支美国海军远征队——北太平洋考察队，极大地为美国扩充了日本海域的水文知识积累。

在南美洲，也有着类似的测绘考察活动。1855年，一艘轻型武装的美国海军汽船“水巫婆号”在一次考察探险活动中登上了巴拉那河沿岸，被当地的巴拉圭军队开火攻击。作为回应，美国于1858年派出一支中队，专程给巴拉圭人道歉并支付赔款，然后为探险队获取了继续进行地图勘测的许可。美国内战（1861—1865）期间，美国海岸大调查活动为北方联邦军提供了许多进行两栖作战和封锁行动的有用地图资料。

俄国于1827年成立了水文局，水文局在美国的建立时间是1830年，在荷兰是1856年。

制海权

随着主要大国的海军力量在全球范围内的分布越来越广，地图信息显得更加必要了。这是一个国家力量的应用过程，它不一定会导致国家间（至少是两国间）的冲突。事实上，主要大国海军力量之间在1815年拿破仑战争结束之后进入了休战期，直到第一次世界大战爆发前才开始再次开战。与此同时，具有一定规模的海上冲突时有发生，特别是在1853年至1856年的克里米亚战争和1870年至1871年普法战争期间。在普鲁士和法国的战争中，海军冲突仅起到次要作用，而法国海军在拿破仑三世失利之后成功保护了法军的物资流转线，使法军得以继续维持抵抗。在1864年的丹麦战争中，奥地利和普鲁士陆军成功向丹麦施加压力后，丹麦海军阻止了他们在海战中达到同样目的。在此期间，海上冲突升级在即，美国内战（1861—1865）和1866年的奥意战争正打得如火如荼，1898年美西战争中的几个海上战场也面临战斗升级的准备。

在这三场战争中，海上战场都发生了大型冲突战，导致军舰沉没，各国海军受损，即使没有大型海战的

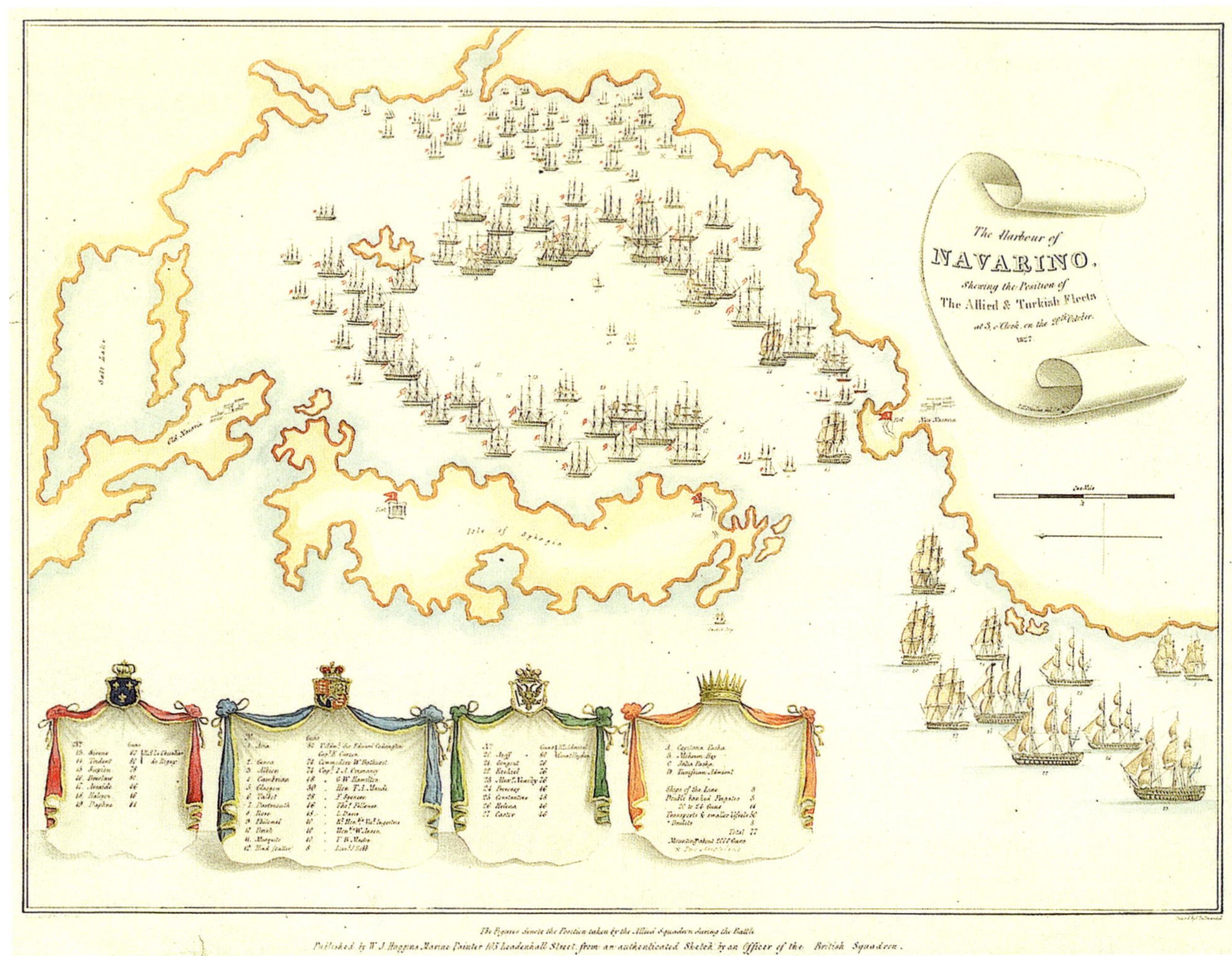

▶
希腊纳瓦里诺战役地图（1827年）

爱德华·科德林顿爵士领导下的英法俄联军舰队在纳瓦里诺战役中摧毁了奥斯曼和埃及的舰队，这要归功于配有32门大炮的英军近距离平射的强大火力，这一战役在争取希腊独立的战争中十分关键。在《伦敦条约》中，英国、法国和俄罗斯发布了停战协定，但这一条约被土耳其人拒绝了，于是三国联军需要派出舰队强制执行该条约。在1827年10月20日打响的纳瓦里诺战役是“战船时代”的最后一场伟大战役。西方列强的死伤人数为177人，远低于他们敌军的1.7万人的损伤。英国政府对俄罗斯的扩张主义表示担忧，但英国公众的反应是热情愉快的，科德林顿同时在法国、希腊和俄罗斯获得了骑士爵位。这张地图用不同的颜色显示出了不同国籍船只的位置。图中并未包含水深测量点。

发生，各方海军也应在战争中做好应对海战的重要准备。在每场战役中，海战的重要性大不相同，例如，一支强大的海军力量的存在会起到威慑作用，有效预防来自其他国家的海上干预。1810年代至1820年代的拉丁美洲独立战争作为新大陆的一场最重要的战役，充分证实了上述观点，这场战役的主要目的是反对西班牙和葡萄牙的殖民统治。为了扭转独立战争的局势，西班牙在法国海军的支持下，准备对战斗进行干预，却受到了英国人支持下的独立军的阻碍。由于英国海军是欧洲最强大的海军力量之一，英国人的支持也就有效阻止了任何敌对性质的干预行动。此外，英军的支持为当地海军的发展，尤其是智利海军的发展，起到了帮助作用。这些国家的海军在拉丁美洲的海上冲突中扮演了重要角色，因为即使是在独立战争胜利之后，拉丁美洲国家间仍面临着相互斗争和应对国内叛乱的局面。海军力量的展示和军队运输十分重要，例如，陆路交通情况糟糕的巴西更多地依赖于海上运输，这也是拉丁美洲国家的普遍情况。

同样地，大国之间不对冲突进行干预的决定也可能是至关重要的，正如在美国内战中，英国和法国在

▲
黑海（绘制于 1856 年）

1853 年 11 月 30 日，一艘荷枪实弹的俄国舰队在锡诺普摧毁了一支土耳其木船中队，这就导致了第二年英国和法国对该地区的武装干预。英法联军主要集中对付的是俄罗斯的黑海要塞塞瓦斯托波尔港口。由于俄国人全程滞留在港口，因此海战并没有被正式引爆，而 1854 年英法海军对敖德萨和塞瓦斯托波尔的炮轰则突显了木制船只在面对强烈的有效防御火力时的脆弱性。战斗结果就是，塞瓦斯托波尔遭到了水雷战的封锁，随后战斗焦点转移到了对克里米亚的入侵，敌军对港口展开了围攻。这是一张为法国公众绘制的战争信息地图。

右页▶
1855 年的喀琅施塔德阵地

在克里米亚战争期间，一支英国大舰队被派往波罗的海，驻扎在圣彼得堡海岸处喀琅施塔德基地的俄罗斯人由于寡不敌众，拒绝加入战争。因此，英国逐步实现了他们的沿海战略目标，特别是占领了守卫赫尔辛基战线入口处的斯韦堡垒，而且并未对堡垒造成太大破坏。俄国人动用了大量的蒸汽动力炮艇，使用重型轴心炮参与喀琅施塔德的保卫战。这个阵地将在未来俄罗斯内战期间受到英国海军战斗机的攻击。这幅地图显示的是 1855 年 6 月 1 日喀琅施塔德阵地的布局情况。

1861 年差一点儿就对北方联邦军采取抵制干预行动，他们甚至在 1862 年开始了部分干预行动。如果他们继续进行干预，就内战发展形势而言，局势发展将会非常不明朗：北联邦监视舰（在浅滩水域中的蒸汽动力铁质军舰）和海岸炮兵队将遭受相当大的损害，北方军的贸易船只和突袭舰也可能会受到来自海上的威胁。与此同时，大国海军通常有能力在争取战斗主动权时集中攻击力量，这将会对北方军沿海主要城市（尤其是纽约）的防御线带来巨大威胁。就算这些防御线没有遭受攻击，英法海军的封锁型舰队也可能会给北方军带来极大的破坏。

克里米亚战争（1853—1856）期间的俄罗斯就吃过封锁型舰队的亏，当时，波罗的海的英国军舰有着极大的震慑作用，它们有可能袭击圣彼得堡、里加和塔林等地区。而克里米亚战争期间并未发生过具有一定规模的海战，因为俄罗斯人决定不把海军部队从下锚地点派出。然而，这并不意味着海军力量是无关紧要的。事实上，如果英法海军不具备军事主导地位，那么他们也就不可能轻易地将势力范围投射到克里米亚。此外，这种优势地位使得海岸轰炸或攻击战成为可能，就像黑海的金伯恩攻击战一样。克里米亚危机本身也显示出了海军力量的不同用途，1853 年俄罗斯海军在锡诺普海岸战胜了土耳其人，黑海水域的命运从此变得戏剧化了。出于对战争后果的担忧，英法联军选择与俄罗斯开战，并将俄罗斯在塞瓦斯托波尔的克里米亚海军基地列为关键袭击目标。

测绘工作的不充分对英法海军的军事行动造成了影响。由于使用的地图资料老旧过时，英法军舰或是驶入了错误的航道，或是被迫搁浅了。这就影响了英法联军在波罗的海的联合行动，原因正是他们手里缺乏该海域的波蒂尼亚湾的可用海图。

西方大国力量

俄军在锡诺普海岸取得的胜利是 19 世纪海军力量及其战斗作用的极好展示，换言之，这就是此时相较非西方国家而言，西方大国在海上的绝对战略优势。西方国家的这一优势地位一直持续到 1904 年至 1905 年日本海军战胜俄国海军为止。而日本之所以取得胜利，也是因为日本海军的高度西方化，这是日本积极学习和模仿英国海军的成果。在 19 世纪，西方国家的统治地位并不完全凸显在海战中，因为此时的非西方国家海军力量薄弱，通常不会冒险和西方海军作战。尽管如此，在第一次鸦片战争中，英国的“复仇女神号”蒸汽舰还是轻易击败了中国军舰，而法国在 1883 年至 1885 年的中法战争中也取得了同样的胜利。菲律宾人无法在海上与西方国家展开战斗，所以

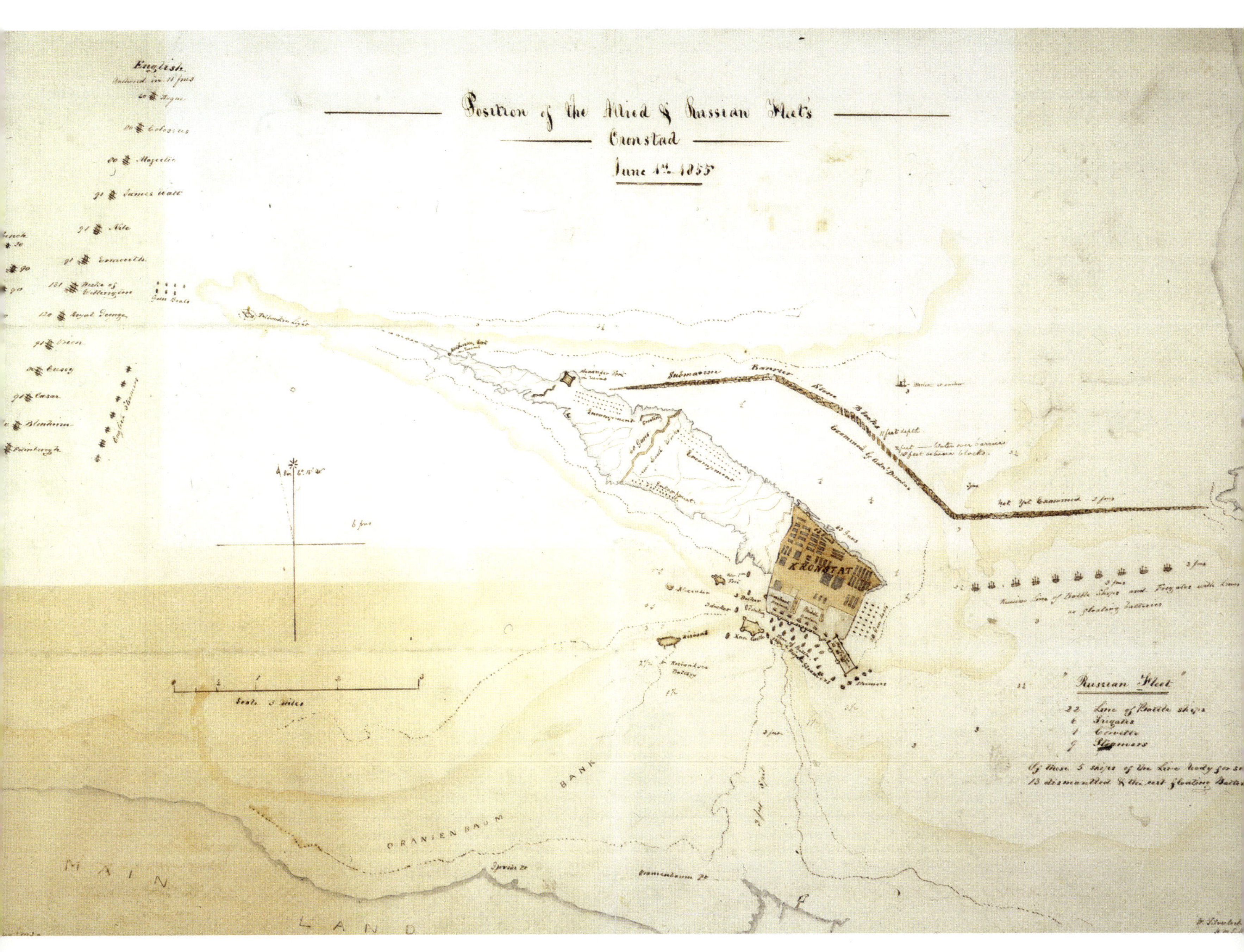
Position of the Allied & Russian Fleet's
Cronstad
June 1st 1855
English
Russian Fleet
KRONSTAT
Submarine Barrier
BANK
ORANIENBAUM
MAIN LAND

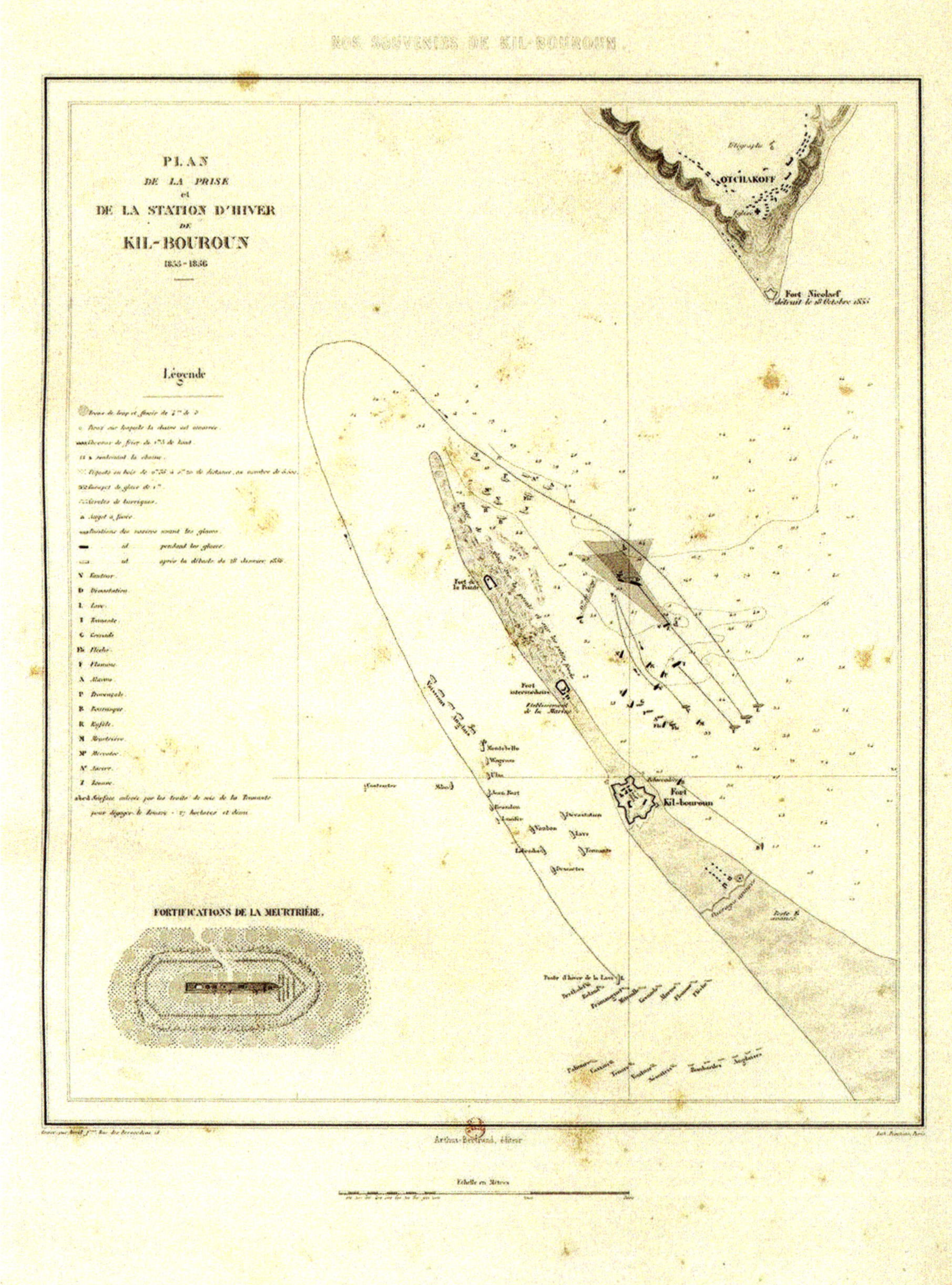

▶

1855 年金伯恩围攻战地图

1855 年 10 月，在克里米亚战争期间，一支英法中队从黑海上空轰炸了俄罗斯的金伯恩堡垒。在金伯恩海岸处，法国人成功制造了一种螺丝固定的可漂浮木制铁板炮台，随后，他们又造出了“古罗拉号”装甲舰，这艘舰艇在 1858 年正式投入使用。

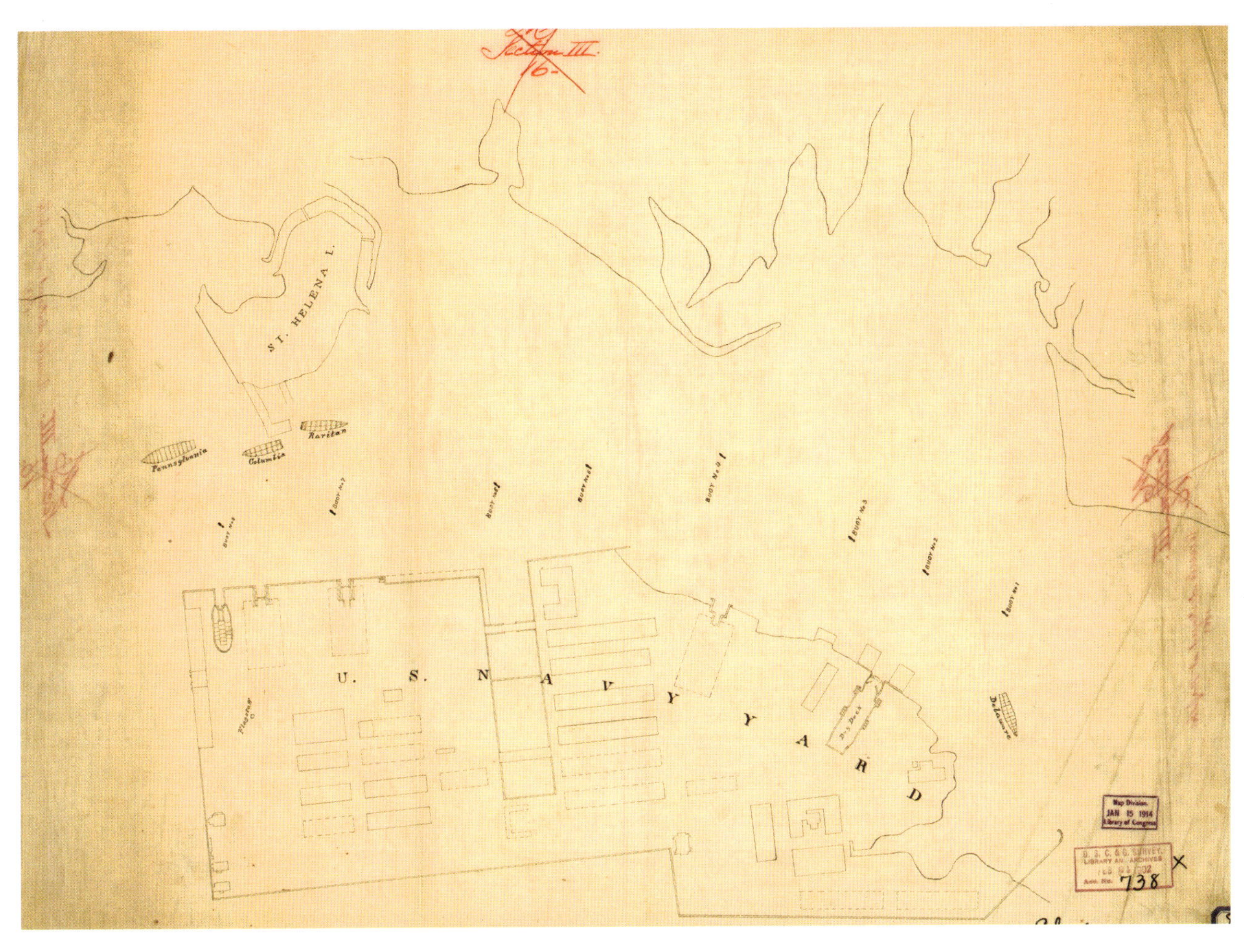

美国海岸调查中发现的于 1861 年在诺福克被毁的船舶

南方各州的分裂导致了南方联盟的这些军舰在诺福克海军造船厂滞留并被毁。这里随后成了海军作战的中心区域。

从 1899 年起，美国人轻易地接管了菲律宾的控制权。海上战役通常涉及大国力量的投射和放逐性远征，而不是全面的战斗。

对于西方公众舆论，尤其是对于英国公众舆论来说，使用海军力量的一个关键因素是道德因素，这体现在英国试图结束奴隶贸易并消灭海盗势力的军事行动上。由此衍生的海事行动和海上巡逻中，包含大量的海军活动，这无论是在正式还是非正式的范畴对帝国的扩张都非常重要。海军活动中还有许多近海操作行动，这是十分需要精确海岸图表的行动。

一些针对海盗而展开的海事行动规模较大，如 1819 年在波斯湾，由 12 艘战舰、20 艘运输船和 3000 名士兵组成的英国海军在阿曼船只的协助下，袭击了拉斯海玛酋长国的军队。英国军舰上装备的加农炮在突破敌方防御工事时发挥了重要作用。随后，在 1819 年至 1820 年，英国军舰袭击了海湾地区沿岸的军事要塞，迫使当地统治者同意接受驱逐海盗和结束奴隶交易的协定，尽管奴隶交易并未因此而告终。英国决定

SHEWIN
PAS
LAKE SUPERIOR
355 M. LEN.
FOND DU LAC
La Point
CANADA
UNITED STATES
FALLS SAULT DE STE MARIE
L. George
PROVINCE
MICHIGAN
ISCONSIN
Black River
Wisconsin River
Green Bay
Menasha
Portage City
FOND DU LAC
Sheboygan
MILWAUKEE
Du Chien
Wisconsin R.
FOX AND WISCONSIN
LAKE MICHIGAN
320 M. LEN.
Grand Haven
CHICAGO
La Salle
Illinois River
ILLINOIS CANAL
St Joseph
Mich City
Kankakee R.
Lansing
Chicago Oswego
Sarnia
STS. of MACKINAW
LAKE HURON
260 M. LEN.
SAGINAW BAY
North Channel
GEORGIAN BAY
120 M
French R.
CANAL
130 M
OTTAWA
340 M TO MONT'L
UPPER OR WESTERN CANADA
Grand Lake
PREPA
S.H.S
DEP. STATE ENG
Lake Simcoe
Toronto
Kingston
LAKE ONTARIO
Oswego
Syracuse
Auburn
Utica
Detroit
92 M
St Clair
Monroe
LAKE ERIE
240 M. LEN
Cleveland
Erie
Buffalo
Dunkirk
350 M
NEW YORK
C.V. CANAL
Olean
Elmira
Binghamton
CHENANGO CANAL
NOIS
UNITED
INDIANA
Terre Haute
Indianapolis
Wabash River
Madison
MIAMI CANAL
OHIO
Columbus
Cincinnati
OHIO CANAL
Portsmouth
Pt Pleasant
OHIO RIVER
Augusta
Wheeling
PENN OHIO CANAL
BEAVER & ERIE CANAL
Pittsburgh
PENNSYLVANIA
COAL REGION
PENN CANAL
Harrisburg
UNION CANAL
Trenton
PHILADELPHIA
MARYLAND
KENTUCKY
VIRGINIA

◀
1862 年，几条炮艇进入五大湖地区的建议路线

通往五大湖地区的必经路线有伊利湖和奥斯威戈运河，以及伊利诺伊河和芝加哥运河。从 1861 年末开始，英国和北联邦之间关系的紧张程度开始加剧，北联邦有可能攻击五大湖和加拿大地区，英国对此有着深深的担心。当北联邦开始讨论扩大运河以使军舰能够顺利转移到五大湖的时候，英国更加担心和关注这个区域了，尽管最终联邦国会认为在湖区建立海军设施的做法更加合适。1861 年 11 月，皇家工程师队长威廉・诺布尔强调了美国对圣劳伦斯河和尼亚加拉半岛上的韦兰运河产生的威胁，并呼吁在休伦湖上组建一支英国海军中队。1864 年 11 月，陆军中校威廉・泽维士在设置圣劳伦斯的保护措施时，要求使用铁板加固的船只。斯威特所作的这张地图也是大西洋地区的情况通报。

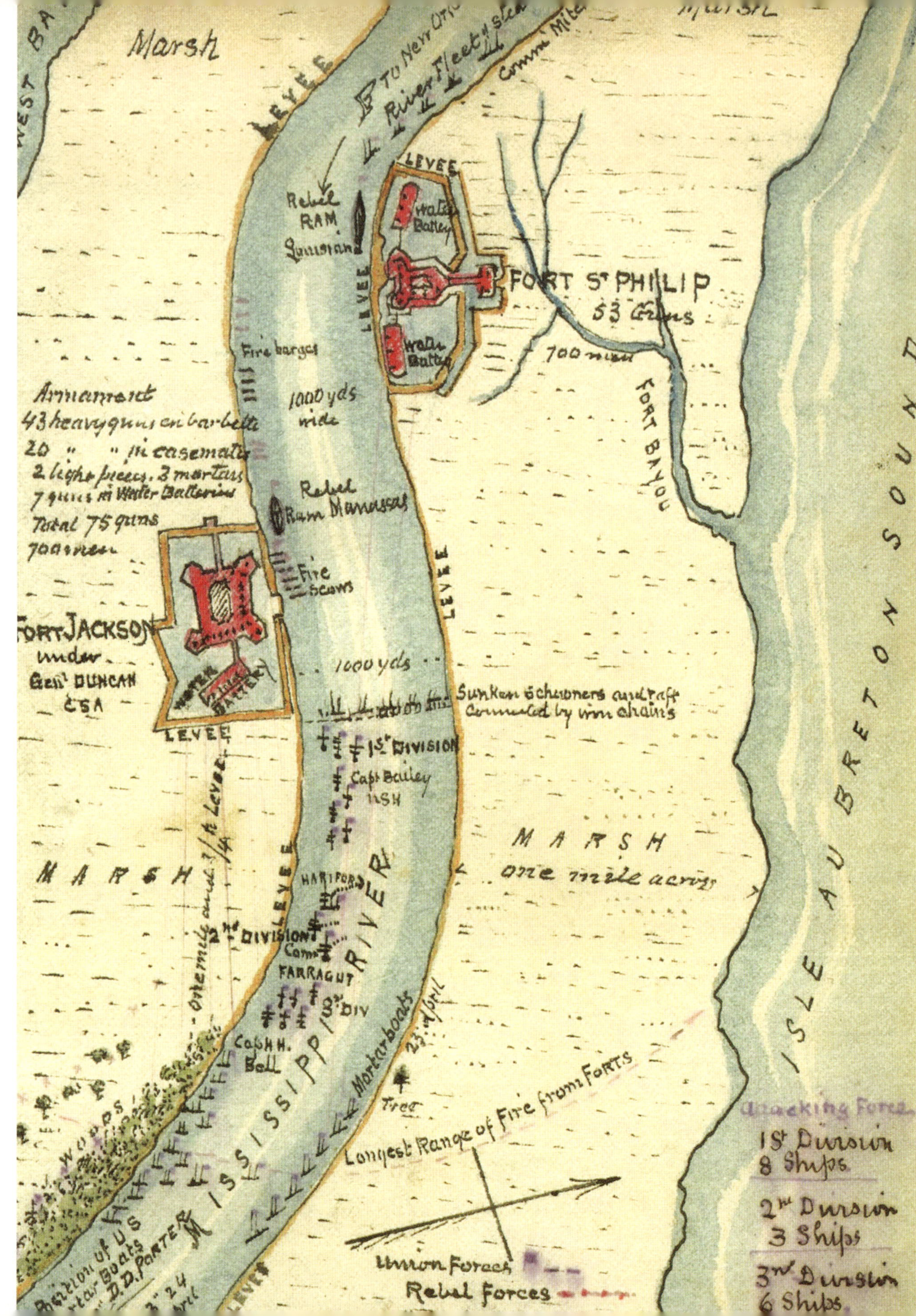

▶

1862年法拉格特对密西西比堡垒的袭击地图（罗伯特·诺克斯·斯内登）

这张地图显示的是建于杰克逊堡垒和圣菲利普堡垒的南方联盟防御工事，以及法拉格特率领的北联邦联合舰队。为了占领南方联盟最大的主要港口城市新奥尔良，法拉格特打败了南方军舰（他们的路易斯安那大舰艇的引擎无法达成战斗目的，而马纳萨斯舰艇只装备了32磅的动力），连夜绕开两个堡垒，但这些战略目标都是在清除河道障碍之后才能达到的。1898年，在马尼拉海岸处，杜威采用了他在参与法拉格特的攻击战时观察到的战术：夜间穿过高度加固的海岸阵地。法拉格特的成功仍无法和英国于1815年在密西西比地区取得的胜利相提并论。这张地图还显示了密西西比堡垒的最大火力攻击范围。

▲

1863 年，北联邦对查尔斯顿地区的攻击计划图（罗伯特·诺克斯·斯内登）

1863 年 4 月 6 日，海军少将塞缪尔·弗朗西斯·杜邦指挥一支强大的有 9 支海陆部队的北联邦装甲舰队对这个地区展开攻击，但他们的陆军受到了水雷的阻碍，海军也暴露在了近岸炮台的火力袭击之下。查尔斯顿城有着近海岛屿的天然地势保护，还被南方军防御阵地网络重重包围着。北联邦的一艘装备薄弱的“基奥卡克号”固定塔式装甲舰被击沉了，北方军 7 艘监视舰中的 3 艘被损坏到需要返回送修的地步，不过它们在一个月内重新整备妥当，重归战场。查尔斯顿直到 1865 年才被北联邦谢尔曼将军的围城战攻下。在美国独立战争中，英国海军于 1776 年在该地的一次进攻以失败告终，但在 1780 年再次发起的围攻战取得了胜利。

在阿拉伯卡伊斯建立一个海军基地。1853 年，海湾地区国家实施了禁止海上战争的永久性禁令，以换取英国海军的庇护。此后，海湾地区的英国战舰就拥有了一个可以“监视和巡航”的短途区域。

更普遍的是，大多数监视和巡航行动都是小规模的，通常由小型船只进行，比如在加拿大不列颠哥伦比亚省海岸上的英国纵帆船，这些船只也对美洲原住民起到震慑的作用，它们是这一时期海军力量的重要组成部分，是建立帝国的基础。英国海军在马来半岛海岸打击海盗的行动，使得英国能将其影响力扩展到它的海峡殖民地之外的大范围区域——槟榔屿、马六甲和新加坡等地。而后，在这些区域建立的综合势力使英国在印度洋和远东之间的航线上占据了主导地位。英国皇家海军进行小规模作战的实力，显示出英国年轻初级指挥官们指挥作战的能力和昂扬的斗志。

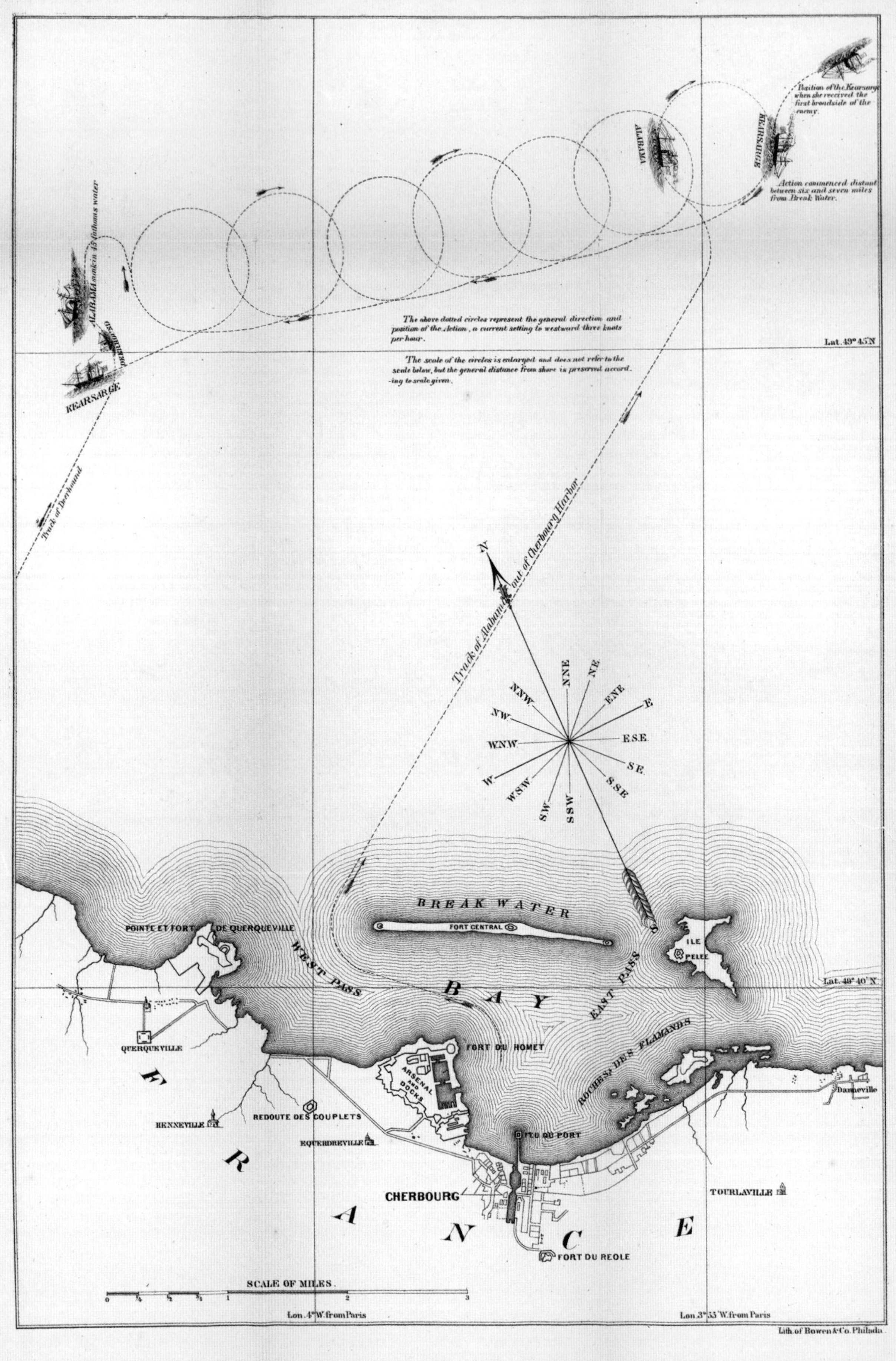

▶

1864年，一艘贸易掠夺船的最后一战

这是一幅附在约翰·温斯洛船长的详细战斗报告里的地图，描述的是1864年6月19日在瑟堡附近被北联邦“基萨奇号”舰艇击沉的南联盟“阿拉巴马号”舰艇的战斗过程。图上显示出了“基萨奇号”在受到“阿拉巴马号”第一次舷侧袭击时所处的具体位置、船只的移动线路，以及“阿拉巴马号”沉没时的位置。为了利用蒸汽战舰摧毁敌人的贸易路线，“阿拉巴马号”被造成一艘巨大（990吨）的、行进速度很快的船舰，它是在英国中立区的别根海特制造的。它于1862年5月15日从默西河出发，沿着英国海岸在亚速尔群岛收集了不少军备，它的目的是毫无疑问的。在被击沉前，“阿拉巴马号”截获了69～71艘贸易船只（来源各不相同）。它的事迹为海岸区域熟知，爱德华·马奈还曾将其绘成帆布画，记录了它的存在。这一沉船事件差点儿导致英国和北联邦之间开战，战后，英国花费了320万英镑用于破损战舰的维修工作。

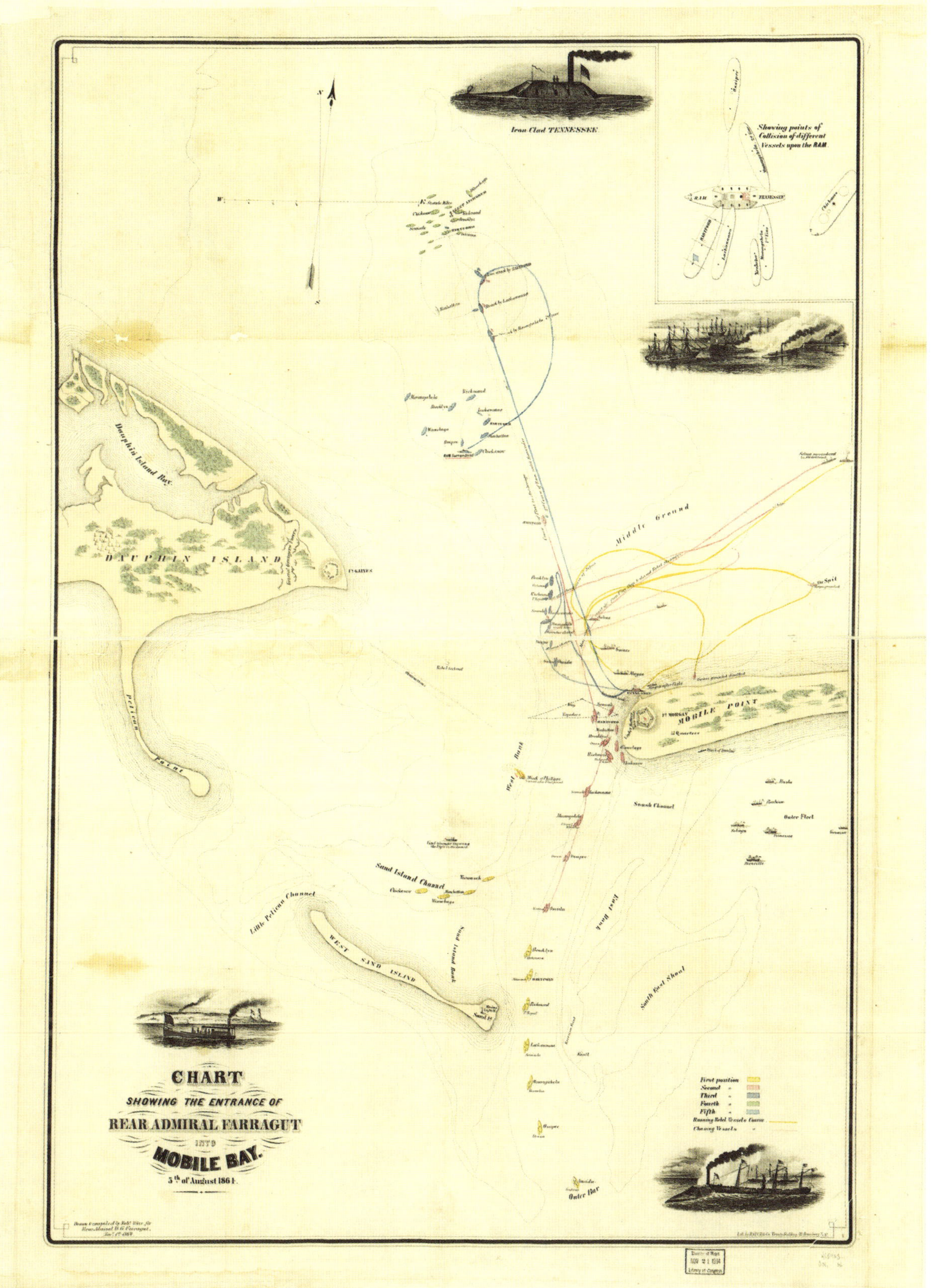

◀

法拉格特和莫比尔湾地图（罗伯特·韦尔为海军少将法拉格特在 1864 年 11 月 1 日专门描绘编制）

1864 年 8 月 5 日，北联邦舰队成功地开辟战线进入了莫比尔湾，尽管敌方称已用水雷炸毁了一艘北方军的装甲舰，而且还可能进一步炸毁更多战舰。这幅地图提供了许多细节上的视觉内容，包括军舰的 5 个移动位置及其路线，路线上的障碍物、水道、堤岸和浅滩等。图中显示的是南方联盟“田纳西号”装甲舰的攻击地点，而北方军派出一艘专门对抗“田纳西号”的军舰，这艘蒸汽军舰正驶过莫比尔湾海角处。我们从图上还能看到战场的总体情况。在 1812 年战争结束之后的 1815 年，英国军队准备进攻莫比尔城，并占领了海湾处的鲍尔堡。

	Killed Officers	Killed Men	Wounded Officers	Wounded Men	Missing
In Curtis Brigade	2		18	166	9
Pennypackers Brigade	7	24	15	183	72
Bells Brigade	2	15	4	105	—
Abbotts Brigade	—	3	2	18	11
Total	11	77	39	472	92

▶ 1865年费希尔堡袭击战地图（罗伯特·诺克斯·斯内登）

在1864年12月的一次袭击失败之后，阿尔弗雷德·特里将军动用了58艘军舰（迄今为止在这次战争中集结的最大舰队），在1865年1月15日从北卡罗来纳州的方向轰炸了费希尔堡，并随后在费希尔堡登陆了8000兵力。这次占领行动导致北卡罗来纳州的威尔明顿港口关闭了。

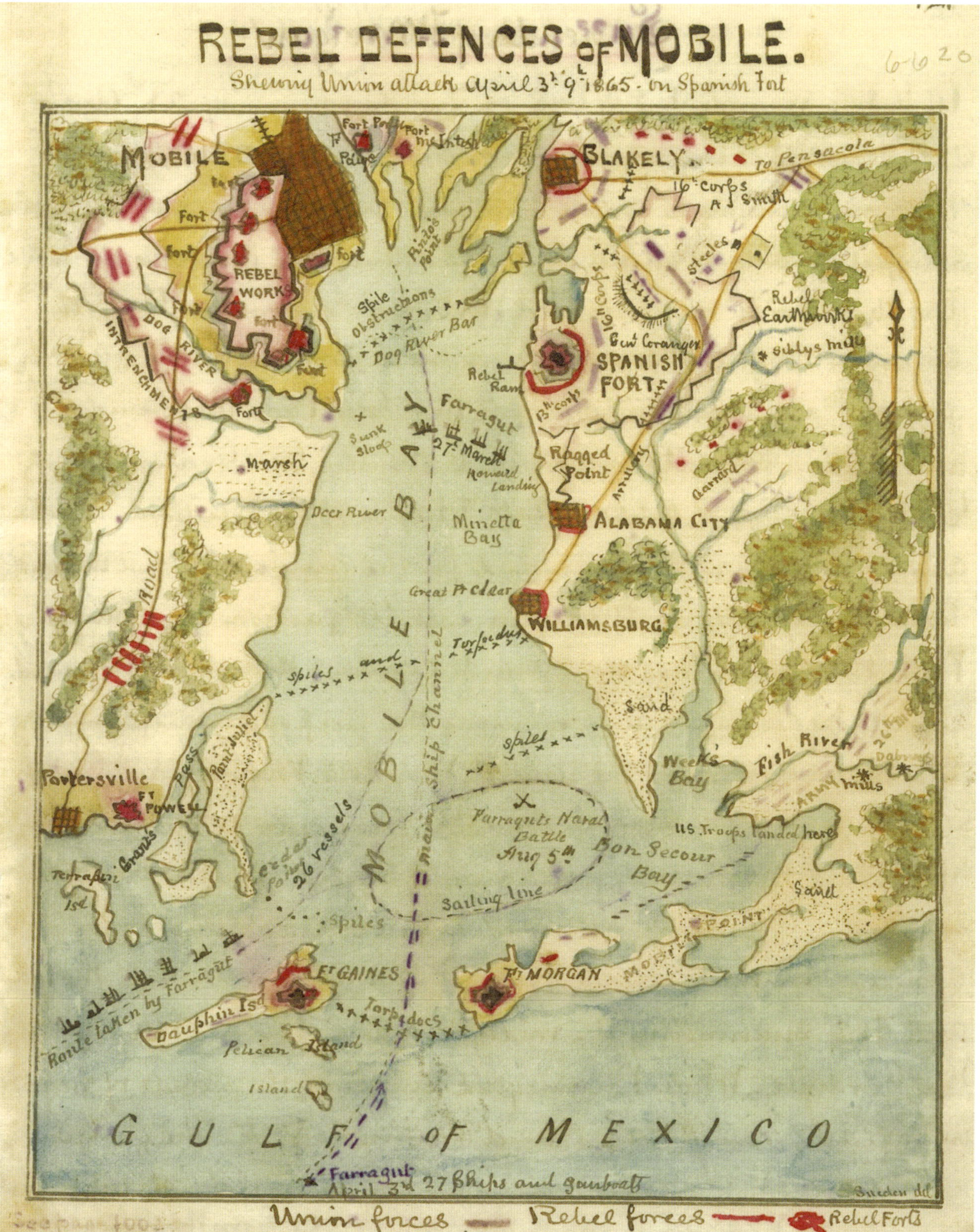

◀ 莫比尔湾的叛军防御工事和北方联邦于 1865 年 4 月 3 日至 9 日对此地的袭击地图（罗伯特・诺克斯・斯内登）

这幅地图显示的是大卫・法拉格特带领北方军中队于 1864 年 8 月 5 日和 1865 年 4 月袭击莫比尔湾的作战路线。1864 年 8 月 5 日，他成功地开辟战线进入了莫比尔湾。第二年，他的中队仍然使用这条作战路线，为占领了西班牙堡垒对岸布莱克湾的费德里克・斯蒂尔和 E. R. 坎比率领的军队提供了支援，这是在 4 月 18 日他们杀入城市地区之前发生的事。地图上标出了相对固定的障碍物——钉刺和鱼雷点。敌军宣称他们使用这些鱼雷点在 1864 年 8 月 5 日击败了一支装甲舰，且如果进展顺利，还会继续击败更多装甲舰。

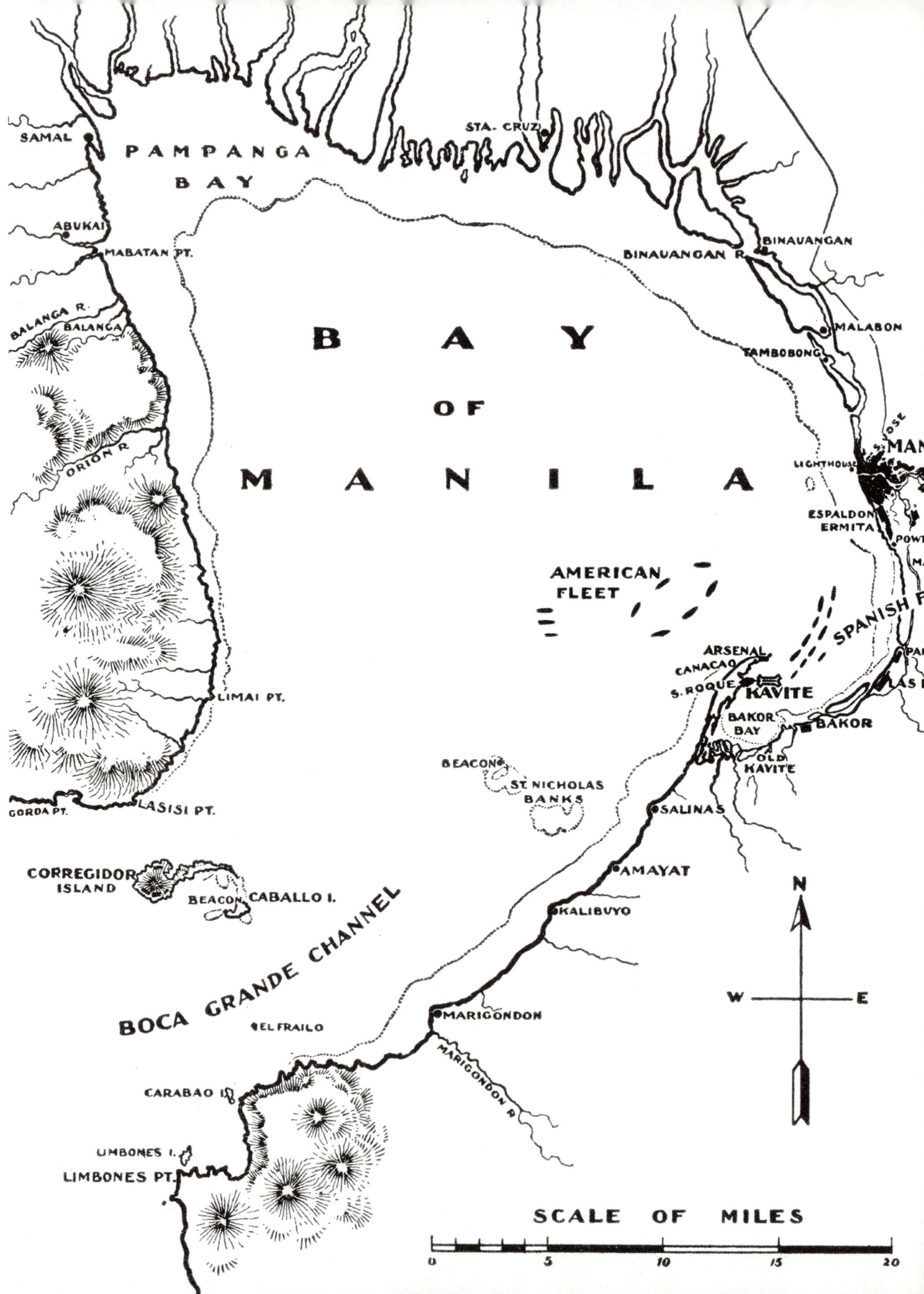

1898年的马尼拉之战地图（摘自缪拉·霍尔斯特德所著《处于战争或其他国际关系中的我们的国家》）

在马尼拉湾，海军准将乔治·杜威带领下的精心准备过的美国亚细亚海军中队，摧毁了7艘主要以殖民地炮艇为主的西班牙船艇，并于1898年5月1日，以8名美国士兵受伤为代价，击毁了近岸炮台。西班牙海军少将帕特里希奥·蒙托乔在大部分船只被毁的情况下，只能选择投降。美国在这个地区缺乏军事基地，他们的这场胜仗是在缺少可靠情报的情况下打赢的，这一成就令人印象深刻。西班牙军舰上装备的大型炮筒较少，但他们有着近岸炮台的掩护。而杜威使用了1862年他在参加法拉格特袭击新奥尔良战役时学到的战术——在夜间穿过戒备森严的近岸阵地。杜威取得的胜利使得海军战役看起来很容易，但实际上由于炮台位置的不确定性，海战的展开是较为艰难的。只有一小部分美国炮艇找到了它们的袭击目标。此外，在没有陆军协助的情况下，杜威无法登陆占领马尼拉城，他不得不原地等待陆军的到来。被美国军队加固了防御工事的科雷吉多尔岛，被称为“东方直布罗陀”，它于1942年5月遭受了猛烈炮火和破坏性的空袭之后，落入了日本人手里，并在夜间遭到入侵。

The War

SINCE we last wrote the war has made considerable progress, though not, perhaps, altogether in the direction that was expected, The invasion of Cuba is at length an accomplished fact, and there, at least, is nothing to cause surprise. The troops, so long delayed in the weary heat and dust of Tampa, received the intelligence that at length they were to embark with unbounded delight, and the vast convoy of transports put to sea with commendable celerity, and arrived oft Santiago as we reported. The landing of marines at Guantanamo was either a feint or a misunderstanding, and the actual disembarkation took place at Baiquiri, about fifteen miles east of Santiago, where there is an iron pier. The operation began at 9.45 a.m. on Wednesday of last week, and was conducted with perfect success. The mobility conferred upon the Americans by their sea-base made it impossible for the Spaniards to resist the landing, and they wisely made no attempt to do so. Moreover, a body of insurgents, estimated at 5,000, had been watching the coast between Santiago and Guantanamo during the night. The hills behind Baiquiri, where, it was thought, Spaniards might be in force, were shelled by the *New Orleans*, *Machias*, *Detroit*, *Suwanee*, and *Wasp*, and boats carrying parties of the 8th, 10th, 12th, and 13th Infantry soon put off to the shore. There was a natural eagerness among the men to be the first to set foot on Cuban soil, the men scrambling over one another in their eagerness, and the landing was announced by loud cheers. The honour fell to the 8th Infantry. The disembarkation of troops continued throughout the day, and the whole force was not ashore until one o'clock on Thursday morning.

Each string of boats was greeted by the sounds of "Yankee Doodle," and the men were marched into quarters. At night General Lawton threw out detachments to the west and north, and the troops slept in deserted houses and in tents pitched near the village. General Linares, in command of about 1,200 Spaniards, abandoned Juragua upon the landing of the Americans, and retired in the direction of Sevilla, about five miles to the north-west, with the purpose of operating upon the flank of the hostile advance. General Lawton's brigade, consisting of the 1st and 22nd Infantry, the 1st Massachusetts Volunteers, and detachments of the 4th and 5th Cavalry, advanced by forced marches, suffering greatly from the intense heat, and at noon on Thursday occupied Juragua. There was some skirmishing, but no casualties occurred. Roosevelt's Rough Riders, the now famous body of society and college men, cowboys and others of bone and muscle, with other troops, hurried forward, but General Shafter, with the main body, did not reach Juragua until darkness had set in. The distress of the men during the forced march was very great, and for miles along the road from the landing place discarded uniforms and blankets were scattered, the soldiers declaring that their equipment was unsuited to the climate. Pack mules were not available, and great difficulty was found in forwarding supplies, while to bring up the siege guns was impossible without a great deal of labour requiring time.

The Spanish troops at Santiago number probably 20,000 men, and General Pando has advanced from Holguin with 10,000 more. Garcia was to have interposed, but it would appear that his force of 3,000 was considered inadequate, and he has since joined General Shafter. The combined force numbers about 20,000, but will soon be reinforced, and there are other insurgent bodies, who, however, cannot be depended on. The Spaniards have also troops to the north-east, with which they are said to threaten the American rear. But the real fighting must be close to Santiago, where fierce resistance is expected, and the great attack will not be made until further American forces can be brought to the front. From the positions reached by the Americans Santiago is visible, and it is seen that every height is surmounted by a blockhouse, while spies report that trenches have been dug all round the city, with lines of stretched wire in front of them, all portending a desperate resistance. Admiral Cervera has reported the situation to be critical, and he has landed men from his ships, but the guns of his vessels should be a powerful factor in the defence.

The first fighting of serious character occurred on Friday of last week. At daybreak General Young, with a body of regulars and Roosevelt's Rough Riders, under command of Colonel Wood, left Juragua, the purpose being to dislodge General Linares from the position he had assumed on the flank. The Rough Riders, who advanced dismounted over the wooded hill, were to take the Spaniards in front, while the regulars, taking a trail at the foot of the hill range, were to operate on the flank. In the event two engagements occurred, the brunt falling upon the Rough Riders, who were very severely handled. Their advance was over a series of steep hills, the trail being so narrow that the men had often to march in single file. Each carried 200 rounds of ammunition and the heavy camping equipment, but, as the morning grew hotter, blankets, tent rolls, and empty canteens were thrown into the prickly cactus which bordered the way. When the men had marched about four miles the cuckoo-call of the Spaniards was heard, and the hilarious sounds of the march were sunk to a whisper. Halts were frequent, and great precautions were now taken, but it was impossible to see many yards. At about eight o'clock in the morning a place was reached where the track opened out, and there the dead body of a Cuban was discovered. The men loaded their carbines just in time, for sharp shots began to sound from the thicket and Mauser bullets to cut chips from the wood overhead. An ambush had been reached, and the firing of the Spaniards seems to have been excellent. Sergeant Hamilton Fish, a gentleman well known in American society, and grandson of a former Secretary of State of the same name, fell dead, shot through the heart.

Colonel Wood then advanced his men over the open ground, while Lieutenant-Colonel Roosevelt led a party through the thicket. Captain Capron, who was using his revolver effectively, fell mortally wounded as he urged on his men, saying, "Don't mind me, boys; go on with the fight." There was some confusion, but the men quickly rallied, and, after about fifteen minutes' heavy firing, the

MAP OF SANTIAGO HARBOUR

Showing the position of the sunken collier *Merrimac* and of the vessels of Admiral Cervera's squadron after the bombardment of May 31, as reported to Admiral Sampson by Cuban spies

New Batteries *Porter* Entrance to Harbour Old Fort *Mayflower*

U.S. SHIPS GUARDING THE ENTRANCE TO SANTIAGO HARBOUR

◀

圣地亚哥·德·古巴

摄影作品增加了图片的说明性。这是一幅 1898 年 7 月 2 日《图表绘制》杂志上的插图，展示了守卫圣地亚哥·德·古巴入口处的美国军舰，并提供了一幅海港地图，两幅插图的角度截然不同。7 月 3 日，海军上将帕斯库·塞韦拉率领美军在圣地亚哥海岸战胜了西班牙舰队，大获全胜，西班牙军舰（4 艘现代巡洋舰和 2 艘巡逻舰）在驶离有保护措施的下锚地时被击沉，美军作战状态不太好，指令系统不通畅，但还是轻易击败了西班牙人。这次胜利使得训练不足的美军在古巴获得了重要的回旋余地，并迫使西班牙驻圣地亚哥指挥官投降。这场战役证明了军舰是具备取得决定性胜利的能力的。

第四章 1900—1918

1900 to 1918

新的挑战

在第一次世界大战（1914—1918）期间，海洋军事测绘和制图的重要性大大提高，规模也扩大了。对军事海图的需求反映了多方面的因素。最开始，小规模的海事战役遍布世界各地，协约国正在袭击德国殖民地，并试图追踪德国的水面突击舰（即不是潜艇的军舰）。协约国的第一次海事任务就涉及两栖操作，这需要对近岸水域情况有足够了解；到这时为止，各地对近岸水域的地理信息知识仍知之甚少，如德属东非（现代的坦桑尼亚、布隆迪和卢旺达）地区和遥远的德属太平洋地区等。从地图上看，水面突击舰的追踪不存在太大的问题，但大部分针对它们的活动都发生在缺乏海图的水域。

此后，又出现了新的困难和挑战。第一次世界大战的持续时间比预想的要长得多，而且涉及许多一开始没有预料到的新任务。奥斯曼帝国作为德国一方的势力加入了战斗，这导致英国需要为了防止土耳其突袭英国本土而投入一定的兵力准备，同时英国还力求在位于法国和比利时的西部前线集中精力与德国单独作战。英国派出一支远征军去应对伊拉克（当时是奥斯曼帝国的一部分）军队，并于1915年派遣一支舰队穿过达达尼尔群岛对抗君士坦丁堡（伊斯坦布尔）的土耳其军，试图将其逐出战场。这支舰队受到了来自土耳其海岸炮台和水雷区的反击，这两种情况都戏剧性地说明了英国舰队急需绘制近海水域的可用海图，其中包括陆地和海洋战略防御位置的详细地图。英国和法国的军舰无法摧毁近岸炮台，这些炮台本身就是用来保护水雷区域的。土耳其人从战前的英国海军任务中破译了很多可用信息。加里波利远征队在试图夺取达达尼尔海峡的任务中最终遭遇了失败，这是一个纯粹依靠海军力量的任务。

在那之后，战斗中鲜少再出现两栖作战行动，这在很大程度上是因为以两栖战斗方式部署的部队被认为在登陆之后战斗力脆弱，也不太可能在面对防御战时利用他们最初的攻击优势。如1916年协约军的萨洛尼卡远征部队，他们在登陆之后迅速被敌方陆军包围，直到战斗结束的那一周才突出了包围圈。不过，德军在1917年波罗的海战役中就成功地使用两栖作战部队对抗了俄国军队。

新的挑战

德国对潜艇战的新应用给各国军队提出了一个更新颖的挑战。起初，德国人把注意力集中在了他们的水面舰队上，英国人也是如此。事实上，在1916年，为了再一次取得像特拉法尔加之战那样的胜利，英国皇家海军在北海日德兰半岛海岸处与德国海军展开了对抗战。不过，这场战役的结果远赶不上特拉法尔加

WHERE JAPAN WAS VICTORIOUS.

The above map enables the details of the historic naval battle in the Straits of Korea between the fleets of Russia and Japan to be readily grasped. In the first place, it is advisable to note Formosa, at the bottom of the map. Bashi Channel (not marked) is south of Formosa, and on passing through its island-studded course the Baltic Fleet entered the open waters of the Pacific. That took place on Saturday, May 27. Admiral Roshdestvensky headed north, and anchored at the Saddle Islands (shown on the map), off Shanghai. There he coaled for the final stage of his 15,000 miles voyage, dividing his fleet, but taking all his principal fighting ships north-west to the Straits of Korea. Passing east of Quelpart Island, his fleet entered the straits, and was engaged in battle by the Japanese fleet, under Admiral Togo. Oshima Island has been mentioned in the cables in order to locate the battle. It will be seen that it is close to the coast of Japan—indeed, only 12 miles from the mainland. After sustaining appalling losses, including, it is believed, two out of four great new battleships, the Russian Admiral, in his flagship the Kniaz Suvaroff, steamed for Vladivostock with the remnant of his fleet. The map clearly shows one notable advantage possessed by Admiral Togo, viz., that to reach Vladivostock the Russian Fleet had to pass through narrow straits in order to gain the wide waters of the Sea of Japan. The result, according to "Reuter's," correspondent at Tokio, was the practical annihilation of the Russian Fleet. Incidentally we have shown the positions of the armies in Manchuria, the Japanese being represented by shaded signs to the southward. The particular point of interest at this hour is that the Russians have a strong force at Possiet Bay to resist an advance upon Vladivostock.

◀ 1905 年的对马岛战役地图（摘自 1905 年 5 月 30 日的《悉尼先锋晨报》）

日本在对马岛取得决定性胜利的消息迅速传播开来，极大地增加了人们，尤其是美国民众对日本军事力量和野心的担忧，因为美国在亚太地区（尤其是菲律宾和澳大利亚）的势力范围才刚刚建立起来。1902 年的英日海军条约减少了英国对于亚太战场的焦虑。对马岛战役阻止了俄国向日本，以及日本和韩国之间的补给线发起的海军攻击，但这并不能确保日本取得决定性的胜利。此外，后世对该战役的日本指挥官东乡平八郎的盲目崇拜被证明产生了误导作用，因为它被用来论证“通过一场关键战役的压倒性胜利就能赢得整场战争”的错误观点，这种误导也导致日本后来的进攻政策产生了本质上的错误，日本最终在 1941 年决定对美国珍珠港发起袭击。

右页▶

地图附带的小图片：1911年至1912年的意大利–土耳其战争

1911年，意大利和土耳其开战后，意大利军队入侵了利比亚。和预期相比，土耳其军队进行了更多的抵抗，导致战争进一步扩大，在爱琴海战场尤其如此。意大利人最终征服了罗兹岛及其附属岛屿，意大利的鱼雷快艇也进入了达达尼尔海峡。意大利军舰袭击了汉志（沙特阿拉伯西部红海沿岸地带）。这幅表现战役主战场的地图，展示的是意大利军舰在坎芳达战役（阿拉坎芳达湾战役）中获胜的情景，这是这场战争中规模最大的一次海战。图上还显示了对土耳其海岸阵地进行海军轰炸的地点。1912年1月7日，正在搜寻土耳其红海中队的意大利巡洋舰“皮埃蒙特号”、驱逐舰“加里波第号”和“阿提吉亚号”在坎芳达海湾发现了土耳其人。尽管面临着海湾狭窄入口、浅滩水区，以及易受到海岸炮台袭击的位置等劣势，意大利舰队还是轻易袭击并摧毁了土耳其中队8艘船舶中的7艘炮艇。仅存的一艘是武装游艇，它最终被俘获并收编到了意大利红海中队里。

之战，后者是1805年霍雷肖·纳尔逊勋爵取得的决定性胜利战役，而日德兰战役虽发生了有史以来规模最大的战列舰冲突，在实质上却仅是一个平局。然而，日德兰战役的意义也并不仅限于同特拉法尔加之战作比较。

1905年，日本在与俄国人的对马岛战役中取得了胜利，这次戏剧性的胜利揭示了日本人在蒸汽战船时代的战争野心。俄国的11艘主要战列舰被击沉或俘虏，8艘巡洋舰中的4艘也被击沉了，日本海军的12英寸口径大炮给俄国军舰造成了巨大破坏。日本人仅丢失了三艘鱼雷快艇。这次战役正如1898年美国海军战胜西班牙一样，但更为特殊的是，对马岛战役证明了阿尔弗雷德·塞耶·马汉的想法：在公海上发生的冲突和战争可能会演变为决定性的战役，战斗结果将会影响到国家的发展命运。俄国在战后很快接受了让日本在中国东北和韩国占据主导地位的条款。1916年的英国和德国的战列舰比1905年俄国和日本的战列舰实力更加强大，后者仅是无畏级战舰的前身。尽管有着对鱼雷快艇的担心，俄国和日本海军的上将们此时都还不需要考虑任何来自潜艇的威胁。

第一次世界大战暴露了军队在预测战势发展方面的短处，也显现出许多战前计划和推测的局限性，以及军队在战时适应新技术、新指令和控制系统的问题。在协调作战方面，当面对那些作战能力和效率仍属未知的敌人时，军队还是存在重大的协调问题。战前训练的不足使得这个问题更加严重了。

在1914年至1915年，欧洲海域并没有出现任何决定性的海军战役。此时发生的冲突都是小规模的，尤其是北海英德战争中发生在黑尔戈兰湾（1914）、德塞尔（1914）和多格浅滩（1915）的三次战役。最重要的海上军事活动当属1914年英国成功摧毁欧洲外围德国海军部队的行动，尤其是在福克兰群岛战役中，德军在智利海岸的科罗内尔击败了一支装备不足的英国舰队后，英国迅速往该地派出战列舰，摧毁了这支由马克西米利安·冯·施佩率领的德国海军中队。此外，英国人还通过两栖作战占领了德国殖民地的港口。

德国的水面突击舰对英国的供应线系统造成了很大威胁，因为英国是一个依赖贸易的帝国经济体，供应线断了就不能再自给自足，它的军事系统需要军队在殖民地之间进行军事行动。最终，英国克服了来自德国的挑战。协约国军队成功地封锁了北海、英吉利海峡和亚得里亚海，并占领了德国的海外殖民地，确保在战争的初期阶段之后，除了使用潜水艇的水域外，德国海军的作战范围和美国、法国的战舰和私掠船在1775到1815年间袭击英国商船时相比要小许多。德国无法与英国在水面运输方面的实力相匹敌，正如此前预测的那样，德国在大西洋区域受到了英国对其海军路线的极大干扰。这种实力的差距是战略形势的基础。

Pianta dimostrativa della Guerra Italo-Turca
DEPOSITATA (Riproduzione vietata su qualunque Scala)
LA BATTAGLIA NAVALE A KUNFIDAH
PORT SAID
ARABIA
EGITTO
SUEZ
GIDDA
MECCA
LIDH
KUNFIDAH
ERITREA
MASSAUA
FORTE MIDY
LOHEJA
TUNISI
SIRACUSA
COSTANTINOPOLI
TRIPOLI
BENGASI
TRIPOLITANIA
PORTO SAID
EGITTO
ARABIA
MAR ROSSO
MECCA
KUNFIDAH
MASSAUA
FORTE MIDY
ERITREA
ARTIGLIERE
PIEMONTE
CALABRIA
FAUWETTE
Casa Editrice E. BIAGIO GIARMOLEO - Via Plinio, 14 - MILANO - Telefono 76-58

右页▶

1914年“悉尼号”和“埃姆登号”之间的战役示意图

英国的全球供应系统决定了它不是一个可以在本土自给自足的国家，所以它的帝国军事系统有着跨洋军队调动的需求。而这些需求链受到了德国水面突击舰的挑战和威胁，在1914年初的几个月里，英国人击毁了几艘德国的水面突击舰。德国的“埃姆登号”战舰在印度洋海域航运期间，一度所向披靡，还炮轰过印度的马德拉斯（现金奈）。然而，1914年11月9日，它在被澳大利亚军舰“悉尼号”炮击后，又在科科斯群岛触礁，船体遭到严重损毁。这是澳大利亚皇家海军自1911年成立以来的一次重要胜利。

与1940年的情况不同的是，德国并没能通过武力扭转此时的形势。而在1940年，德国占领了丹麦、挪威和法国（在得到西班牙对其基地的非正式援助的情况下），使得英国更难对付德国的海军力量。在1914年，德国占领的港口则仅有位于比利时的安特卫普、奥斯坦德和泽布吕赫。这些港口使德国人拥有比在北海更强大的军事地位，但它们不能被当作舰队基地来使用。此外，此时的安特卫普并不像英国人与拿破仑交战时一样起到关键的战略作用，在战斗中，德国海军仍受到英军的限制和阻碍。这种情况在德国打败塞尔维亚（1915）和俄罗斯（1917）时并没有得到改变，在意大利惨败给德国时（1917），情况还是没有变化。

1915年，德国人为了回应他们在1914年陆地战场的失败，对英国海军的主导地位发出了挑战（这是他们早就想在西部战线做的事情），加强了潜艇的生产，并于当年2月装备了无限制潜艇设施。这就预示着他们将在没有任何限制的情况下攻击所有船只，并在没有警告的情况下击沉任何船只。1915年5月7日，横跨大西洋的最大班轮“卢西塔尼亚号”在爱尔兰海岸被U-20号潜艇击沉。在遇害的1192名乘客和船员中，有128名美国人，这一事件在美国激起了猛烈的抨击。作为回应，德国人在不受限制的海战中做出了让步，为了避免引发美国的干预，无限制潜艇战最终在9月18日被取消。

撇开对中立国的负面影响不谈，德国其实缺乏无限制潜艇战的充足准备，因为它没有足够的可用潜艇、训练有素的船员和足够的基地来对英国实施有效的封锁。1915年初，德国仅有29艘潜艇可供使用，同年年底，这个数量提升至59艘。此外，水下潜艇是依靠电动马达来进行移动的，而为了给这些发动机充电，潜艇必须浮出水面，将自己暴露在未知的危险海面上。在1915年的一次大型袭击中，德国击沉了74.8万吨的英国船只，但英国海军和它的帝国军队共启用了130万吨的船只。当时的英国拥有世界上最大的造船工业，而在此时，英国造船工业和港口还不像1940年至1941年时一样容易受到德军的空袭。

日德兰半岛战役及其影响

设备有限并不是德国潜艇战的唯一战略限制。潜艇和水雷似乎成为暗中削弱英国海军优势的手段，而不是对这种优势的有效应对方式。因此，在1916年，德军仍然存在对海面舰队的依赖性。当时，德国的计划是利用它的整支公海舰队去攻击英国大舰队。1916年，这个计划曾在三次袭击战中使用过，没有任何一次尝试能成功引起战争，到了日德兰半岛行动中，这个计划再一次被启用了。

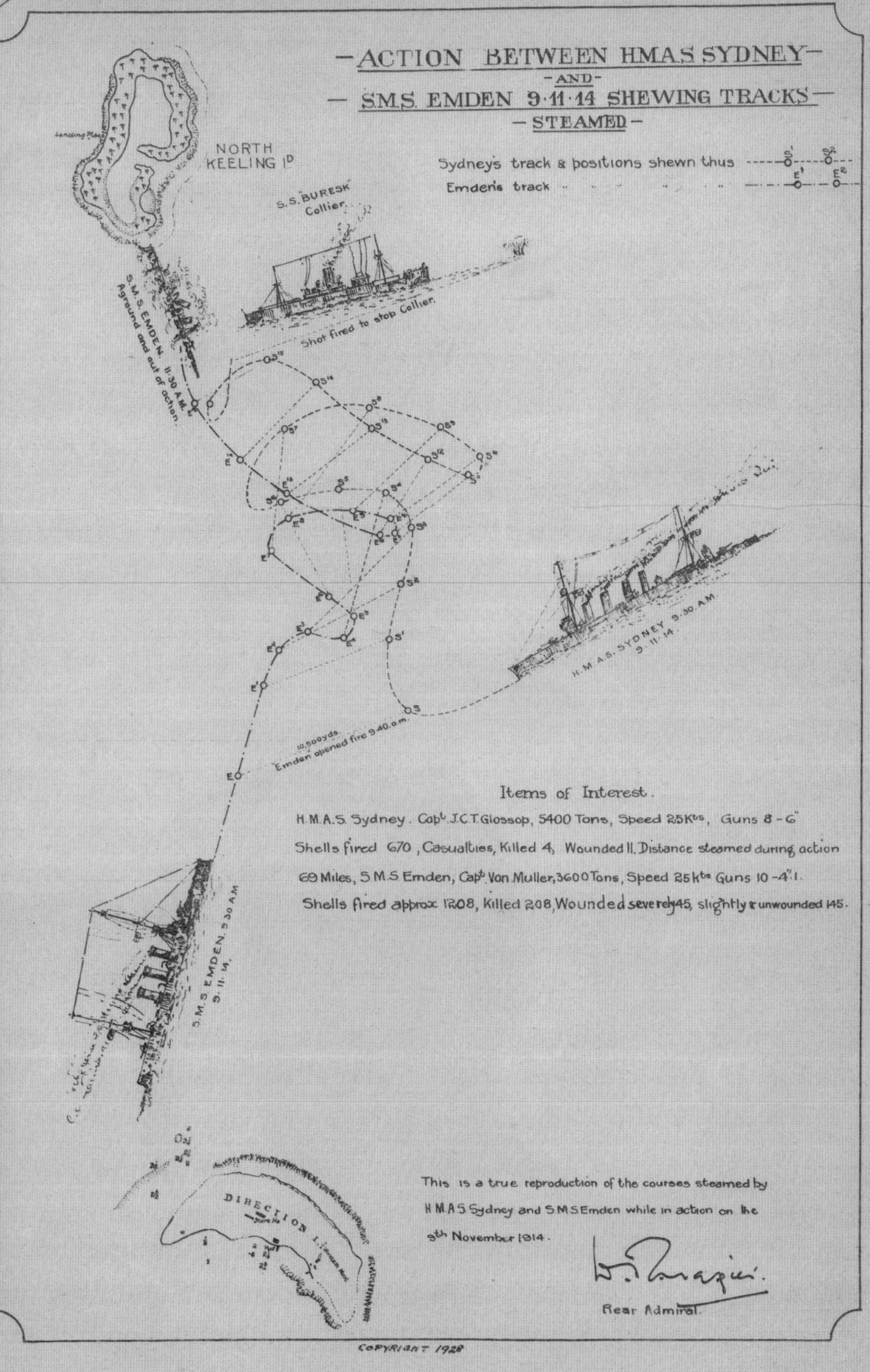
—ACTION BETWEEN HMAS SYDNEY—
-AND-
— S.M.S. EMDEN 9·11·14 SHEWING TRACKS—
—STEAMED—
NORTH KEELING Iᴰ
Sydney's track & positions shewn thus
Emden's track
S.S. BURESK Collier.
Shot fired to stop Collier.
S.M.S. EMDEN. 11·30 A.M. Aground and out of action.
H.M.A.S. SYDNEY 9·30 A.M. 9·11·14.
10,500 yds. Emden opened fire 9.40 a.m.
Items of Interest.
H.M.A.S. Sydney. Capt. J.C.T. Glossop, 5400 Tons, Speed 25 Kts, Guns 8-6"
Shells fired 670, Casualties, Killed 4, Wounded 11. Distance steamed during action
69 Miles, S.M.S. Emden, Capt. Von Muller, 3600 Tons, Speed 25 Kts Guns 10-4".1.
Shells fired approx 1208, Killed 208, Wounded severely 45, slightly & unwounded 145.
S.M.S. EMDEN. 9·30 A.M. 9·11·14.
DIRECTION I.
This is a true reproduction of the courses steamed by
H.M.A.S. Sydney and S.M.S. Emden while in action on the
9th November 1914.
Rear Admiral.
COPYRIGHT 1928
G9206.S65 (1928)

右页 ▶

1914 年 12 月 8 日的马尔维纳斯群岛海岸战役轨迹图

1914 年 11 月 1 日，海军中将马克西米利安·冯·施佩率领的德国东亚中队在科罗内尔岛击败了实力较弱的英国军队。12 月 8 日，该中队在英国殖民地海岸和马尔维纳斯群岛的海军基地被一支更强大的英国海军军队击败了。海军水手们的自传体记录中都表明，当时发生了一场激烈的交战。“肯特号”英国皇家军舰的军官亨利·韦尔奇在报告德军“纽伦堡号”军舰沉没事件时，说道：“我们已经报了蒙默思郡（威尔士原郡名）一仇了。我相信，正是在与‘纽伦堡号’的一战中，蒙默思郡的船员们才有了一线生机。当时，蒙默思郡的船只不停地用炮弹击打‘纽伦堡号’，直到后者的船骸浮在水面上为止。德国应为这艘船的坚持到底感到自豪。谢天谢地，我是英国人。”这幅地图展示了在战场中，“康沃尔号”英国皇家军舰和德国“莱比锡号”舰艇的行动轨迹，以及“无敌号”“顽强号”英国皇家军舰和德国“格奈泽瑙号”“沙恩霍斯特号”舰艇的行动轨迹。

得益于优越的情报来源（来自信号拦截）和分析技术，英国人并没有被德国人的计划击败。德军在日德兰半岛拥有更大规模的舰队，英军也没有达到海军规划者们所期望的像特拉法尔加战役那样的全面胜利。这反映了这一时期存在的应该如何更有效地指挥舰队的普遍问题，尤其涉及协调军队和情报使用的问题。在日德兰半岛，英军则遭遇了火力控制、装甲防护不足（尤其是在战场上）、火药处理不够安全、通信信号不佳和训练不足等问题，例如在驱逐舰的鱼雷攻击中所遇到的种种问题。而日德兰的德国炮兵兵力是强于英国皇家海军炮兵的，部分是因为德军应用了更好的光学和弹壳融合技术。

指挥决策也非常重要。如果巡洋舰中队（先遣部队）的指挥官比提中将（被认为更有胆识）担任战斗总指挥的话，那么英国海军上将杰里科的预警就不会让英国军队失去他们即将获得的胜利了。比提中将被认为是更具活力的将领。然而，正如 1815 年惠灵顿公爵在滑铁卢所做的决策那样，杰里科的指挥仅是为了避免战斗的失败。对杰里科的评论中最有名的一句是，他本可以在一个下午的时间内就输掉这场战争。当时的杰里科则担心着德国的鱼雷会击沉英国船只。惠灵顿在滑铁卢赢得了不仅是防守上的胜利——拿破仑不但失败了，而且溃不成军。相反，杰里科则没有达到这个结果。所以说明不同的作战情况下，决策风险变得更大了。

与德国人相比，英国在日德兰半岛失去了更多的船只和人员：共计 14 艘船只，其中包括 3 艘巡洋舰和 6097 人的伤亡人数；而德国人失去了 11 艘船只，包括一艘巡洋舰和 2551 名士兵。1916 年 6 月 5 日，在战斗结束后的第 4 天，德国皇帝威廉二世作为一名激进的反英主义者，在德国海军基地威廉港宣布：“英国人被打败了，特拉法尔加的魔咒已经被击破了。”

尽管如此，德国舰队还是在大型交火战役中遭到了严重破坏，他们的信心也受到了沉重打击。对英国大舰队实力的一瞥让德国军官们看到了英国强大的海军力量。此后，德国公海舰队在战争中仅有三次越过了黑尔戈兰湾的防御雷区，第一次是在 1916 年 8 月 18 日。每次穿过该地，他们都不得不小心翼翼地避免与英国大舰队发生冲突。

反过来，正是因为德国的公海舰队没有被彻底击败，它便继续作为一支现有舰队而构成了威胁，就像法国军队在法国大革命和拿破仑战争期间的地位一样。这种威胁对英国海军的行动起到了限制作用。在日德兰半岛的损失使得杰里科上将和英国海军部变得更加谨慎。英国虽然开始计划进行大规模行动的大胆尝试，比如向波罗的海的俄国军队提供援助等，但没有取得进一步的成果。由于当时的俄国正遭受来自德国军队

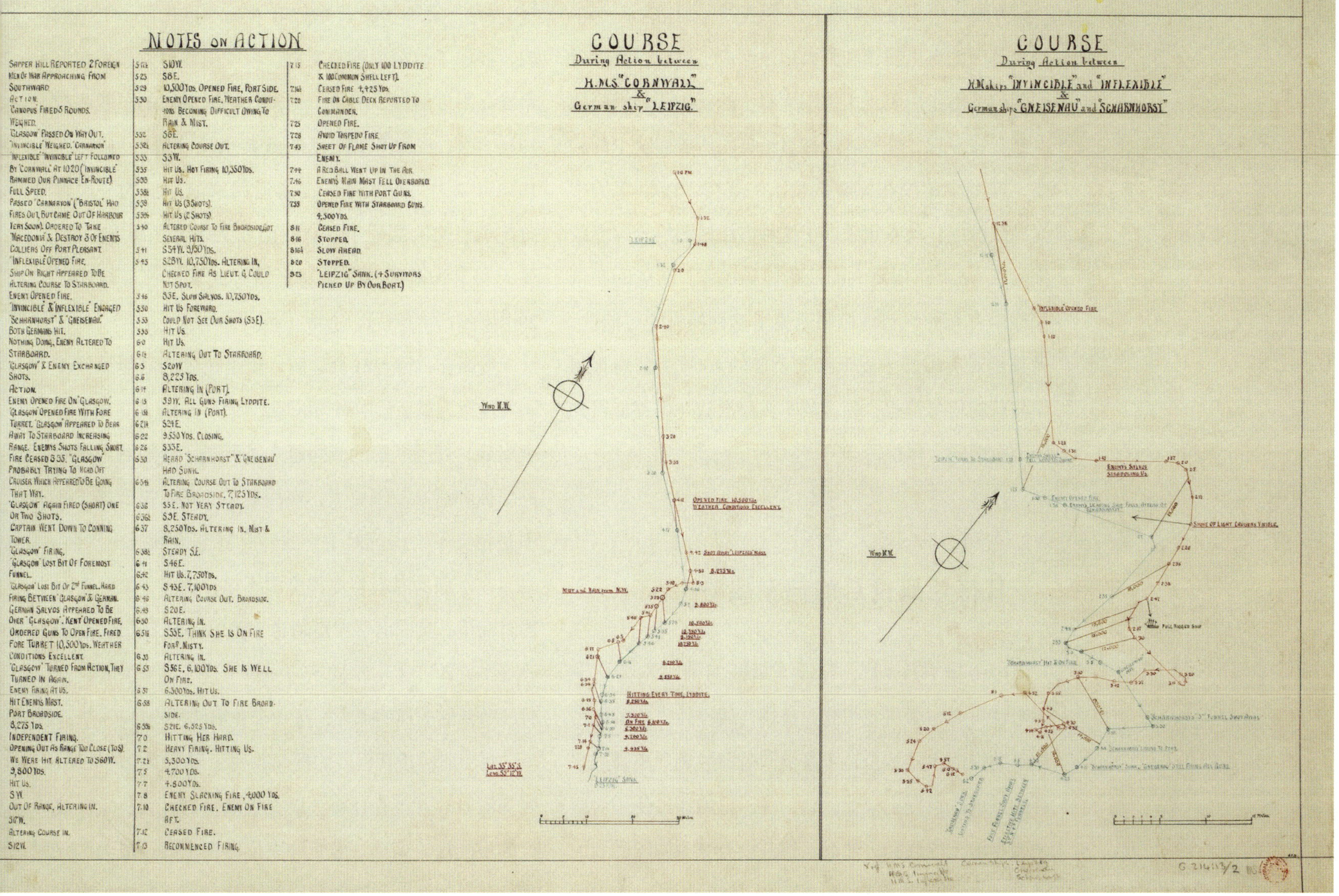
TRACK CHART
of Battles off the FALKLAND ISLES 8th December 1914
NOTES ON ACTION
SAPPER HILL REPORTED 2 FOREIGN
MEN OF WAR APPROACHING FROM
SOUTHWARD
ACTION.
"CANOPUS" FIRED 5 ROUNDS.
WEIGHED.
"GLASGOW" PASSED ON WAY OUT.
"INVINCIBLE" WEIGHED. "CARNARVON"
"INFLEXIBLE" "INVINCIBLE" LEFT FOLLOWED
BY "CORNWALL" AT 10.20 ("INVINCIBLE"
RAMMED OUR PINNACE EN-ROUTE)
FULL SPEED.
PASSED "CARNARVON" ("BRISTOL" HAD
FIRES OUT, BUT CAME OUT OF HARBOUR
VERY SOON). ORDERED TO TAKE
"MACEDONIA" & DESTROY 3 OF ENEMY'S
COLLIERS OFF PORT PLEASANT.
"INFLEXIBLE" OPENED FIRE.
SHIP ON RIGHT APPEARED TO BE
ALTERING COURSE TO STARBOARD.
ENEMY OPENED FIRE.
"INVINCIBLE" & "INFLEXIBLE" ENGAGED
"SCHARNHORST" & "GNEISENAU".
BOTH GERMANS HIT.
NOTHING DOING, ENEMY ALTERED TO
STARBOARD.
"GLASGOW" & ENEMY EXCHANGED
SHOTS.
ACTION.
ENEMY OPENED FIRE ON "GLASGOW".
"GLASGOW" OPENED FIRE WITH FORE
TURRET. "GLASGOW" APPEARED TO BEAR
AWAY TO STARBOARD INCREASING
RANGE. ENEMY'S SHOTS FALLING SHORT.
FIRE CEASED 6.35. "GLASGOW"
PROBABLY TRYING TO HEAD OFF
CRUISER WHICH APPEARED TO BE GOING
THAT WAY.
"GLASGOW" AGAIN FIRED (SHORT) ONE
OR TWO SHOTS.
CAPTAIN WENT DOWN TO CONNING
TOWER.
"GLASGOW" FIRING.
"GLASGOW" LOST BIT OF FOREMOST
FUNNEL.
"GLASGOW" LOST BIT OF 2nd FUNNEL. HARD
FIRING BETWEEN "GLASGOW" & GERMAN.
GERMAN SALVOS APPEARED TO BE
OVER "GLASGOW". "KENT" OPENED FIRE.
ORDERED GUNS TO OPEN FIRE. FIRED
FORE TURRET 10,500 YDS. WEATHER
CONDITIONS EXCELLENT.
"GLASGOW" TURNED FROM ACTION, THEY
TURNED IN AGAIN.
ENEMY FIRING AT US.
HIT ENEMY'S MAST.
PORT BROADSIDE.
8,275 YDS.
INDEPENDENT FIRING.
OPENING OUT AS RANGE TOO CLOSE (TOS).
WE WERE HIT. ALTERED TO S60W.
9,800 YDS.
HIT US.
S.W.
OUT OF RANGE, ALTERING IN.
S17W.
ALTERING COURSE IN.
S12W.
5.12½ S10W.
5.25 S8E.
5.29 10,500 YDS. OPENED FIRE, PORT SIDE.
5.30 ENEMY OPENED FIRE, WEATHER CONDITIONS BECOMING DIFFICULT OWING TO RAIN & MIST.
5.32 S6E.
5.32½ ALTERING COURSE OUT.
5.33 S3W.
5.35 HIT US. HOT FIRING 10,350 YDS.
5.38 HIT US.
5.38½ HIT US.
5.39 HIT US (3 SHOTS).
5.39½ HIT US (2 SHOTS)
5.40 ALTERED COURSE TO FIRE BROADSIDE, GOT SEVERAL HITS.
5.41 S34W. 9,150 YDS.
5.45 S28W. 10,750 YDS. ALTERING IN, CHECKED FIRE AS LIEUT. G. COULD NOT SPOT.
5.46 S3E. SLOW SALVOS. 10,750 YDS.
5.50 HIT US FOREWARD.
5.53 COULD NOT SEE OUR SHOTS (S3E).
5.58 HIT US.
6.0 HIT US.
6.1½ ALTERING OUT TO STARBOARD.
6.3 S20W
6.6 8,225 YDS.
6.14 ALTERING IN (PORT).
6.15 S9W. ALL GUNS FIRING LYDDITE.
6.15½ ALTERING IN (PORT).
6.21½ S24E.
6.22 9,550 YDS. CLOSING.
6.26 S33E.
6.30 HEARD "SCHARNHORST" & "GNEISENAU" HAD SUNK.
6.34½ ALTERING COURSE OUT TO STARBOARD TO FIRE BROADSIDE. 7,125 YDS.
6.36 S5E. NOT VERY STEADY.
6.36½ S9E. STEADY.
6.37 8,250 YDS. ALTERING IN. MIST & RAIN.
6.38½ STEADY S.E.
6.41 S46E.
6.42 HIT US. 7,750 YDS.
6.43 S43E. 7,100 YDS
6.46 ALTERING COURSE OUT. BROADSIDE.
6.48 S20E.
6.50 ALTERING IN.
6.51½ S53E. THINK SHE IS ON FIRE FORD. MISTY.
6.53 ALTERING IN.
6.55 S56E. 6,100 YDS. SHE IS WELL ON FIRE.
6.57 6,300 YDS. HIT US.
6.58 ALTERING OUT TO FIRE BROADSIDE.
6.58½ S21E. 6,525 YDS.
7.0 HITTING HER HARD.
7.2 HEAVY FIRING. HITTING US.
7.2½ 5,300 YDS.
7.5 4,700 YDS.
7.7 4,800 YDS.
7.8 ENEMY SLACKING FIRE, 4,000 YDS.
7.10 CHECKED FIRE. ENEMY ON FIRE AFT.
7.12 CEASED FIRE.
7.13 RECOMMENCED FIRING.
7.15 CHECKED FIRE (ONLY 100 LYDDITE & 100 COMMON SHELL LEFT).
7.16½ CEASED FIRE 4,425 YDS.
7.20 FIRE ON CABLE DECK REPORTED TO COMMANDER.
7.25 OPENED FIRE.
7.28 AVOID TORPEDO FIRE.
7.43 SHEET OF FLAME SHOT UP FROM ENEMY.
7.44 A RED BALL WENT UP IN THE AIR.
7.46 ENEMY'S MAIN MAST FELL OVERBOARD.
7.50 CEASED FIRE WITH PORT GUNS.
7.55 OPENED FIRE WITH STARBOARD GUNS. 4,500 YDS.
8.11 CEASED FIRE.
8.16 STOPPED.
8.16½ SLOW AHEAD.
8.20 STOPPED.
9.23 "LEIPZIG" SANK. (4 SURVIVORS PICKED UP BY OUR BOAT.)
COURSE
During Action between
H.M.S. "CORNWALL"
&
German ship "LEIPZIG"
WIND N.W.
COURSE
During Action between
H.M. ships "INVINCIBLE" and "INFLEXIBLE"
&
German ships "GNEISENAU" and "SCHARNHORST"
WIND N.W.

右页▶
一幅显示了德国军舰“格奈泽瑙号”和“纽伦堡号”行动路线的海图

这两艘战船试图在1914年12月8日的马尔维纳斯群岛战役中轰炸斯坦利港。

施加的巨大战斗压力，因此这些援助被认为是很重要的，人们很担心俄国可能会被迫退出战争，就像后来在1917年至1918年发生的那样。

英国动用了他们的舰队去阻止德军的行动，德军也对英国的海上封锁和强大地位形成了挑战。英国对德国的威慑作用阻止了德国人将水面突击队和潜艇伏击结合在一起，德军本来打算给英国造成舰队上的损失，以减少英国在军舰数量上的优势（1942年的中途岛战役中，日本也采取了这种方法试图给美国造成损失），从而获得更大的战略优势地位。而英国在情报战中占有的优势地位则避免了这种损失的可能性，尤其是对英国国土安全至关重要的40号房间情报组织截获的信号情报，使得英军在每次战斗中都能得知德国军舰的大体位置。

日德兰战役后的德军战略

1916年7月4日，日德兰地区的德国指挥官莱因哈德·舍尔中将意识到，日德兰战役后，英国仍占据着北海的主导地位，于是他向对海战表现出强烈兴趣的威廉二世提出建议，认为德国只能通过使用潜艇来赢得海上的胜利。然而，这并没有减少德国受到的外部威胁。尤其是在1917年10月到12月，德国的驱逐舰和巡洋舰在两次护航商船行至斯堪的纳维亚半岛时，遭到了敌国海军的严重损坏。而在更遥远的海域里，德国的水面突击舰已经不再具有威慑力，尽管“海鹰号”德国军舰于1917年在太平洋击沉了美国货船，展现了德国军舰的实力，但“海鹰号”最后在塔希提岛附近遭遇了海难。德国人同时派出的军舰还有1916年11月从基尔出发的武装货轮“野狼号”。在1918年2月“野狼号”准备返回家园之前的一次具有纪念意义的旅程中，它在南非、印度、斯里兰卡、澳大利亚和新西兰等地用鱼雷等武器击沉或毁坏了29艘协约军的船只，造成了很大影响。

然而在日德兰战役之后，正是德国的潜艇促使英国将注意力重新集中到该区域。1916年10月，杰里科观察到，德国潜艇的威胁越来越严重了。他认为潜艇的船体和活动范围更大，使用更多的是鱼雷武器（而不是枪支）来击沉对手，战斗时甚至无须浮出水面，暴露在水面的潜艇将变得脆弱不堪。在接下来一个月的时间里，英国海军大臣阿瑟·保尔夫记录道：“潜艇已经彻底改变了海军战术……对于这个国家来说，这种战争武器出现的那天，是一个非常邪恶的日子。”

对潜艇的重视程度的提高改变了海上战争的性质，因为潜艇战并不存在将关键交火战役转变为决定性战役的可能性。相反，潜艇冲突使得海上战役成为消耗战，消耗的资源和时间都比陆地战争要多得多。海上

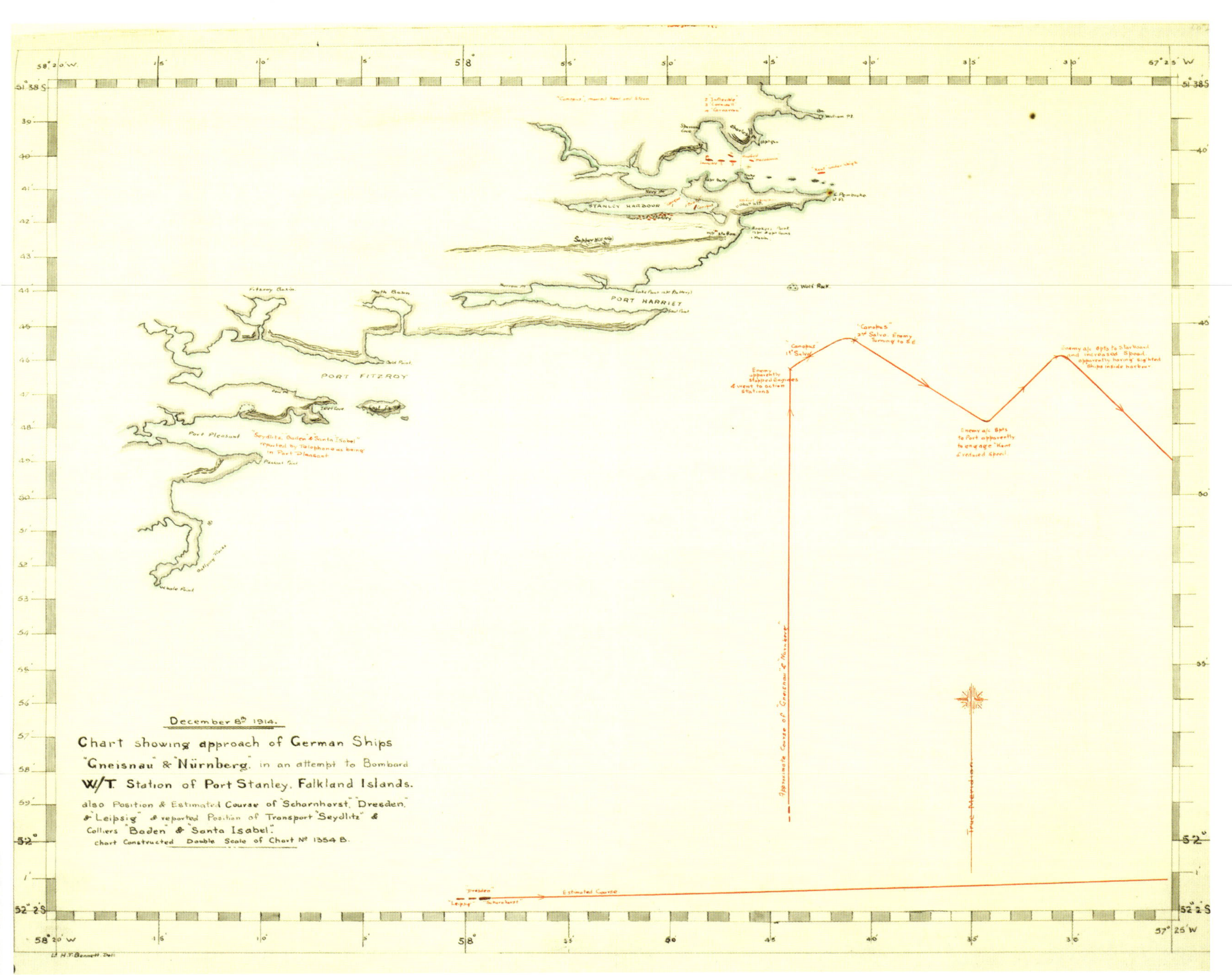
December 8th 1914.
Chart showing approach of German Ships
"Gneisnau" & "Nürnberg" in an attempt to Bombard
W/T. Station of Port Stanley, Falkland Islands.
also Position & Estimated Course of "Scharnhorst", "Dresden"
& "Leipsig" & reported Position of Transport "Seydlitz" &
Colliers "Baden" & "Santa Isabel".
chart Constructed Double Scale of Chart № 1354 B.
STANLEY HARBOUR
PORT HARRIET
PORT FITZROY
Port Pleasant
Wolf Rock
Estimated Course
"Dresden"
"Leipsig"
"Scharnhorst"
True Meridian
Approximate Course of "Gneisnau" & "Nürnberg"
58°20'W
58°
57°25'W
51°38'S
52°
52°2'S

右页 ▶
一幅同心圆形式的海图

这幅海图显示了1914年12月，马尔维纳斯群岛战役中战斗舰队的下锚地点和部署模式。

"战役"变成了持续数月，甚至数年的战争。各方军队的策略也随之改变了。此前的战略中，在部署第一线作战军舰之前，海军主要关注战列舰的使用，而今，海战变成了更加现代化的工业战争，在这样的战争中，商船的沉没事件也变得同等重要。

因此，德军的日德兰策略使得战争的内容和基调发生了变化。再加上英国对德国的封锁，潜艇冲突就意味着海上战争变成了不同社会之间的战争。这样的战争不仅挑战着每个国家和社会的经济实力、社会稳定、人口数量，还进而挑战着人们对战争的信心。1917年5月，德国在日德兰战役之后对伦敦发动了空袭，这是新型战役的表现形式之一，也将社会民众置于了战斗前线。

这一挑战必然会使人们注意到政府军队保护国内前线的能力。随着民众视线内战争的继续，国内前线也变得更加重要。如果政府没有任何外交或军事上的突破性举措，则预示着战争将持续很长一段时间。事实上，英国的封锁战按计划应在1920年代早期取得胜利。但这最终演变成一场经济战争，其中，如荷兰、挪威、瑞典，以及遥远的美国等中立国的立场显得非常重要。

与此相关的是，在日德兰战役之后，德国海军战略的转变导致美国加入了战争。由于美国的军事、经济和财政实力已不可同日而语，因此美国的加入变得至关重要。德军在日德兰半岛攻击英国舰队计划的失败（结合之前德国无法将法国驱逐出凡尔登战场，德军本来计划进行一场使法军伤亡惨重的战役，却迎来了一场冗长的消耗较大的攻击战，这和1916年与英国之间的战役非常类似），导致德国决心将武装潜艇投入到对英国的战争中。这与1914年德国经由比利时入侵法国的情况颇为类似，当时存在一种巨大的可能性，即一个大国会因参与战争而卷入其中，这种情况在1914年的英国和1917年的美国身上均有体现。然而，当时人们却认为只要发动攻击就能取得成功，因而对这种可能性视而不见。这种对成功的确定性的错误理念一度贯穿德国在这一时期的战争政策制定，正如1914年德国对法国的入侵计划一样。德国人还曾错误地假设，其他国家的选择是可以预先确定的。

美国加入战争的影响

1916年至1917年，德国人在使用了无限制潜艇战之后，就收到了各方发来的美国和英国可能对此做出反应的大量警告，但是当时的德国右翼民族主义政治派别里盛行一种全面战争的意识形态，以及一种强烈的仇英心理。1917年1月31日，德国宣布，将在2月

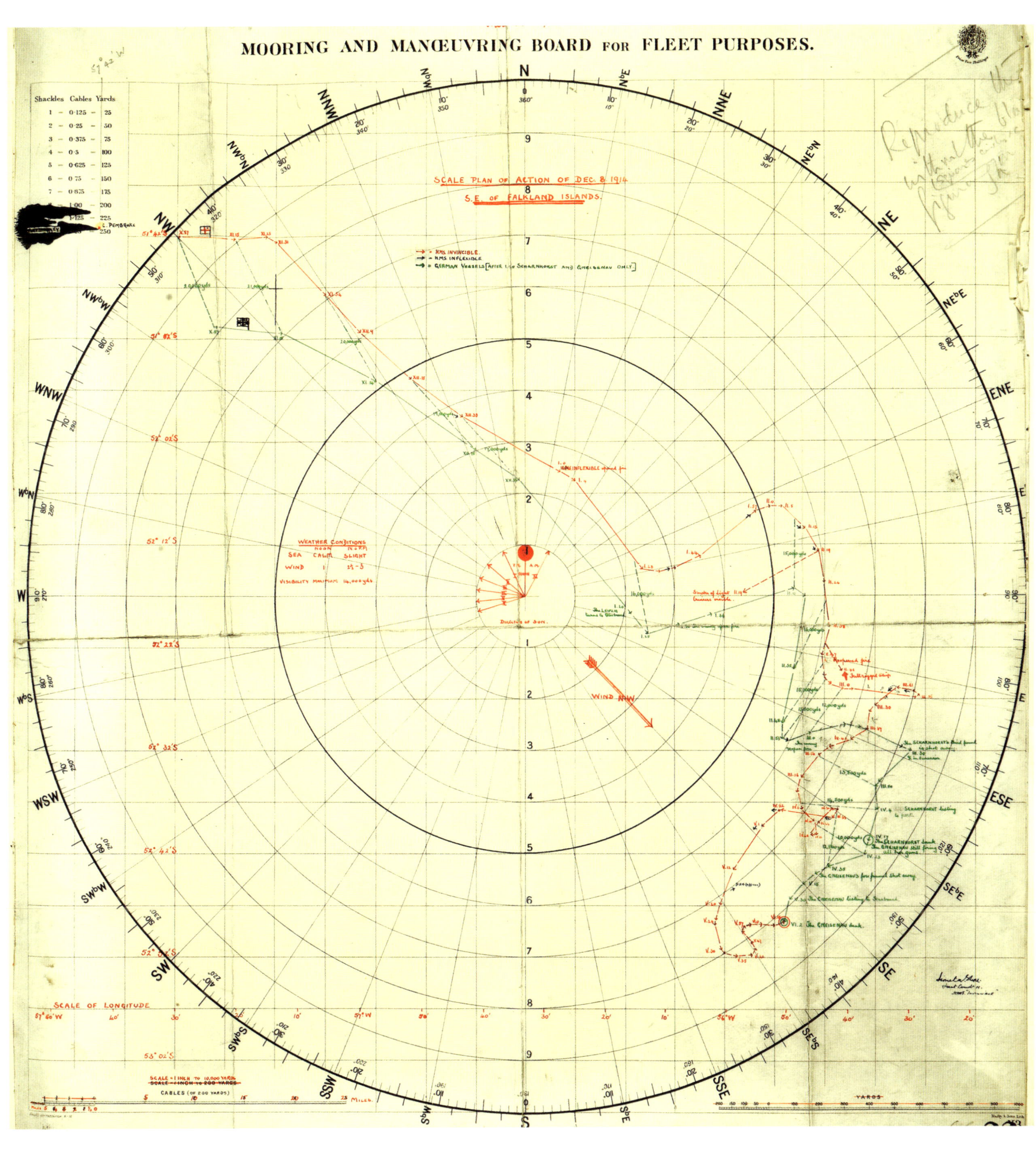
MOORING AND MANŒUVRING BOARD FOR FLEET PURPOSES.
SCALE PLAN OF ACTION OF DEC. 8. 1914
S.E. OF FALKLAND ISLANDS.
HMS INVINCIBLE
HMS INFLEXIBLE
GERMAN VESSELS [AFTER 1.10 SCHARNHORST AND GNEISENAU ONLY]
Shackles Cables Yards
WEATHER CONDITIONS
SEA CALM SLIGHT
WIND NW
SCALE OF LONGITUDE
SCALE = 1 INCH TO 10,000 YARDS
CABLES (OF 200 YARDS)
YARDS
The GNEISENAU sunk.
The SCHARNHORST sunk
N
NNE
NE
ENE
ESE
SE
SSE
S
SSW
SW
WSW
W
WNW
NW
NNW

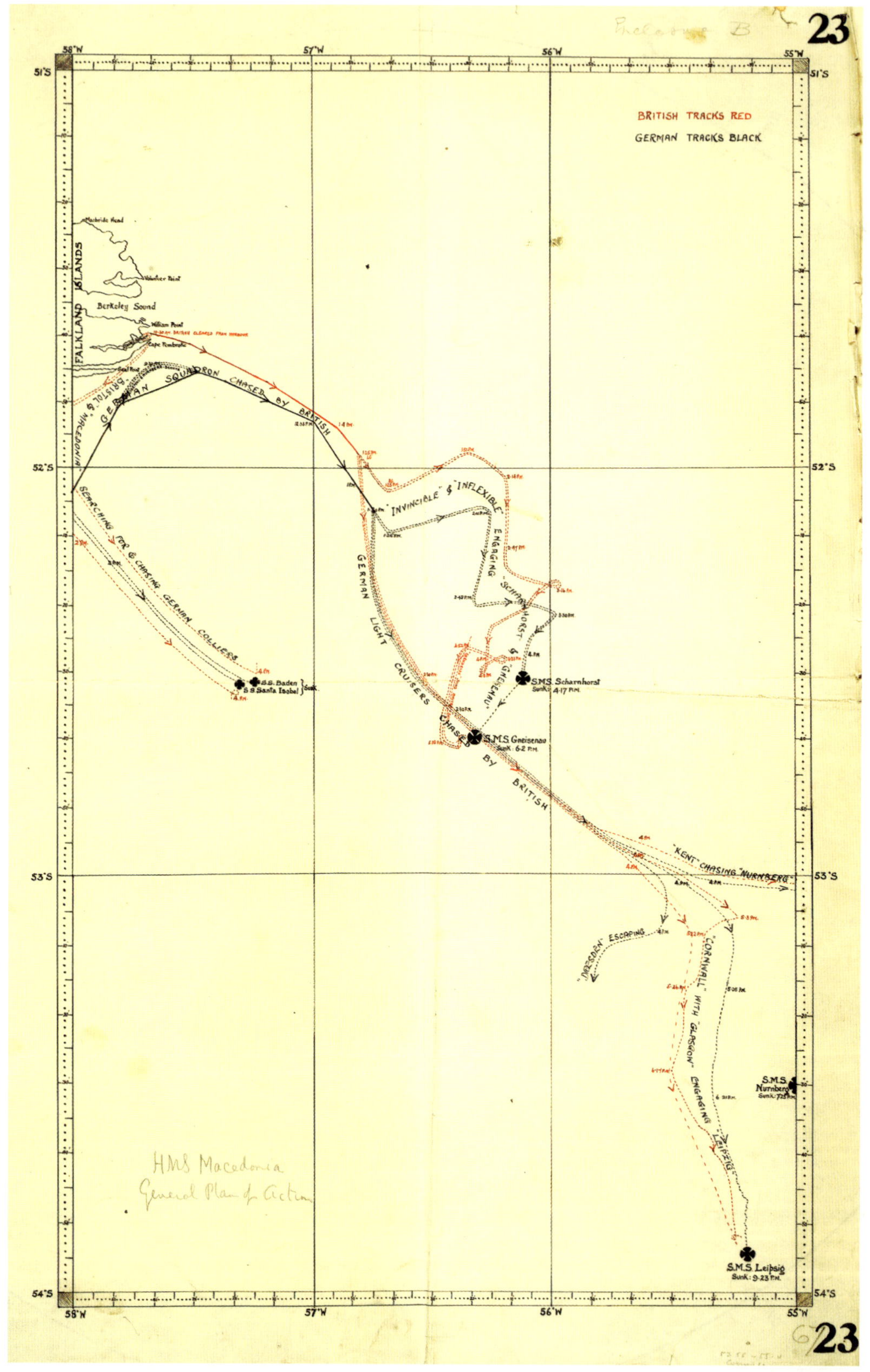

▶

1914 年 12 月 8 日，马尔维纳斯群岛海岸战场的行动计划图

用红色标示出的是英国船只的行动痕迹，而德国船只的行动痕迹则用的是黑色。

2日恢复使用无限制潜艇战。这被认为是快速取胜的捷径，德国人还认为，潜艇能够阻止美国军队向欧洲的转移。因此，在日德兰战役未能取得战略效果之后，潜艇战就被接着赋予了这个任务。

具有讽刺意味的是，美国加入战争之后，进一步平衡了使用战列舰对抗德军的水面战场的态势，进而增加了潜艇对德国战斗能力的重要性。这一平衡局面在日德兰半岛战役中没有得到明显改变。彼时的美国拥有仅次于英国和德国的世界第三大海军力量，1916年出台的美国海军法案更加完善了美国的造船大计划。在某种程度上，由于组建军队是德国的主导需求之一，而德国海军并没有像英国海军部那样具有影响力的军事组织，因此尽管有着庞大的造船工业，但与英国相比，德国在战争期间为他们的舰队投入了数量相对较少的巡洋舰，尤其是战列舰。因此，日德兰半岛战役之后，德国人就不能再依靠大规模的造船计划来取胜了。更严重的是，他们也没有像英国那样建立与意大利（1915）和美国（1917）的新战舰同盟，并从中获取支持，美国在运送商船和军队运输方面给新同盟提供了宝贵支持。此外，在1916年底，根据英国的要求，日本派出四艘军舰前往地中海，并在马耳他建立了基地。日本军舰在马耳他基地增强了护航能力，进而加强了协约国在海军力量方面的实力和地位。实力的增强几乎抵消了德国潜艇击沉协约军军舰的不利影响：1917年，英国仅损失了一艘前无畏级战舰和一艘巡洋舰。因此，从水面舰艇总体实力方面的差距来看，德国在日德兰战役中的失败是理所当然的。这是对德军在海上遭遇战略性失败的原因、方式、结局的一种统计，这与其在海上遭遇的失败是相匹配的。这场海战对陆战而言至关重要，因为海战确保了陆军的调动和物资的供应。

战争的象征意义

战争也有着独特的象征意义。例如对于英国人来说，在日德兰战场上表现出战斗决心的巡洋舰被认为是具有英雄主义的。英国杰出海事艺术家威廉·莱昂内尔·维利创作了一系列展示战斗巡洋舰“老虎号”“公主号”“狮子号”“勇士号”和“防卫号”作战行动的艺术作品。在其中一幅作品里，他主要描绘了“无敌号”皇家海军舰队的沉没，这是他本来准备搭乘的一艘舰艇。维利还创作了关于日德兰的作品（配有德语译文），里面主要表现和颂扬了英国海军的作战进取心，这些作品里包括了特拉法尔加的全景图，一幅在朴茨茅斯以“胜利号”皇家军舰为背景的“神螺号”皇家军舰图，还有维利个人的宝贵藏品——纳尔逊的特拉法尔加旗舰图。

这种象征性的意义也体现在海军与皇室的联系上。乔治五世的儿子乔治王子曾在日德兰皇家海军服役。后来，作为乔治六世，他在第二次世界大战时担任英国国王，其间，德国、意大利和日本组成了法西斯联盟，德国征服了挪威和法国，这些比起早期的战争而言，都以更残酷的形式考验着英国皇家海军。

对地图的新要求

地图制作必须与战争同步。在英国，皇家海军水文测量办公室（1918 年增至 367 人）为地图绘制提供了操作材料，同时也为英国航运部管理下的所有商业船只提供航海图。这就确保了英国船只可以获取到有关鱼雷区、船只易沉区和海面浮标的一些机密信息。相应地，这些信息是绝对不能被敌国得到的。包括潜艇战在内的海上军事行动提高了对地图绘制的要求，需要确保所绘地图包含了新的、复杂的地形特征。特别是在战斗中加入了潜艇之后，尽管第一次世界大战中的潜艇仅是原始的非深水潜艇，但是关于海洋深度的信息也变得更加重要了。在潜艇出现之前，除了鱼雷区之外，海图上任何超过 50 米（含潮汐高度）的海水深度都是没有军事意义的。而如何增加战舰的速度和射程则带来了进一步的问题。

同时，飞机和飞艇也提供了许多可用的侦察信息。1914 年 5 月 25 日，伯纳德·帕特里奇在庞奇出版的漫画《海王星的盟友》中，海军部第一任大臣温斯顿·丘吉尔被描绘成了一位可以帮助皇家海军炸毁飞机和飞艇，保护英国免受入侵的漫画人物。

从这时开始，直到 20 世纪后期，一些附加信息才发挥它们的作用。在 1890 年代和 20 世纪前 20 年的北极探险中，这一情形尤为真实。探险家罗尔德·阿蒙森在 1903 年至 1906 年驾驶他的“乔亚号”探险船，实现了第一次北极西北航道的航行。在这次旅程中，人们才发现，北极水域的海水是很深的，并不像之前认为的那样浅。这样的发现对于冷战时期的潜艇作战有着重大的意义。

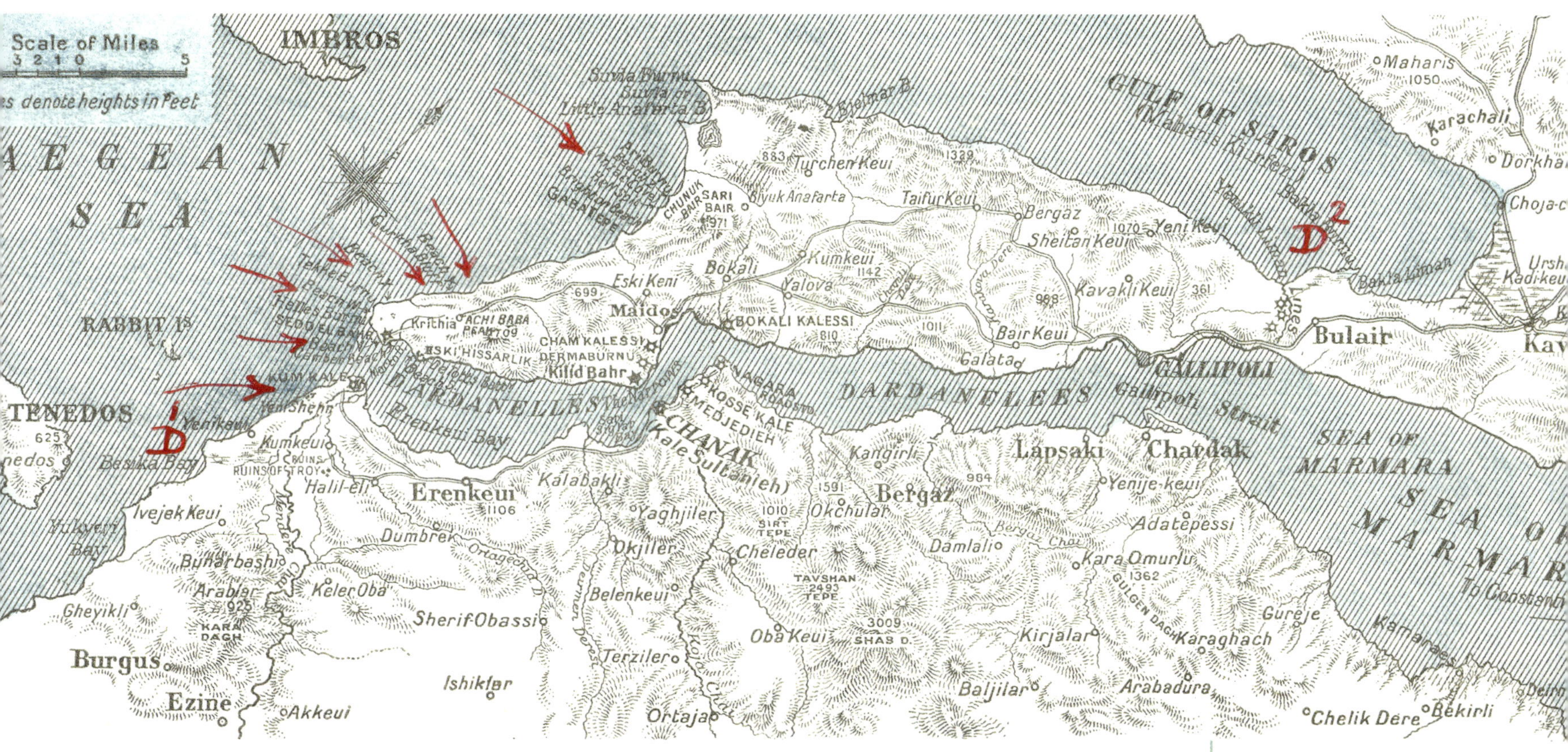

▲

记录1915年4月25日着陆行动的平板印刷地图（赫伯特·希鲁尔）

这种记录形式代表了战前联合作战概念的延续，这是对海军力量提供支持的一种手段。然而，这次行动所针对的敌军阵地防守十分严密，而战前计划将其预设为了防守薄弱的阵地。在着陆中，军队面临的主要问题是缺乏有动力装置的着陆飞行器等适当设备。

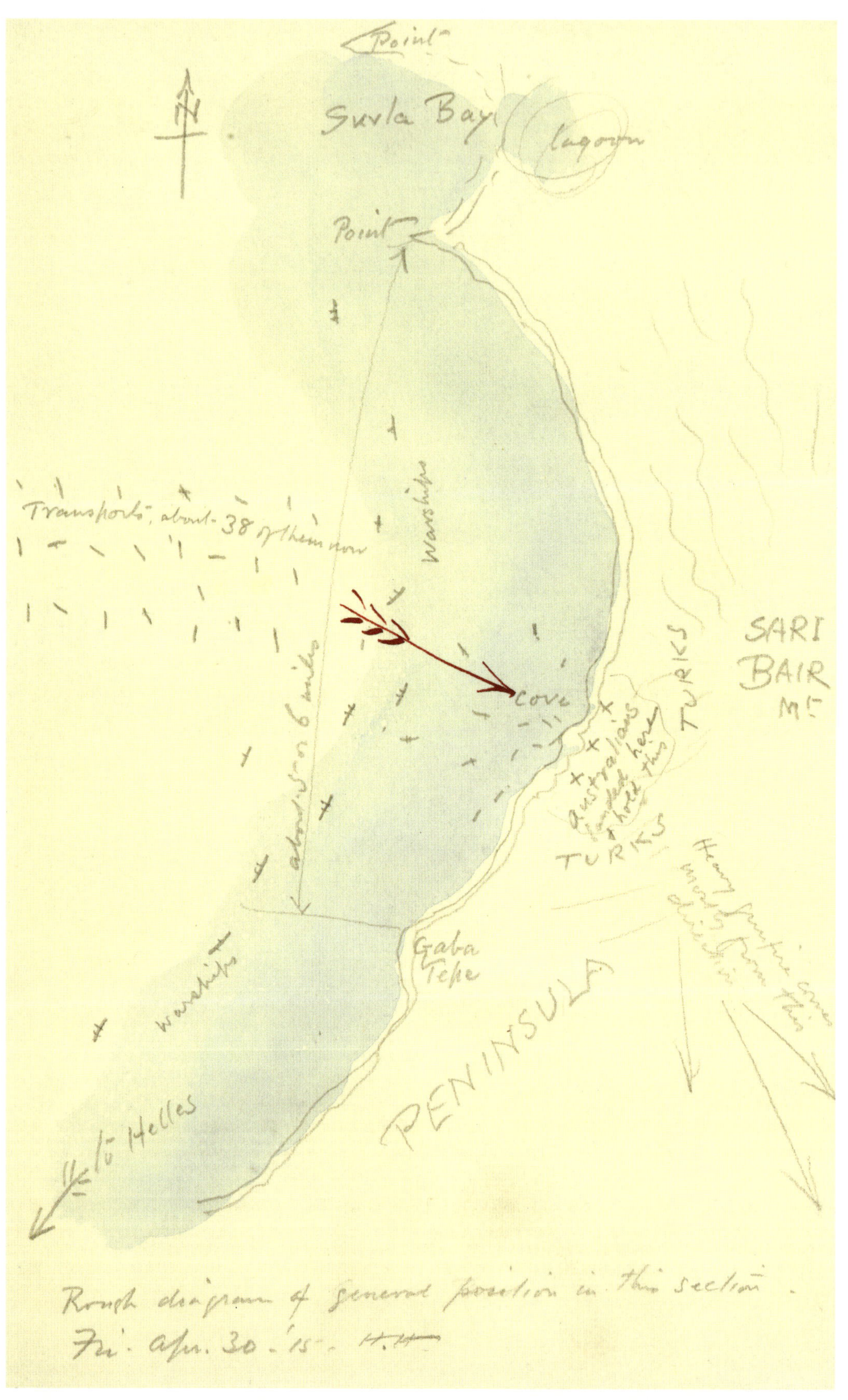

▶

澳新军团的着陆区草图（赫伯特·希鲁尔，1915年4月30日）

协约国设法将他们的军队登陆到了海岸上，但却没能最终战胜他们的对手，实现更广泛的战略目标。

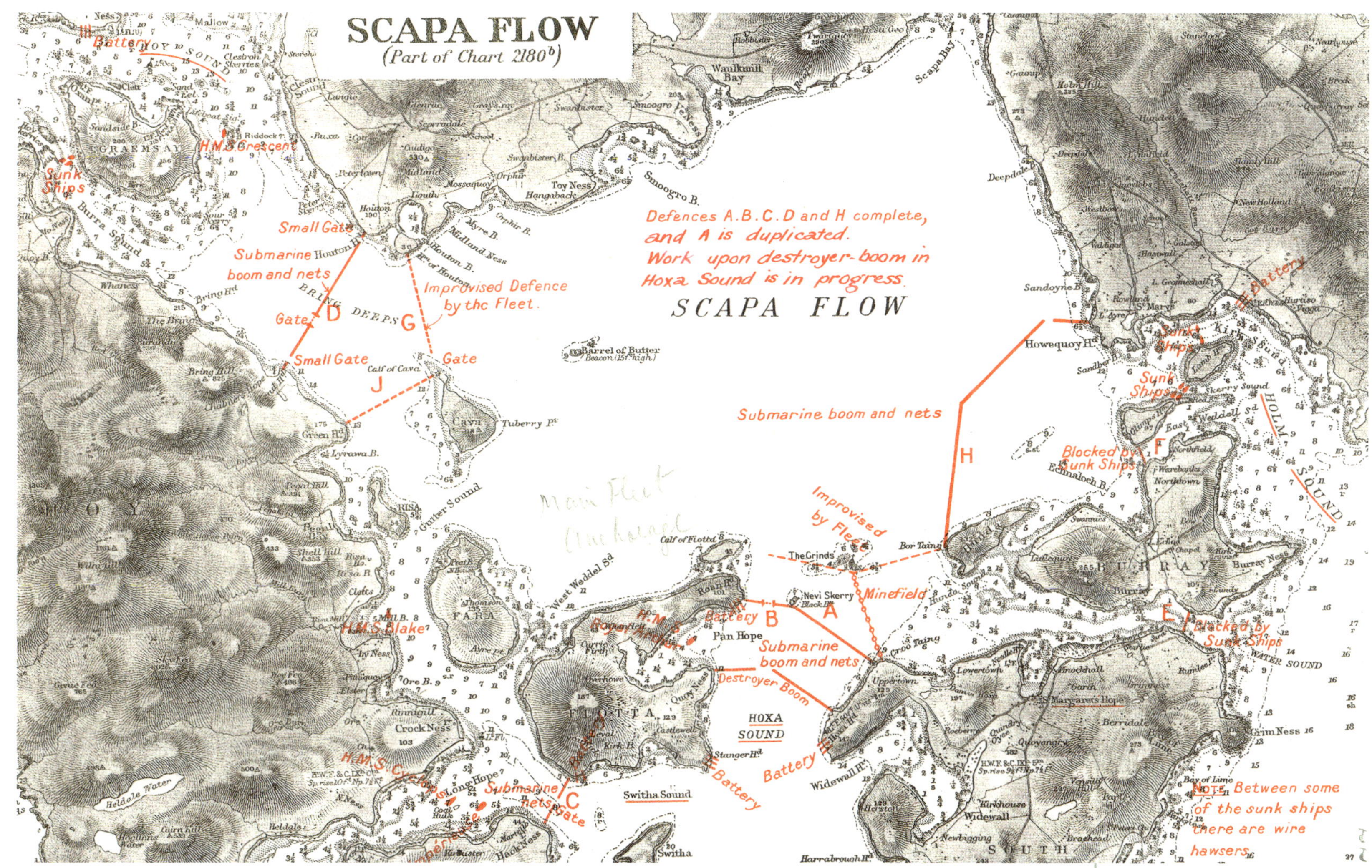

▲

斯卡帕湾的英国海军下锚地示意图

德国通往大西洋的航线受到了位于奥克尼群岛的英国斯卡帕湾基地的威胁，这里也是英国海军的下锚地点。1914年9月22日，德国潜艇SM U-9号击沉了三艘英国巡洋舰，并迫使英国舰队撤退到了苏格兰西北岸。直到1915年斯卡帕湾基地的防御工事得到加强之后，英国舰队才重新回到这里。斯卡帕湾依然是英国的关键作战基地，同时也是德军潜艇战的战略弱点所在。

▶

1915 年，洛玻战役地图

这是一幅为澳大利亚墨尔本的洛玻茶业公司创作的加里波利战役鸟瞰图。它是由两张小地图组成的大幅单页地图，这两张小图用绘画的方式描绘了战役救援过程，表现的是协约军登陆的场景和海军炮火的攻击射程。地图注释上有一条小建议：“您可以通过将您的姓名、地址和四便士邮票邮寄给洛玻茶业公司的方式来获取这套地图（连同一套旗帜）。”上方的插画地图则显示出了达达尼尔海峡的战略意义。对于加里波利战役的支持者们来说，这场战役似乎是为了避免在严峻的西线与德国人一番苦战而进行的替代战役；它还能通过使奥斯曼帝国首都君士坦丁堡（现伊斯坦布尔）暴露于轰炸战之下，从而对其施加决定性的压力；同时，它还是解除巴尔干半岛封锁战的有效办法。

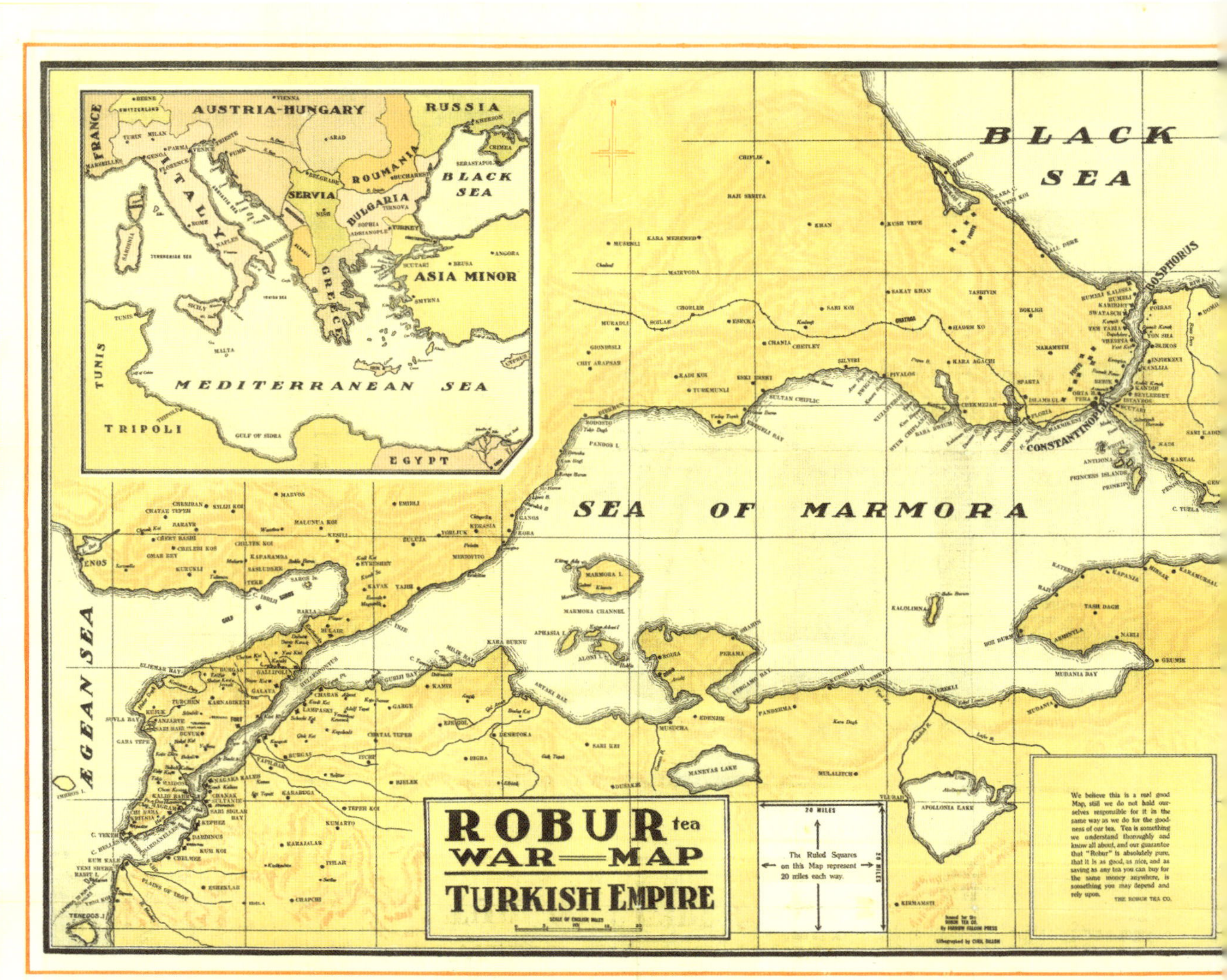

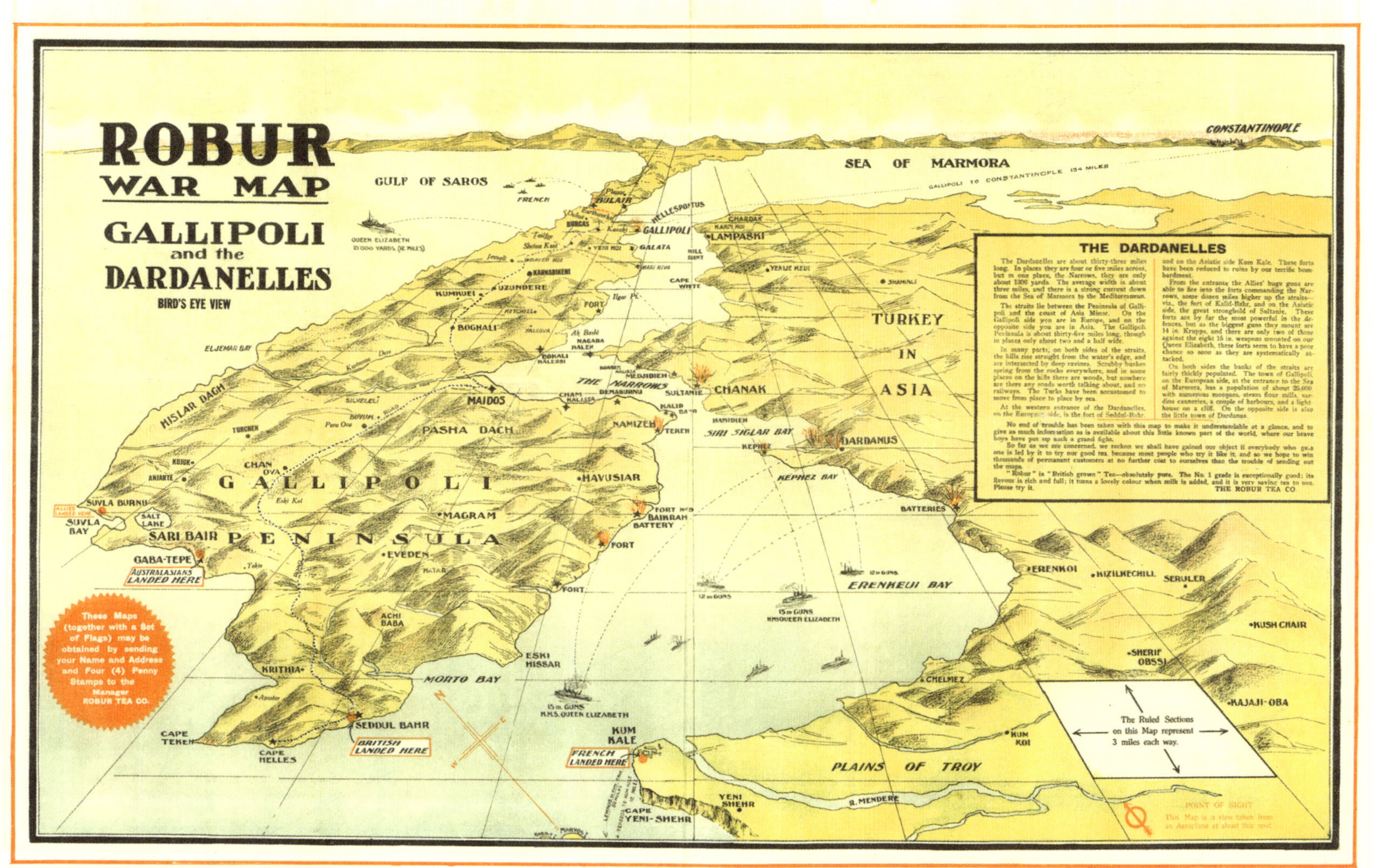
ROBUR
WAR MAP
GALLIPOLI
and the
DARDANELLES
BIRD'S EYE VIEW
CONSTANTINOPLE
SEA OF MARMORA
GALLIPOLI TO CONSTANTINOPLE 154 MILES
GULF OF SAROS
FRENCH
QUEEN ELIZABETH
BULAIR
HELLESPONTUS
GALLIPOLI
LAMPASKI
GALATA
CAPE WHITE
KARABIKENI
UZUNDERE
KUMKOEI
FORT
BOGHALI
ELJEMAR BAY
KOKALI KALESSI
NAGARA KALEH
THE NARROWS
MEDJIDIEH
SULTANIE
CHANAK
DEMARDUNA
CHAM KALISSA
KALID BAHR
MAIDOS
HISLAR DAGH
PASHA DACH
NAMIZEH
TEKEH
HAMIDIEH
SIRI SIGLAR BAY
KEPHEZ
KEPHEZ BAY
DARDANUS
TURKEY
IN
ASIA
THE DARDANELLES
The Dardanelles are about thirty-three miles long. In places they are four or five miles across, but in one place, the Narrows, they are only about 1300 yards. The average width is about three miles, and there is a strong current down from the Sea of Marmora to the Mediterranean.
The straits lie between the Peninsula of Gallipoli and the coast of Asia Minor. On the Gallipoli side you are in Europe, and on the opposite side you are in Asia. The Gallipoli Peninsula is about thirty-five miles long, though in places only about two and a half wide.
In many parts, on both sides of the straits, the hills rise straight from the water's edge, and are interaected by deep ravines. Scrubby bushes spring from the rocks everywhere, and in some places on the hills there are woods, but nowhere are there any roads worth talking about, and no railways. The Turks have been accustomed to move from place to place by sea.
At the western entrance of the Dardanelles, on the European side, is the fort of Seddul-Bahr, and on the Asiatic side Kum Kale. These forts have been reduced to ruins by our terrific bombardment.
From the entrance the Allies' huge guns are able to fire into the forts commanding the Narrows, some dozen miles higher up the straits—viz., the fort of Kalid-Bahr, and on the Asiatic side, the great stronghold of Sultanie. These forts are by far the most powerful in the defences, but as the biggest guns they mount are 14 in. Krupps, and there are only two of those against the eight 15 in. weapons mounted on our Queen Elizabeth, these forts seem to have a poor chance so soon as they are systematically attacked.
On both sides the banks of the straits are fairly thickly populated. The town of Gallipoli, on the European side, at the entrance to the Sea of Marmora, has a population of about 25,000 with numerous mosques, steam flour mills, sardine canneries, a couple of harbours, and a lighthouse on a cliff. On the opposite side is also the little town of Dardanus.
No end of trouble has been taken with this map to make it understandable at a glance, and to give as much information as is available about this little known part of the world, where our brave boys have put up such a grand fight.
So far as we are concerned, we reckon we shall have gained our object if everybody who gets one is led by it to try our good tea, because most people who try it like it, and so we hope to win thousands of permanent customers at no further cost to ourselves than the trouble of sending out the maps.
"Robur" is "British grown" Tea—absolutely pure. The No. 1 grade is exceptionally good; its flavour is rich and full; it turns a lovely colour when milk is added, and it is very saving tea to use. Please try it.
THE ROBUR TEA CO.
SUVLA BURNU
ALLIES LANDED HERE
SUVLA BAY
SALT LAKE
ANAFARTE
CHAN OVA
GALLIPOLI
HAVUSIAR
MAGRAM
FORT No 8
BAIKRAH BATTERY
SARI BAIR
PENINSULA
GABA-TEPE
AUSTRALASIANS LANDED HERE
EVEDEN
FORT
BATTERIES
ERENKOI
KIZILKECHILI
SERULER
ERENKEUI BAY
12 in GUNS
15 in GUNS H.M.S. QUEEN ELIZABETH
ACHI BABA
KUSH CHAIR
These Maps (together with a Set of Flags) may be obtained by sending your Name and Address and Four (4) Penny Stamps to the Manager ROBUR TEA CO.
KRITHIA
ESKI HISSAR
MORTO BAY
SHERIF OBSSI
CHELMEZ
KAJAJI-OBA
15 in GUNS H.M.S. QUEEN ELIZABETH
SEDDUL BAHR
CAPE TEKEH
CAPE HELLES
BRITISH LANDED HERE
KUM KALE
FRENCH LANDED HERE
KUM KOI
The Ruled Sections on this Map represent 3 miles each way.
PLAINS OF TROY
YENI SHEHR
CAPE YENI-SHEHR
R. MENDERE
POINT OF SIGHT
This Map is a view taken from an Aeroplane at about this spot.

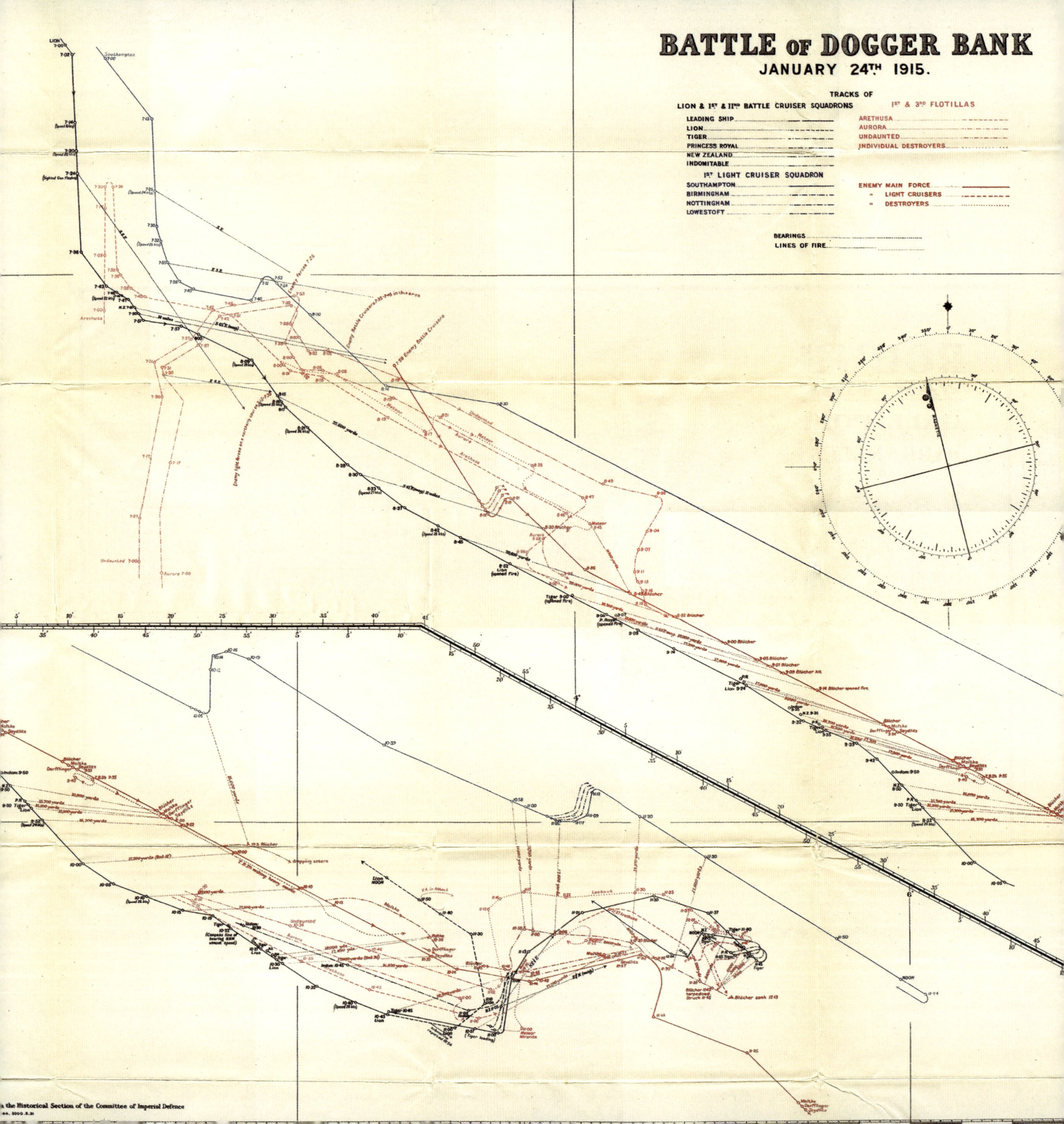
BATTLE OF DOGGER BANK
JANUARY 24TH 1915.
TRACKS OF
LION & IST & IIND BATTLE CRUISER SQUADRONS
LEADING SHIP
LION
TIGER
PRINCESS ROYAL
NEW ZEALAND
INDOMITABLE
IST LIGHT CRUISER SQUADRON
SOUTHAMPTON
BIRMINGHAM
NOTTINGHAM
LOWESTOFT
IST & 3RD FLOTILLAS
ARETHUSA
AURORA
UNDAUNTED
INDIVIDUAL DESTROYERS
ENEMY MAIN FORCE
" LIGHT CRUISERS
" DESTROYERS
BEARINGS
LINES OF FIRE
Southampton
Arethusa
Undaunted
Aurora
Meteor
Enemy Battle Cruisers
Blücher
Moltke
Derfflinger
Seydlitz
Lion NOON
Tiger
Indom.
Blücher sank 12.13
a the Historical Section of the Committee of Imperial Defence

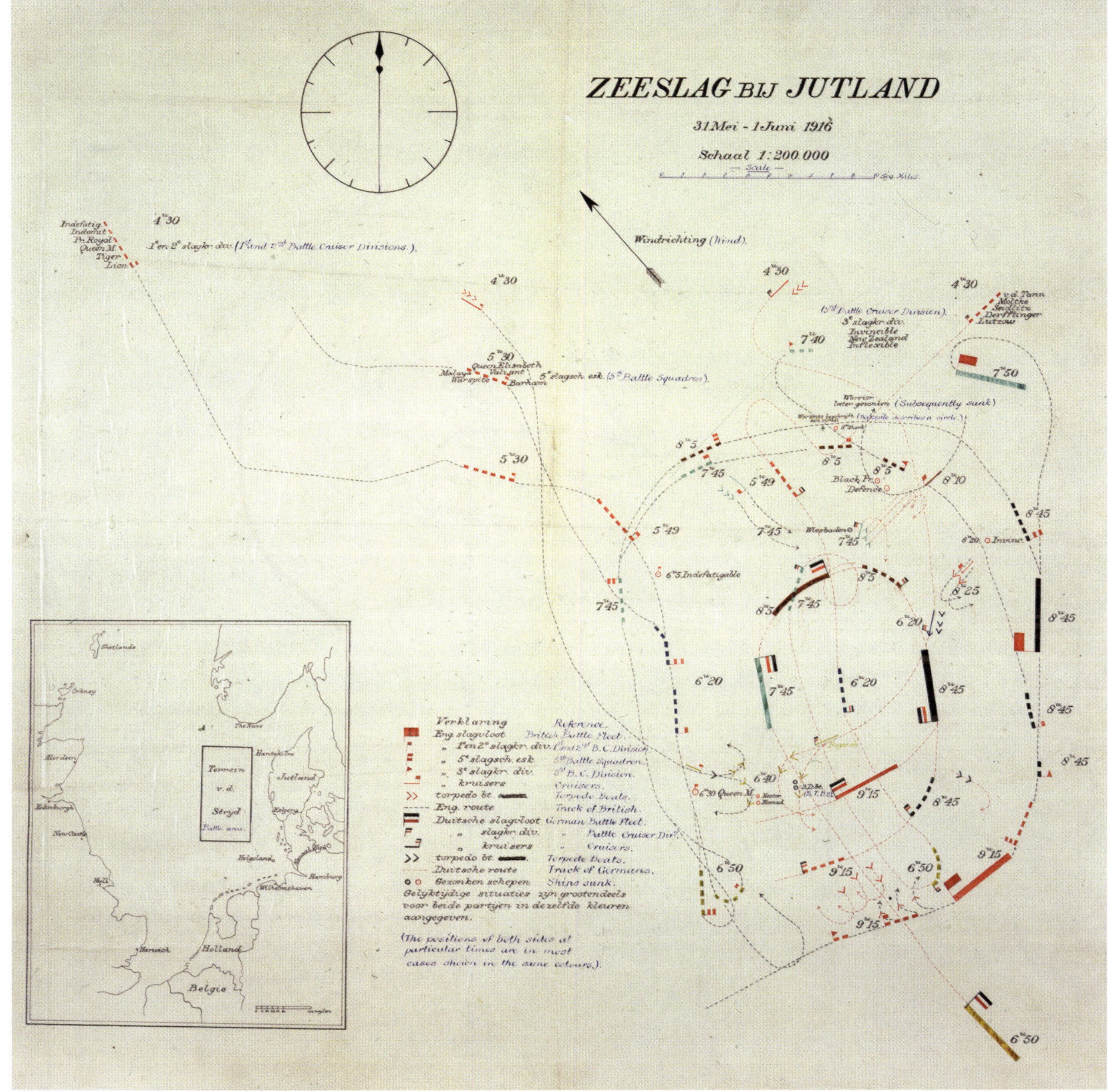

◀

1916 年，德国制作的日德兰战役地图

1916 年 5 月 31 日 至 6 月 1 日 发生的日德兰半岛战役，是近代战舰时代最重要的一场战役，也是当时世界上的两大海军力量之间的一场对决战。由于飞机和潜艇没有在这场战役里发挥重要作用，因此这主要是一场舰艇设备和武器系统相对单一的海战。尽管驱逐舰发射的鱼雷在攻击中有着重要作用，但关键因素仍是水面射击的准确性。这也暴露了英国战舰在战争中的缺陷，包括战舰本身自带的缺陷和在战舰应用过程中的漏洞，但英国舰队此时的炮轰和射击技术有了很大进步，德国人能躲过英国舰队的多次火力袭击是很幸运的。这场战役也确立了英国在欧洲海域的战略主导地位。

◀左页

1915 年的多格海岸

德国海军上将弗兰茨·冯·希佩尔率领下的 4 艘巡洋舰和 4 艘轻型巡洋舰此次出海的目的是在福斯湾布下鱼雷，准备攻击英国的罗塞斯基地，同时攻击北海多格海岸处的英国渔船，而英国情报组织对通信信号的拦截使德国海军遭受了意外损失。1915 年 1 月 24 日早晨，海军中将戴维·比提率领的 5 艘英国战舰与德军交战。然而，在追击战中，英国战舰暴露出了本身固有的行动缓慢的缺点，德国人乘虚而入攻击了“狮子号”英国旗舰，这艘主导性的旗舰受到了严重损坏。相比之下，比提中将发出的作战信号较为混乱，而且对潜艇攻击有着恐惧心理，下级指挥官缺乏作战主动性，反而使得英国军队专注于攻击“布卢彻号”巡洋舰，“布卢彻号”最终被击沉，其他德国军舰逃走了。在此次战斗中，由于炮弹发射的较长距离和炮击的有限次数之间无法匹配，英国军队受到了较大干扰，而战斗中的浓烟也影响了对炮手来说至关重要的光学射击测距。

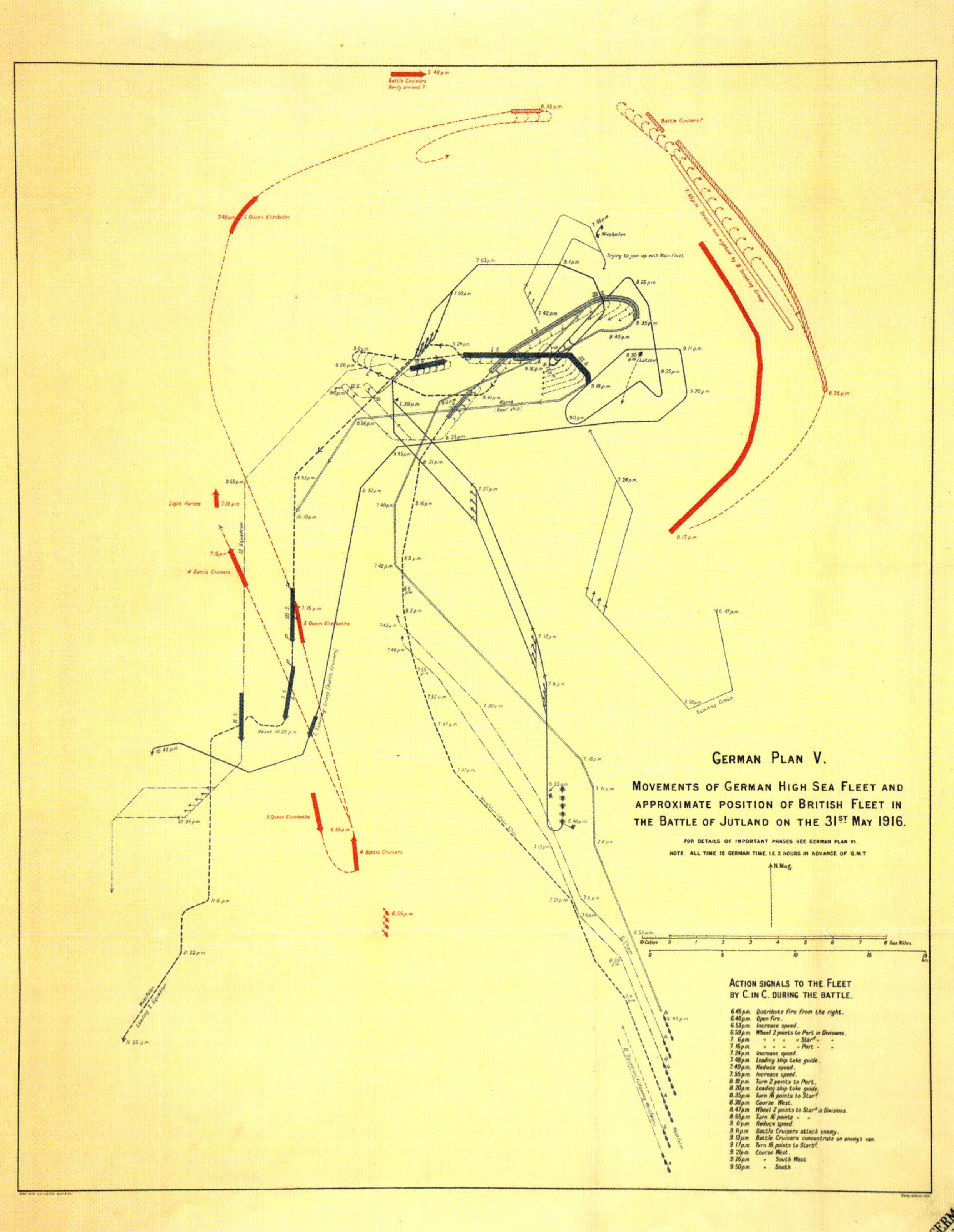

▶
日德兰战役地图（1916年5月31日至6月1日）

德国人原本的计划是用自己的整支公海舰队去击败英国总舰队中的一支。而英国人巧妙避开了这个计划，但同时也将大部分的舰队滞留在了日德兰半岛，英国舰队从而没能如海军策略制定者所预期的取得像特拉法尔加之战那样的全面胜利。英军遭受的问题包括消防设施和装甲保护措施的不足（尤其是在他们的战列巡洋舰上）、火药处理不够安全、通信信号不佳、军队训练不够充足等问题。

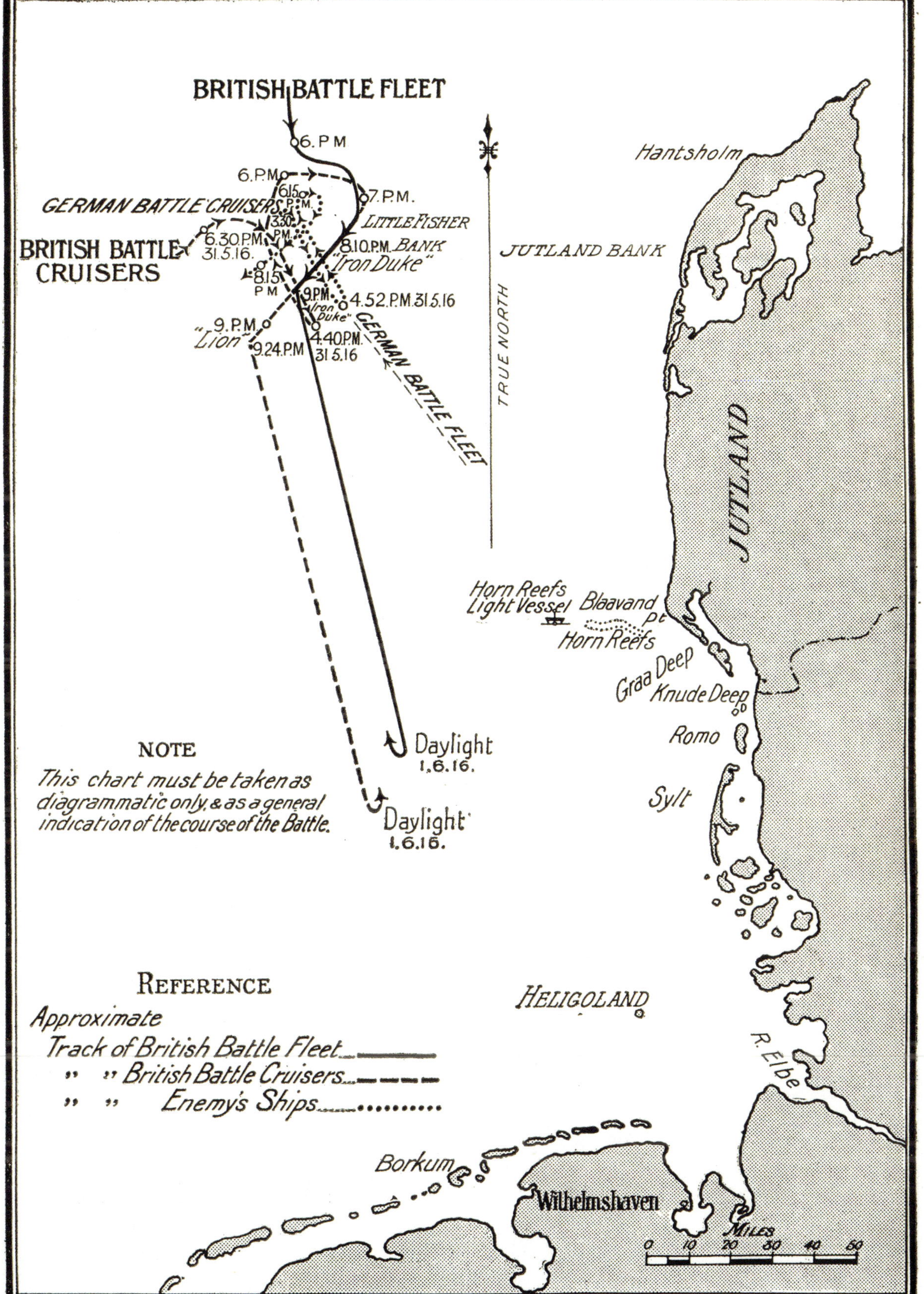

日德兰战役地图（1916 年 5 月 31 日至 6 月 1 日）

这幅摘自《1916 年插图杂志》的海图显示了英国舰队在第一次世界大战中的日德兰海战中的行进路线。

▶
日德兰战役地图（1916 年 5 月 31 日至 6 月 1 日）

“帝国防御委员会的史学部门制作的地图”。

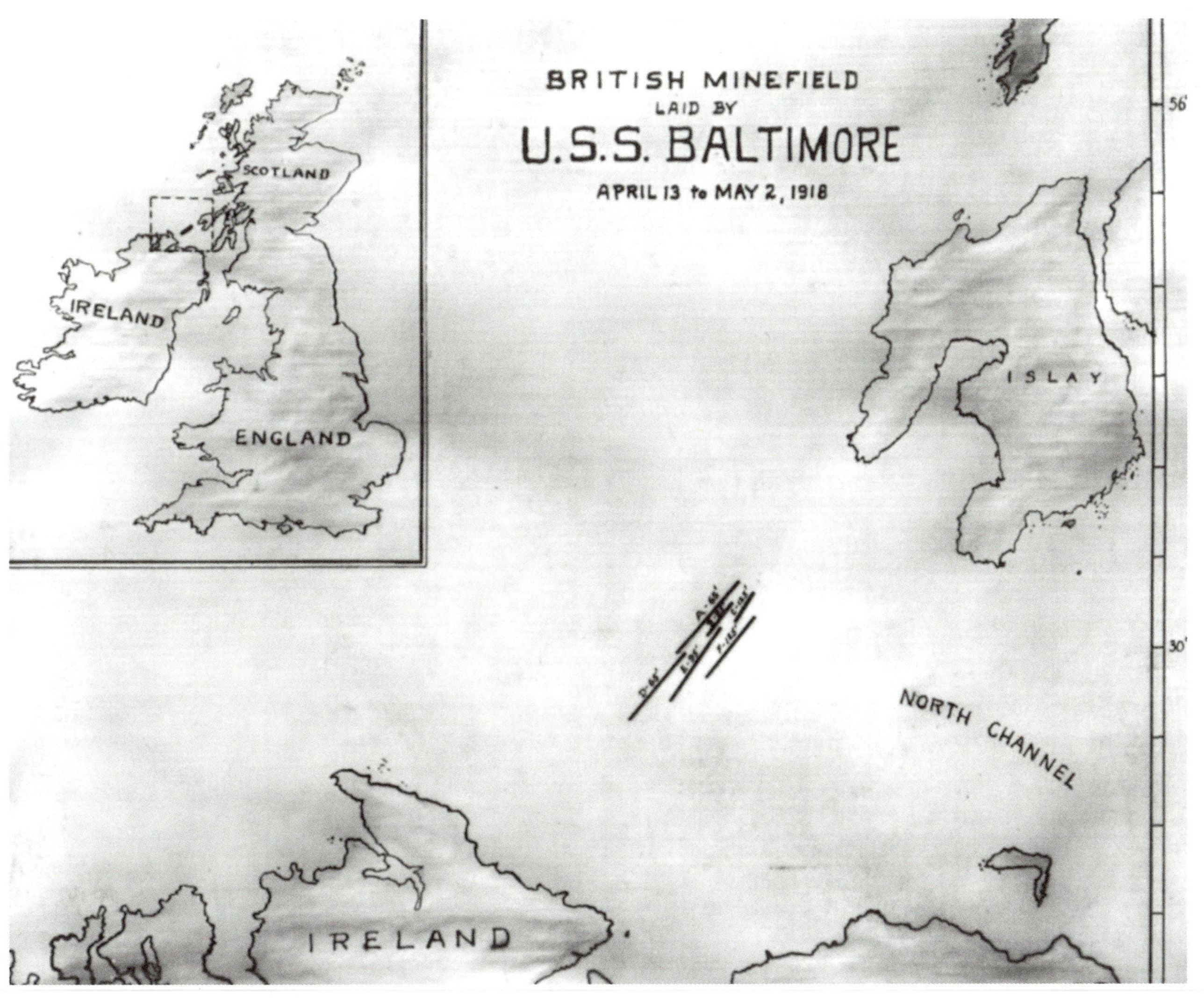

◀
1918 年，“巴尔的摩号”美国军舰布设的鱼雷区

美国加入第一次世界大战后，增强了协约国军队的海军力量，此时，德国军队在陆地战场上的实力也开始愈发强大。在斯卡帕湾，美国战舰的协助增加了英国大舰队的实力，美国军舰为大西洋舰队提供了护航，其他美国船舰则为了限制敌军潜艇的行动而在苏格兰到爱尔兰之间布下鱼雷区。

第 五 章　1919—1945

1919 to 1945

海战地图的巅峰

右页▶
重塑大西洋战场

德国潜艇攻击的规模和范围使得护航路线等问题变得十分突出。在两次世界大战中，各方军队迎接的挑战和做出的反应是不尽相同的，这不仅是技术性的原因，而且关系到两个战争联盟各自控制的领土范围。1940 年，德国所占领的法国和挪威的领地起到重要作用，而作为重要的反击，英国占领了冰岛，增强了同盟军的护航潜力。1940 年 4 月，当德国人征服丹麦时，作为曾经的丹麦皇室治下的国家，冰岛宣布独立。为了防止德国的进一步干涉，英国军队在冰岛登陆了。1941 年 12 月，美国参战后，大西洋战场地图就需要重新规划和绘制了；到了 1943 年 10 月，当同盟军飞机获准进入亚速尔群岛时，又是大西洋战场局势的一次重大改变。

第二次世界大战时，海上战争达到了前所未有的范围和强度，各个国家都出现了对于海事信息的巨大需求。在收集信息和资料的同时，传播海军部门制作的海事资料也是有必要的。信息的收集和传播都是较为紧急的业务需求。例如，1942 年，美军部队在太平洋西南部瓜达尔卡纳尔岛登陆，这是美军第一次执行持续的反攻行动，但他们却缺乏足够的潮汐图等可用地图，这一问题说明了军队对两栖登陆特殊地图的需求。而这并不是军事行动中的唯一缺陷。1943 年 10 月，美国海军对威克岛的突袭行动遭遇了周边海域航海图不足的问题。这些问题是必须要克服的，而由此产生的地理信息和资料也需要得到传播。于是世界各国迎来了空前海量的信息生产规模：美国海军水文测绘局仅在战争的最后一年，就印刷了超过 4000 万张海事图表。而其他国家虽无法达到这种规模，但同样面临着前所未有的地理信息需求。

两次世界大战之间的战歇期里，人们发现，此时的军队对特定地点资料的需求比起第一次世界大战前变得更加复杂、全面。这在一定程度上反映了人们对潜艇的重要作用的预期，而早在 1914 年，人们并没有意识到这一点。然而，另一项技术对战争规划和制图提出了更大的挑战。海军的空军部在第一次世界大战中扮演了重要角色，特别是在为潜艇提供空中掩护和支援时。而在第一次世界大战中，航空母舰的使用是非常有限的，各国航母之间也并没有发生实质冲突。相比之下，到了 1939 年，英国、日本、美国和法国都已拥有航空母舰，与陆上航母相比，航空母舰的规格也得到了很大发展和改进。在夜间或有雾天气行驶的航母仍会受到很大的限制，但航母作为联合武器舰队里的重要角色，它的发展前景已经引起了极大关注。因此，有人假设，水面舰艇如果要躲过敌军飞机的攻击，就必须使用航母上的高射炮和飞机来保护自己。

不可预测性和海军计划

人们开始注意和关注，未来的跨太平洋战争会演变成什么样子。随着美国与日本的竞争关系愈加激烈，从 20 世纪 20 年代起，与日本的战争开始主导了美国的海军计划，跨太平洋战役似乎是一个重要前景。日本人从 20 世纪初就意识到了这一前景。此外，从 1920 年代起，英国的海军计划再次把重点放在了与日本发生战争的可能性上，因此，他们需要派遣专门的舰队去保护英国在东南亚的属地和在澳大利亚的属地。这支舰队驻扎在了新加坡的英属新基地。不确定性和易变性是战争决策系统的关键方面，在这一系统中，单独的一场战争往往关系到整体军事规划和资源获取，而战争的阵营和态势也变得极其不可预测。第一次世

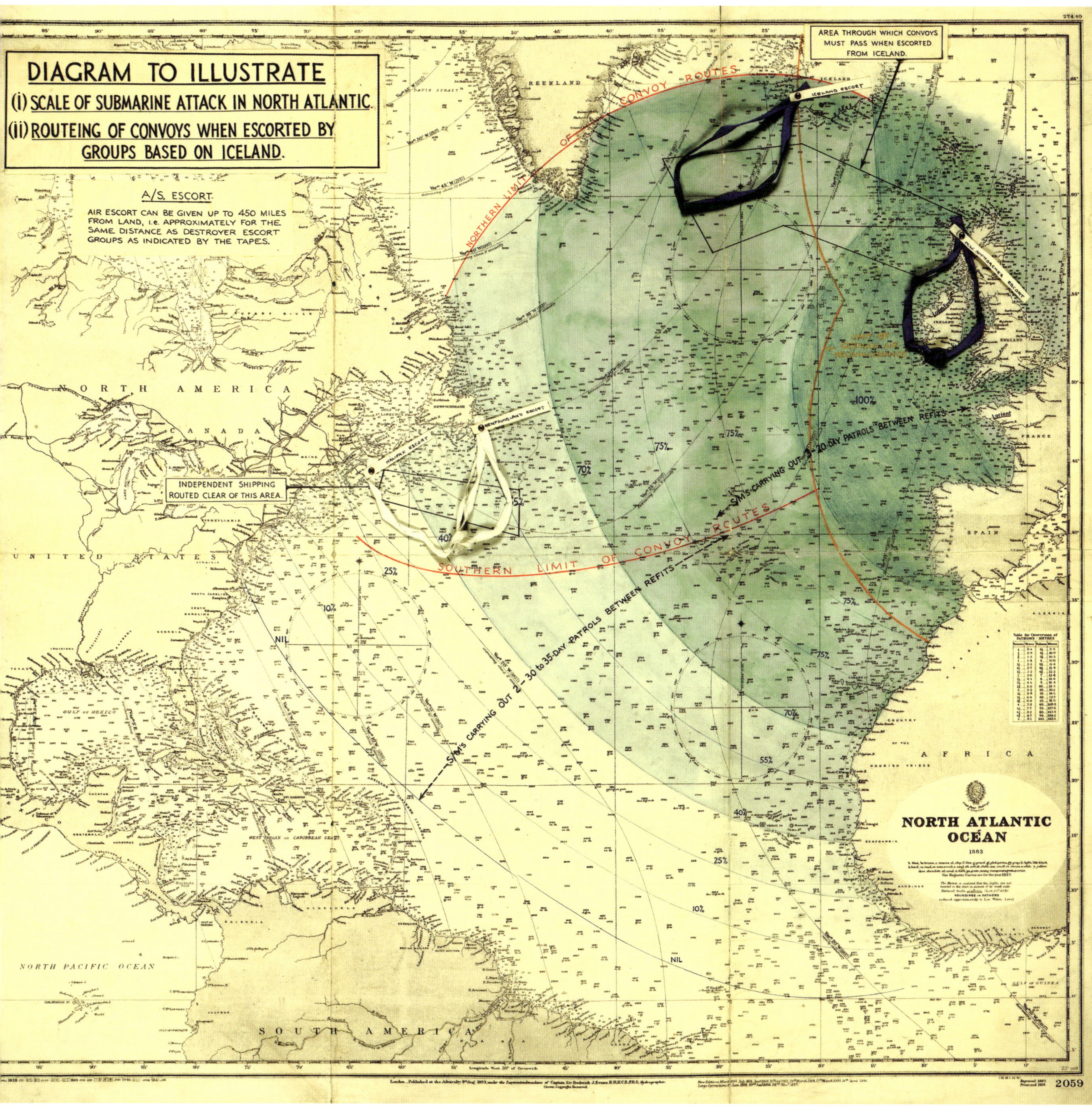

DIAGRAM TO ILLUSTRATE
(i) SCALE OF SUBMARINE ATTACK IN NORTH ATLANTIC.
(ii) ROUTEING OF CONVOYS WHEN ESCORTED BY GROUPS BASED ON ICELAND.
A/S. ESCORT.
AIR ESCORT CAN BE GIVEN UP TO 450 MILES FROM LAND, i.e. APPROXIMATELY FOR THE SAME DISTANCE AS DESTROYER ESCORT GROUPS AS INDICATED BY THE TAPES.
AREA THROUGH WHICH CONVOYS MUST PASS WHEN ESCORTED FROM ICELAND.
NORTHERN LIMIT OF CONVOY ROUTES
SOUTHERN LIMIT OF CONVOY ROUTES
ICELAND ESCORT
NEWFOUNDLAND ESCORT
HALIFAX ESCORT
INDEPENDENT SHIPPING ROUTED CLEAR OF THIS AREA.
S/M's CARRYING OUT 2 - 30 to 35-DAY PATROLS BETWEEN REFITS
S/M's CARRYING OUT 3 - 20-DAY PATROLS BETWEEN REFITS
100%
75%
70%
55%
40%
25%
10%
NIL
NORTH AMERICA
CANADA
UNITED STATES
SOUTH AMERICA
AFRICA
SPAIN
FRANCE
ENGLAND
IRELAND
GREENLAND
Lorient
GULF OF MEXICO
NORTH PACIFIC OCEAN
NORTH ATLANTIC OCEAN
1883
2059

界大战后，海军限制策略和海军条约，尤其是 1922 年的《华盛顿海军条约》，并没有限制住战争行动，反而使日本和美国、英国之间的竞争更加激烈。

除了强调大国间的海军竞争（文献的主要记载对象）之外，海军力量仍然被用于警务治安方面。这主要是各个帝国主义国家的独特特征，例如：在 1910 年的波斯湾，由于在迪拜发现了非法武器，英国军舰发起了袭击行动，从而导致了战争；在 1921 年的阿治曼堡和 1925 年的富查伊拉，英国发起的轰炸战都是由奴隶制存在的争议引起。1927 年，为了支持解决迪拜和沙迦之间的争端，英国军舰的部署起到了威胁作用，1928 年的迪拜和伊朗之间的争端也是如此。1932 年，海军力量的运用帮助英国飞机获取了海湾地区的着陆权。这种非战争活动比较容易被忽视。就地图测绘的重要信息来源而言，这种活动有助于确保不断获取当地海事环境的新资料。

尽管有些国家，尤其是英国和德国，在 1939 年至 1945 年间一直保持着稳定的国际关系，但在这期间，大多数国家的关系都在发生着改变。因此，海军面临的军事任务是较为不明确的，也因此在制定战略时所面临的具体情况和战略环境是高度动态的。对于这一时期的英国来说情况尤为如此。1940 年 6 月，德国攻打并征服了法国，使得英国失去了当时的主要盟友，也为德国赢得了法国的诸多大西洋基地，如布雷斯特、圣纳泽尔、拉罗谢尔和波尔多等，此后，英国横跨大西洋的贸易路线极易受到德军潜水艇、水面舰艇和飞机的威胁。在这些地区留存至今的潜水艇修藏坞是德国当时在那里进行全面部署的有力证据。此外，早先对挪威的征服为德国提供了可以威胁和攻击英国贸易路线的更多军事基地，如果要像第一次世界大战时那样对德国进行封锁战则是非常困难的。此时，世界上的一级海军力量是英国、美国和日本的海军，而法国、德国和意大利是第二级的海军力量。1940 年意大利的参战使英国深受其苦，随后，日本于 1941 年 12 月掀起了太平洋战争，英国海军的压力就更大了。

结果就是，原本希望单独与对手作战并从盟友那里受益的英国皇家海军，此时面临着巨大压力。与此同时，英国的海军力量也阻止了德国人预计于 1940 年入侵英格兰南部的计划。空中战场也很重要，但是即使德国人获得了空中优势，他们的海军仍然极易受到英国海军的攻击，尤其是在夜间作战的时候。

第二次世界大战带来的挑战

英国皇家海军面临的压力随着敌国开始熟练应用新技术而逐渐增大，尤其是德国对潜艇的运用和日本对飞机的运用。由此带来的结果是，英国在水面战场

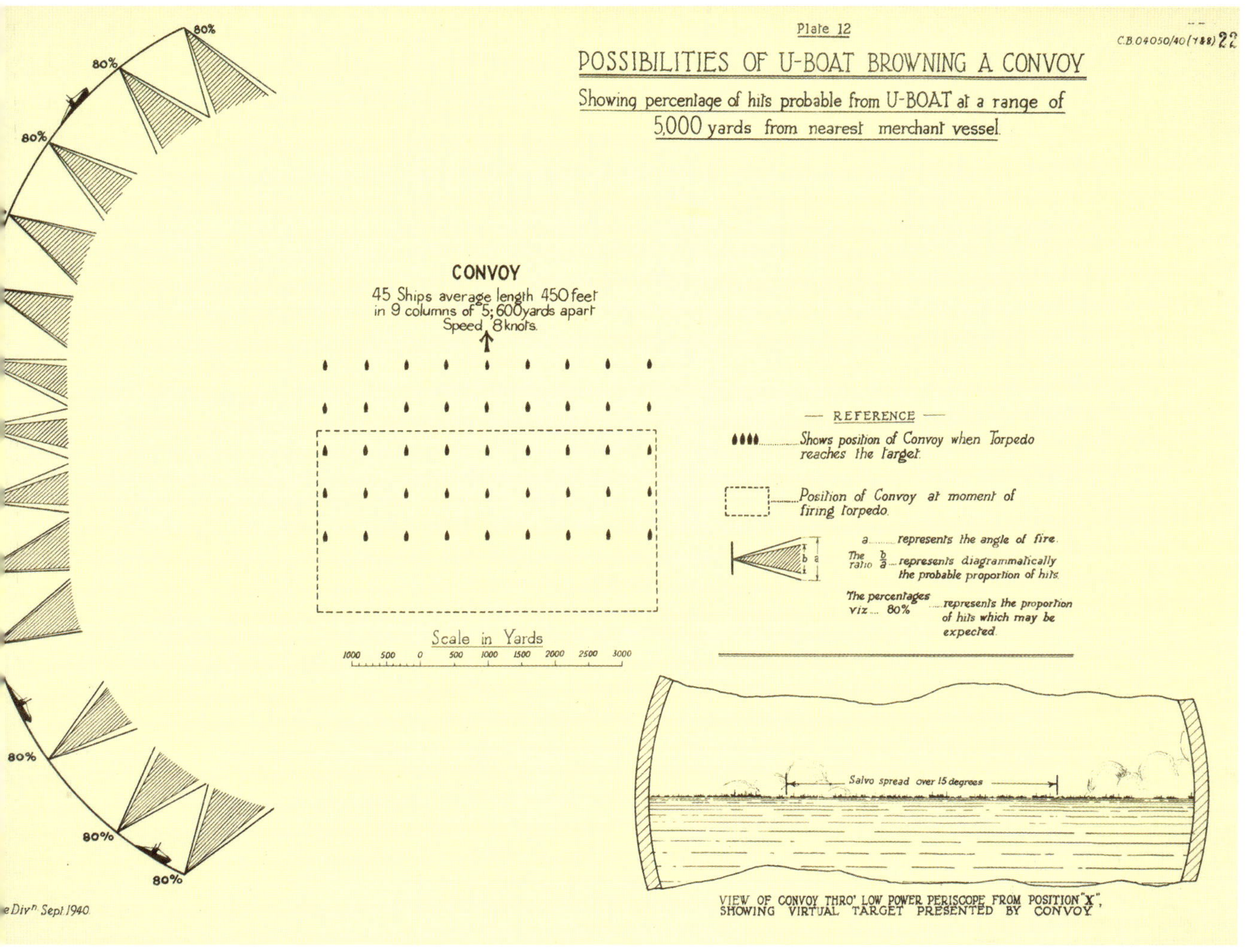
Plate 12
C.B.04050/40(788) 22
POSSIBILITIES OF U-BOAT BROWNING A CONVOY
Showing percentage of hits probable from U-BOAT at a range of 5,000 yards from nearest merchant vessel.
CONVOY
45 Ships average length 450 feet in 9 columns of 5; 600yards apart Speed 8knots.
— REFERENCE —
Shows position of Convoy when Torpedo reaches the target.
Position of Convoy at moment of firing torpedo.
a represents the angle of fire.
The ratio b/a represents diagrammatically the probable proportion of hits.
The percentages viz... 80% represents the proportion of hits which may be expected.
Scale in Yards
1000 500 0 500 1000 1500 2000 2500 3000
80%
Salvo spread over 15 degrees
VIEW OF CONVOY THRO' LOW POWER PERISCOPE FROM POSITION "X", SHOWING VIRTUAL TARGET PRESENTED BY CONVOY
Divn Sept.1940

U 型潜水艇的威胁

这是 1940 年英国制造的分析 U 型潜艇对护航船队产生威胁的图表。战争期间，在被德军摧毁的盟军船只中，大约 70% 是由德军潜艇摧毁的，余下的则大部分是空袭、鱼雷和水面突击舰的牺牲品。与第一次世界大战相比，英国采取的护航行动要迅捷得多了。

中损失严重，特别是在 1941 年，这比英国在第一次世界大战中遭遇的损失要大得多。而在规模和重要性上，没有任何一场战役能与日德兰战役匹敌，尽管英德两国的水面舰艇发生过多次冲突。例如，1941 年，在德国战舰击沉了皇家海军舰艇“胡德号”后，德军的“俾斯麦号”战列舰也随之在战斗中被英国人击沉了。“俾斯麦号”原是被派去攻击大西洋的航运船只的，它成了英国飞机海面轰炸战的牺牲品，这表明了不同形式的海军力量之间尚未起到有效的协同作用。

在地中海区域，英国和意大利的舰队之间发生了战斗，英国取得了大部分的胜利，特别是 1940 年英国航母在塔兰托对意大利军舰的攻击战，以及 1941 年 3 月的马塔潘角海战。这些胜利为英国水面舰艇确立了重要的主导地位，对于英国在北非战场对抗意大利的战斗来说也很重要，但德国的飞机和潜艇对英国的主导地位提出了强烈挑战。个别小规模作战行动的成功虽然对海上战略起到一定影响，但却没有真正的决定

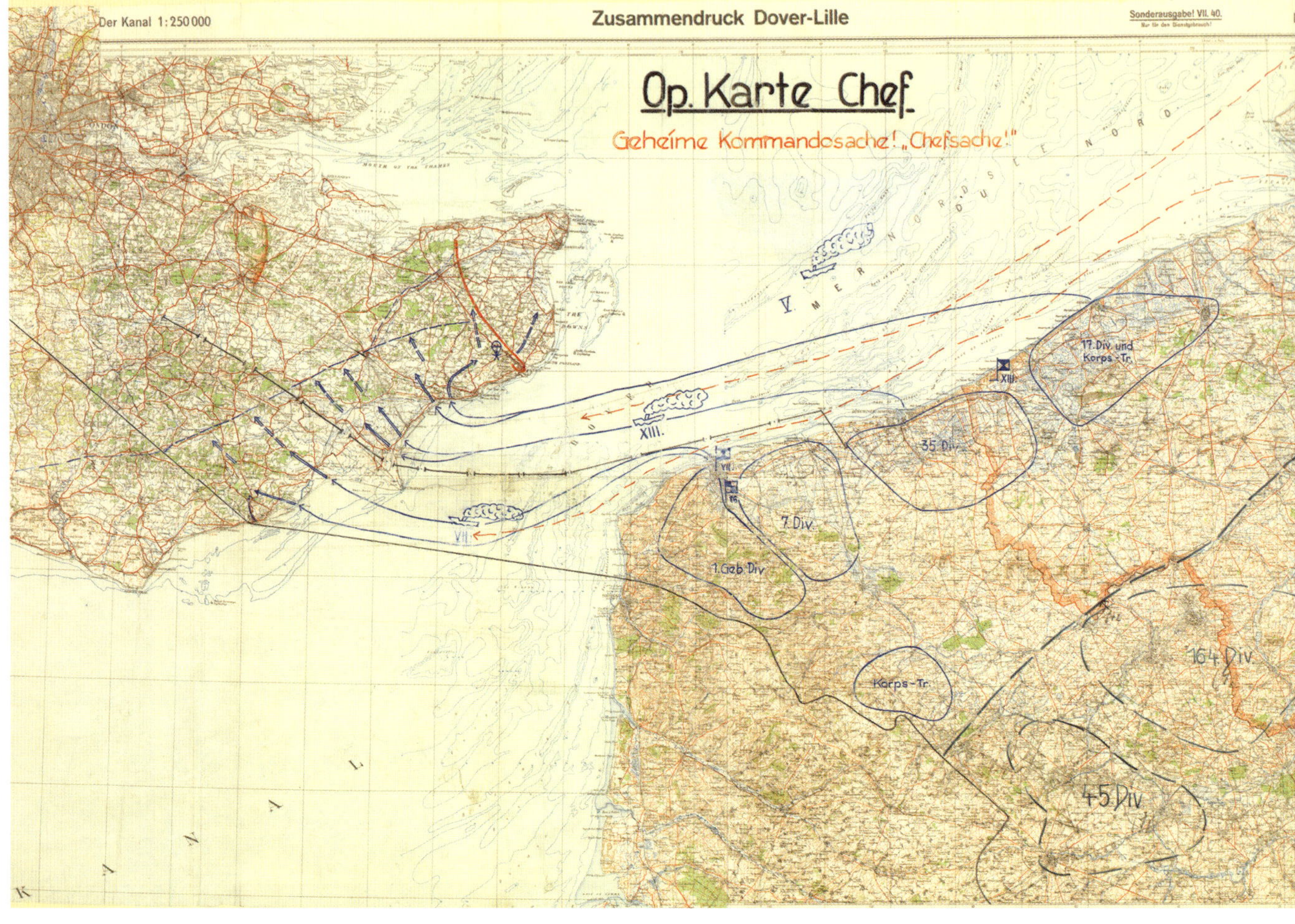

“海狮行动”计划图

这是1940年德国入侵英国的“海狮行动”的计划地图。德国军队为了入侵英国所做的准备工作包括：标明战略地点的大规模城市规划，以及批量印制地形测量地图——地图上含有突出的目标地点，以悬崖、沙滩、峭壁和平地为标志的海岸线区域，以及协助选择入侵海滩的实地照片。实际上，在1940年的战斗中，除了缺乏空中优势之外，德国人还缺乏足够的两栖作战经验和理解，以及专业的登陆舰艇。他们计划使用的莱茵河拖曳驳船只能达到3海里/小时，如果其中任何一支驳船能最终到达英格兰南部海岸的话，他们也无法登陆大量的军队。不管纳粹德国空军的力量有多强大，英国皇家海军总是能对抗他们的入侵，且空中力量在夜间的战斗效力是有限的。而在遇到德国俯冲轰炸机时，英国海军就会显得脆弱易损，但这些轰炸机本身也很容易受到英国战斗机和高射炮的攻击。此外，德国人缺乏鱼雷轰炸机的攻击能力。即使德军在登陆后，他们也可能无法维持和加强队伍的战斗攻击力。

作用。尽管意大利遭受了挫折和失败（包括1941年12月和1942年3月的苏尔特战役），但他们仍然能够继续向他们的北非部队运送物资。面对着德国空袭和潜艇袭击带来的严重损失，英国皇家海军仍能继续进行在地中海地区的作战行动，特别是继续向马耳他岛提供着补给，并设法在1941年撤离了在希腊本土和克里特岛驻扎的大部分英军。此外，德国和意大利未能在1940年至1942年利用他们的军事力量来影响英国在埃及的军事地位。的确，从战略意义上来说，轴心国的战略力量运用是较为失败的，尽管在有着充足的空军、潜艇和战场基地的情况下。

英国皇家海军在1941年12月日本发动太平洋战争后，感受到的压力就更大了。当月，日本的海岸基地飞机在马来亚海岸击沉了英国的“威尔士亲王号”皇家军舰，这艘军舰也成了第一艘被海上飞机击沉的移动战舰。皇家舰队的失败，是因为指挥不善使得英国海军缺少了计划中的航母支援，无法如预期一样干扰日本对马来亚和新加坡的征战。随后，日本军队于1942年初在爪哇海打了场胜仗（于2月27日至3月2日战败了一支英、荷、美、澳的联合舰队），又在斯里兰卡海岸取得了胜利（4月初战败了英国军队），这两次胜利的影响力足够让日本顺利入侵爪哇岛，也确保了英国不能干涉日本对缅甸的征服。这些胜仗很大程度上归功于日本的空军优势，也使得同盟国的水面舰艇力量处于严重劣势地位。上述两次行动中，盟军损失了七艘巡洋舰和一艘航空母舰。

太平洋战场

在太平洋区域，海上战争是最常被采用的战争形式。从 1942 年 5 月 4 日至 8 日的珊瑚海战役（一场航空母舰首次交战的战斗）开始，航空母舰之间的竞争关系开始占据重要地位。在珊瑚海，日本和同盟军舰队并没有在彼此可视的范围内作战，战斗主力是海军的空中力量，战斗双方各损失了一艘航母。由于战斗的可视范围不再显得那么重要，特别是射击测距的重要性也减少了，随着对位置的绘制需要和可用的绘图资料发生了变化，对于战场情况的评估标准也发生了变化。

在珊瑚海遭到攻击之后，日本放弃了通过两栖作战占领新几内亚莫尔兹比港的企图，转而专注于从新几内亚北部的陆路推进战线。在海上战场，日本人正在由太平洋中部向东推进。然而，美国赢得了关键的中途岛战役（1942 年 6 月 4 日至 7 日），他们使用俯冲轰炸机击沉了 4 艘日本航母，击毁了日本的维修船，给日本的航母基地造成了沉重打击。中途岛战役证明了，在一场争夺大片水域的战斗中，海军部队行动的统一协调问题是较难控制的，不管对于美军还是日军而言都是如此。但是，中途岛战场至少有一个优势，那就是有着固定的陆地参考点。美国人虽然取得了胜利，但战斗双方均未取得预想中的战略成果。关键的一点是，日本战舰没有如日本人所愿采取相应行动——很大程度上是因为美国航母小心翼翼地躲过了日本战舰可能发起攻击的区域。

每一次军事行动成功与否，应放在美国工业产业优势的大背景下具体考虑。造船和飞机制造业为美国扭转了与日本之间资源不对等的态势，帮助美国获得了关键的竞争优势。由于具备工业能力、海军力量和扎实的人才基础等优势，美国人逐渐在大西洋区域发挥重要作用，并成为太平洋战场同盟军战争事业的主要负责国家。在太平洋地区，在美国的海军力量支持下，同盟军向太平洋西南部和中部海域发起进攻，这给日本人带来了极大的积累性压力。

与此同时，为了从上述优势中尽可能地获益，技术和技能的发展也是很有必要的。例如，在太平洋区域，舰队的重复补给能力是一种很关键的组织能力，也使得美国人能顺利将他们的舰队留在海面上。此外，在战舰冲突中，雷达引导的火力也很重要，这在 1942 年末瓜达尔卡纳尔海岸的夜间行动中体现了出来。用

Plate. 7.

C.B. 04050/40. (9&10)

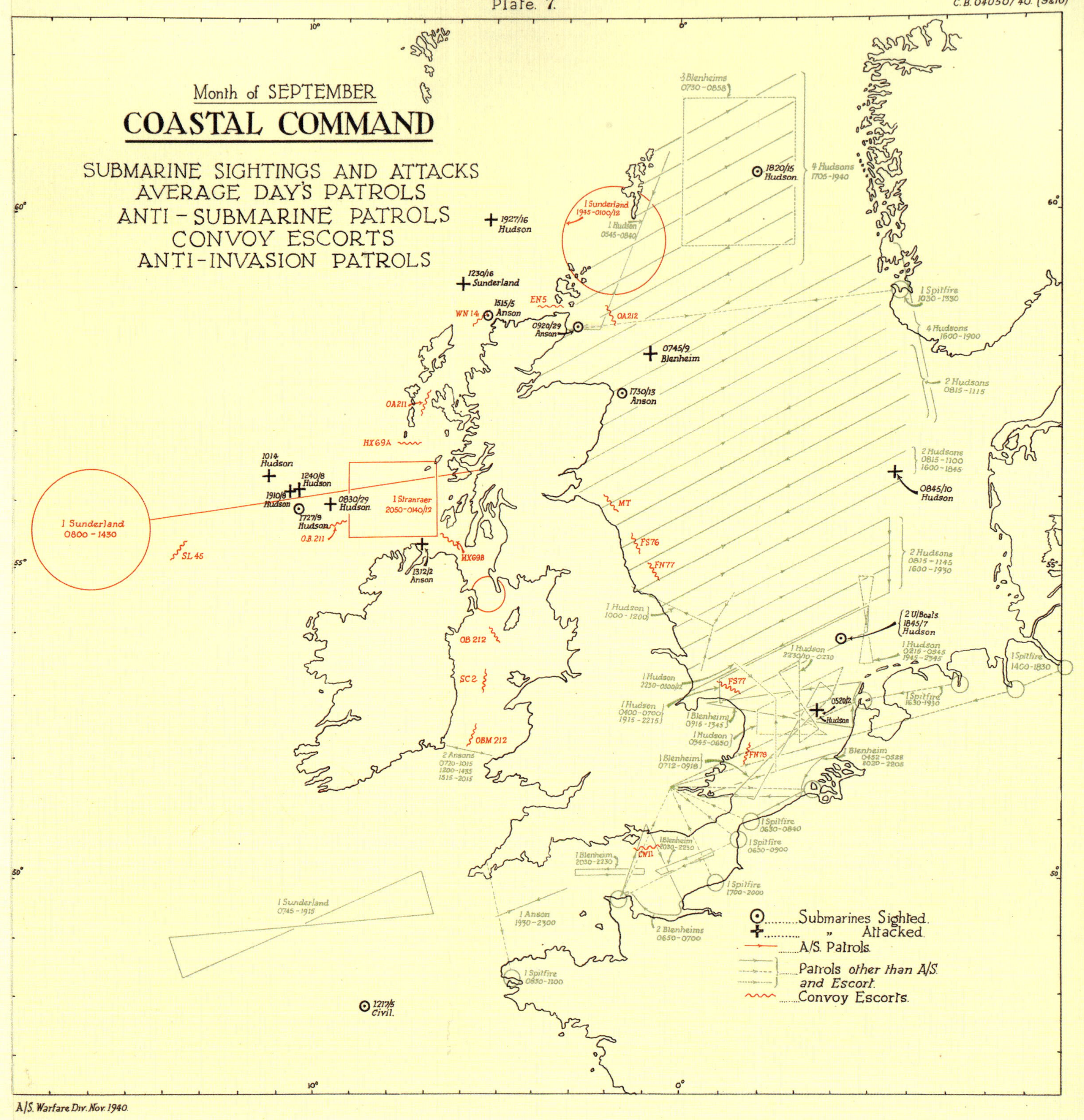

A/S. Warfare Div. Nov. 1940.

雷达引导射击给美国人带来一个重要战斗优势，同时也剥夺了日本人已有的夜间作战优势。太平洋战争早期，美国军队的夜间作战表现不佳，主要是由于在战前舰队演习中，雷达技术的高效性使得美国海军高级指挥官们错误地理解了这种技术的局限性，对雷达使用人员的训练也较为仓促。各类战斗冲突的形式展示出了参与冲突的军舰的类型范围。

除了海上舰队之外，潜艇也发挥了重要作用。潜艇使得美国人的作战范围从珍珠港覆盖至澳大利亚的弗里曼特尔，这扰乱了日本的战争计划和战争经济，这场史上最成功的潜艇战役的意义在国际上被大大低估了。尽管用于战斗的美国鱼雷储备不够充足，美国也在战斗中遭受了很大损失，但这仍是一场成功的战役。英国和荷兰潜艇也在这次战役中发挥了重要作用。

相比之下，德国人的潜艇没能取得和大西洋战场中一样的胜利。在很大程度上，这是同盟军反潜艇技术发展的结果，同时，同盟军的造船技术也有重要影响作用。这种同一维度的比较是具有指导意义的。在加入战争时，日本仅有一支较小的油轮商船队海军力量。尽管做出了巨大努力，日本还是没能建造足够的此类商船队海军，以从战略纵深角度提供承受损失的能力；而同盟国在面对德国袭击时，是具备足够的此类能力的。日本也未能建立一支正式的护航编队，美国潜艇经常在同盟国空军尚未控制的区域作战，所以日本的护航驱逐舰还是很有用的。

两栖攻击

两栖攻击形式的海战是主流战斗模式，它也证明了海军力量对两栖攻击进行支持的重要性。而对于德国，甚至对于苏联来说，这些都显得意义不大。在1937年之后的侵华战争中，日本的两栖攻击的作用有限，尽管在中国的南方战场，它仍然造成了很大破坏。日本人有着专门的登陆艇，他们在1941年至1942年对荷属东印度和西太平洋的征战中，完全依靠两栖作战来进行战斗。

美国在太平洋和欧洲地区发动的战争，以及英国从1942年末开始在欧洲发动的战争，更是如此。这种作战能力的效果被特殊动力登陆艇增强了，登陆艇使得对海滩的两栖攻击能力更加重要，从而减少了夺取海岸港口的需要，这体现在了1944年6月的诺曼底登陆战役中。登陆在海滩上的同盟军不需要占领瑟堡或勒阿弗尔港口，就可以展开行动。通过英吉利海峡的运输军来预先建造和使用一个新港口，对于同盟军建立和控制诺曼底滩头阵地起到了帮助作用。

◀左页

1940年9月，海岸司令部月度记录

在德国征服了挪威和法国之后，来自德国潜艇的威胁变得更加严峻。海岸指挥部对潜艇活动的记录标记了它的行动范围的变化。在爱尔兰北部执行行动的德国潜艇的目标是经过格拉斯哥和利物浦，干扰英国的越洋贸易路线。英国皇家空军在抵抗袭击方面发挥了关键作用。大多数潜艇的“猎杀”行动是在海面上进行的，这使得同盟军的海底声呐系统工作效率降低。相比之下，飞机可以迫使U型潜艇在速度降低时下沉，由于潜艇的巡航距离和海上停留天数依赖的是电池驱动的电动马达，它们要与目标保持视觉接触也就更难了。

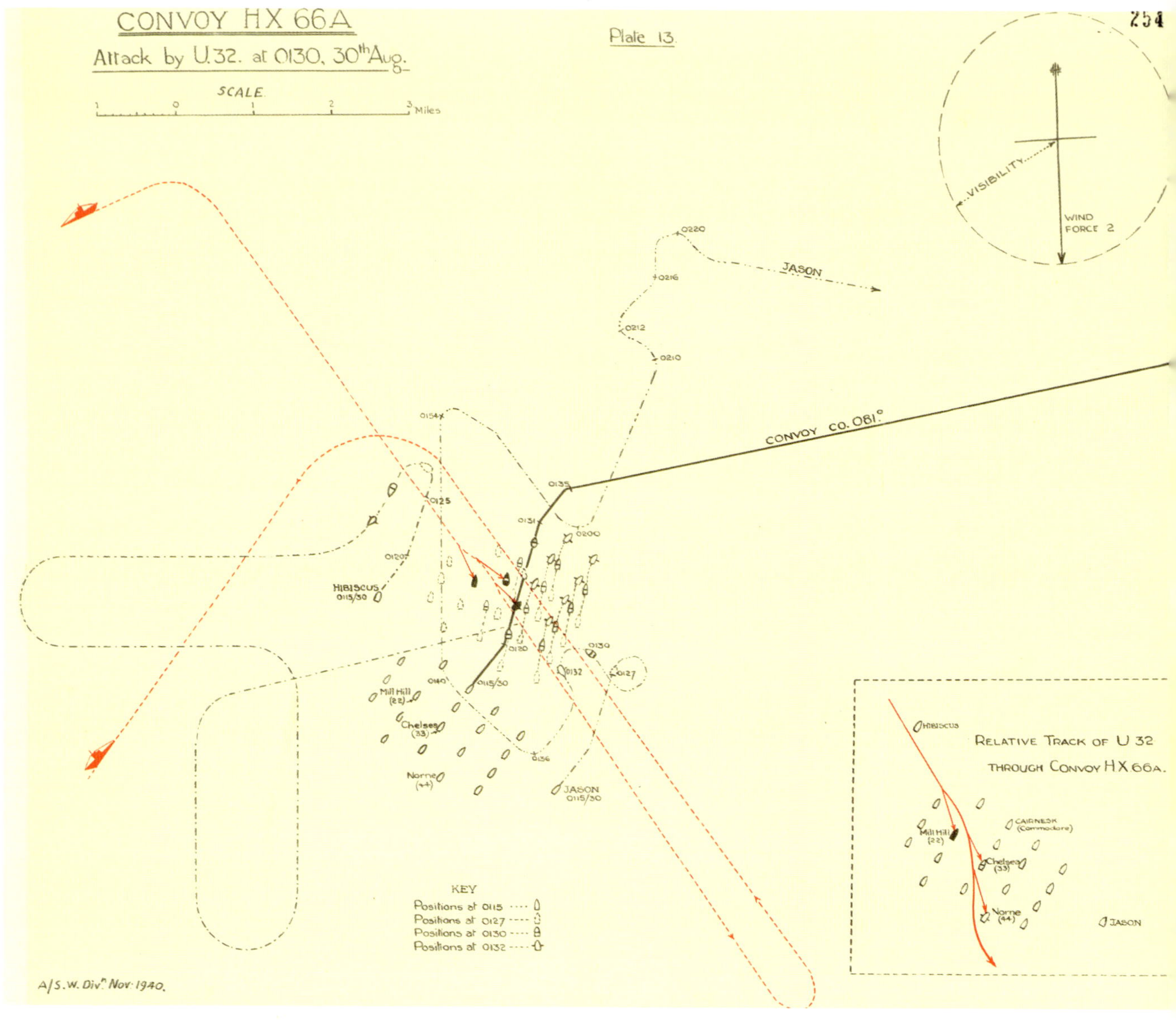

▶

受到攻击的护航队

这是1940年8月30日，U-32号潜艇对HX66A号护航编队进行攻击的示意图。U-32号和U-28号潜艇分别对护航队进行了袭击，这个护航小队是由更大的HX66号护航队派出前往东海岸执行任务的。在白天的时候，HX66A号由飞机护送，这是因为白天从空中俯视可以观察到潜伏在水下的潜艇，所以水下作业的潜艇如果处于空中反潜巡逻范围之内，它就必须浮上水面和飞机进行对峙，或者沉到足够深的防止被探测的深水区。在当天夜间1点25分到1点40分的时间里，从克莱德行至福斯湾的19艘商船中的3艘在途中被鱼雷击沉。

同盟军许多技能的发展都是靠积累得来的，例如入侵摩洛哥和阿尔及利亚（1942）、西西里岛（1943）、意大利本土（1943），以及法国北部和南部（1944）的军事行动都显示出了作战经验带来的好处，虽然他们并不总能从每次作战中获取经验教训，1943年和1944年同盟军在意大利登陆时遇到的问题就能说明这一点。两栖作战需要数据的收集，如海军和两栖部队执行任务时常用的海图和海滩情况的数据。英国联合作战突击引航队（COPPs）的引航工作对诺曼底登陆和地中海两栖攻击行动的成功至关重要。

海军支援火力在压制海岸敌军防御力和协助抵抗德军反攻方面有着重要作用，在1943年的萨勒诺战役和1944年的安齐奥战役中，海军掩护对于防止敌人的海上干扰行动来说至关重要。日本一再试图使用舰队行动来摧毁或损害美国的登陆部队，但均遭到了失败，日军的伤亡人数逐渐增多，尤其是在1944年的莱特湾战役和1945年的冲绳之战中。在欧洲，德国人和意大利人没有做过类似的努力，但就算他们有类似的企图或行动，也会被击败的。

第二次世界大战的进程显示了拥有海军优势后的各种好处，能最大程度上运用海军力量的国家最终成了战争的赢家。到了1940年末，意大利海军构成的威胁已经基本上被消除了，部分是因为在英国航母搭载的鱼雷轰炸机成功地袭击了意大利塔兰托基地后，意大利军舰被迫向北移动了。从更广泛的意义上来说，这次袭击行动预示了日本将在1941年12月发动的珍珠港袭击。

1942年夏初，日本海军在中途岛遭遇了惨败，这大大削弱了日军的进攻能力，而大西洋潜艇战的胜利天平也越来越偏向英美。在接下来的一年里，这种局势变得越来越清晰，美国人最终在瓜达尔卡纳尔岛成功击败了日本和德国的潜艇——1943年初结束的这场战役是大西洋战场的关键战役。战斗的成功确保了同盟国能够为英国接下来对抗德国入侵法国的战争计划建立军事力量，做好准备。考虑到潜艇的威胁，过早的军事计划是较为危险的。1942年11月，法国维希人主动把自己的舰队沉没在土伦，德国人俘获这些船只的计划失败了。

此外，这些舰队的部署并非为了对抗英美在非洲西北部的“火炬行动”。“火炬行动”是有史以来最令人印象深刻的海军行动之一，在有着舰队规模、航行距离等劣势，大部分美国舰队未经测试，英美在合作方面也缺乏经验的情况下，英美同盟还是顺利完成了这次行动。他们在登陆时遭遇的阻力并不像登陆日本本土时那样大，但是当时英美部队的后勤工作和整体组织，以及行动中表现出来的胆识都给人留下了深刻印象。

1943年，同盟军取得欧洲战场的胜利，这给1944年同盟军两栖作战的规模、速度、范围都带来了非常正能量的影响。同年，意大利抛弃了和德国的联盟，原因是德国擅自改变了地中海地区海军力量的比例，这种更改从长远来说是有利于同盟国的。

向苏联提供协助

同盟国逐渐开始利用已占领的海上航线来运输战略资源，并日益对战争进程产生较大影响，轴心国力量越来越无法与之抗衡。例如，英国在面对德国的潜艇攻击时，仍能保持作战状态，同时还能给西欧战场的德国军队继续施加压力。英国施加的压力影响了德国的军队部署情况，减少了与苏联军队

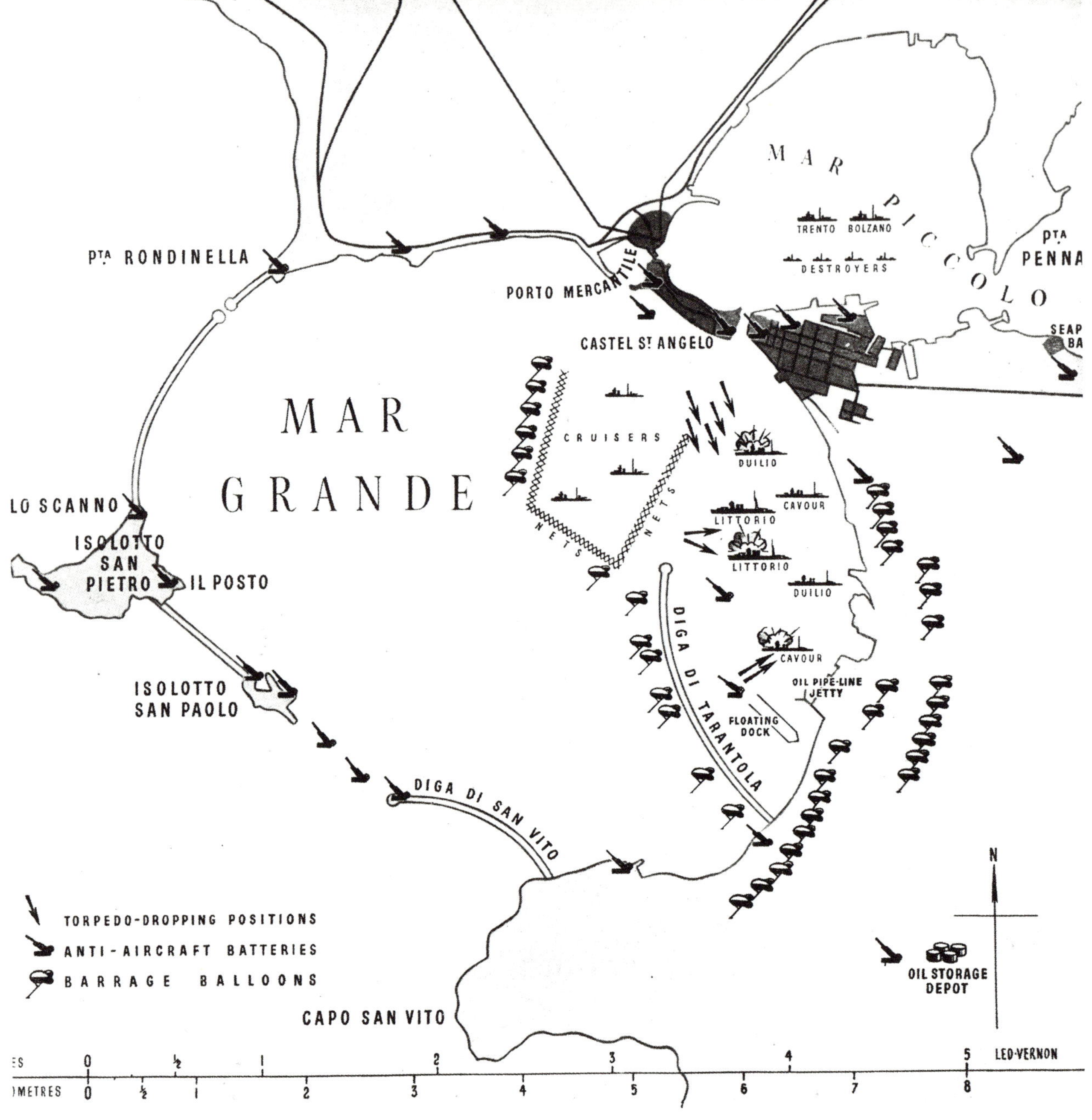

▶ 海军空中攻击图

英国在1940年11月11日占据了战斗主动权，他们通过从180英里外的“杰出号”航母上派出21架鱼雷轰炸机，在夜间成功突袭了意大利海军的塔兰托基地。英国军队虽然损失了两架飞机，但却在采用了浅水鱼雷技术后，成功击中了意大利军的三艘战舰和一艘巡洋舰，就每架攻击飞机造成的伤害而言，和第二年日本对珍珠港的袭击相比，这次袭击行动显得更为有效迅捷。作为对突袭行动的回应，意大利人从塔兰托港向北撤出了部队，从而减少了英国在地中海海上航线和军事力量的弱点，这也给意大利军队带来如何集中海军力量和保持军事机密的问题。对于英国来说，在这个面临国际孤立和德国空袭的时刻，塔兰托战役对于鼓舞公众和政府的士气都起到了关键作用。

对峙的德军数量。因此，在1943年盟军进攻西西里之后，德国人被迫放弃了在苏联发起的库尔斯克攻击战。更普遍的是，从美国运送到西伯利亚，以及从英国运送到苏联北部（均为海上路线）的物资，增加了苏联部队的机动性，特别是美国为苏联提供的吉普车和卡车十分具有帮助作用。1941年12月，在莫斯科战役中，六分之一的苏联重型坦克是由英国提供并运送过来的。正是由于德国人放弃了入侵英国的计划，所以英国人在得以喘息之际，也有余力来提供这些战争武器。1943年至1945年，美国制造的军用卡车对苏联战线的向西推进有着至关重要的作用。

英国皇家海军之所以为协助苏联而做出了巨大努力，是苏联海军未能按战前计划完成所有战前准备工作的侧面体现。在政治干预的严重打击之下，苏联的海军指挥结构松散，最引人注目的就是 20 世纪 30 年代末苏联的肃反运动，这也给苏联的海军造船业和海军支援造成了打击。1941 年，德军在波罗的海对苏联舰队发动了猛烈攻击，苏联面对德国在波罗的海和黑海区域的登陆和占领港口的攻势，被迫撤退。苏联舰队仍然有着重要作用，尤其是 1941 年从被围困的敖德萨撤军时，以及在 1942 年德军围堵塞瓦斯托波尔之后为塞城提供了补给和援助。

苏联潜艇（部分是由英国提供的）在挪威水域袭击了德国护航队，这是为试图占领摩尔曼斯克的德国陆军运送补给的护航队。苏联潜艇还攻击了穿过波罗的海向德国运送铁矿石的瑞典船只。然而，总的来说，苏联舰队除了为陆地部队提供支持之外，并没有发挥应有的作战作用，就像在科奇半岛行动中一样。对可能遭受损失的担忧促使斯大林保持警惕。1945 年，当苏联攻击日本的时候，苏联军队利用两栖作战在库页岛和千岛群岛成功地袭击了日军。

在为苏联提供补给的过程中，英国皇家海军不仅需要穿越环境严酷的北极海域，而且还面临着多次德军袭击的危险，尤其是德军潜艇和飞机的袭击。德国水面舰艇也集中在挪威水域。在 1943 年 12 月 26 日的挪威北角战役中，德军巡洋舰“沙恩霍斯特号”被雷达跟踪后，被同盟军的炮弹和鱼雷击沉了；1944 年 11 月 12 日，英国轰炸机在特罗姆瑟附近击沉了德国战舰“提尔皮茨号”。

海军的贡献

在某种程度上，在轴心国战败的原因中，海军因素通常都被忽视了，这是因为苏联打败德军，以及美国用原子弹击败日本都是发生在陆面上的决定性战役。实际上，美国和英国海军在很大程度上失去了应有的声誉，因为他们在第二次世界大战中取得成功的原因在后来（也在当时）被质疑了。例如，在 1940 年阻止德军入侵英国的功劳被归功于空军力量，人们认为，海军力量其实并不是关键因素。同样地，美国对日本开展潜艇战取得的巨大成功也被低估了。

海军内部也存在着紧张关系，最近的历史研究认为，海军内部一直存在着关于军事准则和物资获取渠道的分歧，此外，还有对于职业追求上的分歧。在战争中的某些阶段，海军甚至选择牺牲水面火力，尤其是战列舰的火力，来强调航母的作用，各类分歧在这种时候表现得尤为明显。在这一点上，对于战后形势的重新解读随着对战争评估的变化在不断更新着。

在实际中，德国、意大利和日本的失败在很大程度上是因为同盟军对于海洋战场的成功掌控。这种掌

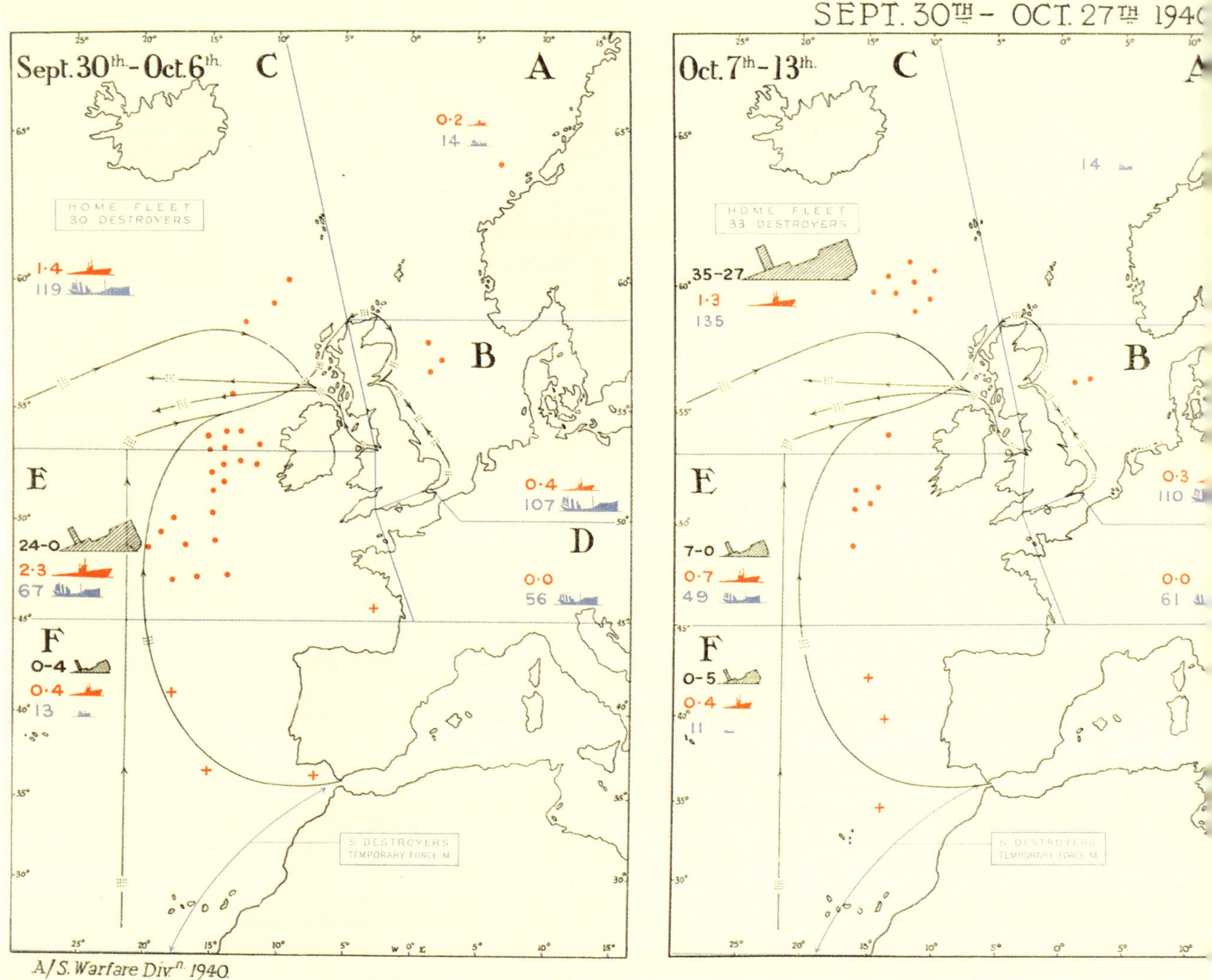

▶ 1940 年 9 月 30 日 至 10 月 27 日的潜艇战图解

虽然德国直到 1943 年春天才将整个海军建设的重点放在潜艇上，但此时的潜艇设备比起第一次世界大战时更加复杂，战斗效率极高的 7C 型潜艇也从 1940 年开始投入使用。自 1940 年夏季以来，U 型潜艇击沉船只的数量有所增加，此时英国将主要军舰力量集中于本土水域，以保持对英吉利海峡的控制。1940 年至 1941 年的冬季，U 型潜艇袭击了大西洋护航队，他们对这些缓慢移动的护航船只进行了狼群战术攻击，护航队遭受了严重损失。然而，德国人没有足够数量的潜艇来实现他们的战略目标，并缺乏足够的空中支援，他们在 1940 年损失的 U 型潜艇数量多于当年投入使用的新潜艇数量。

控提供了至关重要的战略优势，就像海军实力提供的优势一样。这种优势不仅局限在进攻战上，还体现在运输海军部队和对两栖作战进行支援等方面，以及其他更广泛的方面。在其他方面，各国的战争经济联系及对全球联盟体系的支持，都依赖于海上航线和海事运输能力提供的保护作用，这同时也给敌方的经济联系和联盟体系带来挑战。食物和原材料的供应对于英国在战争中的生存至关重要，向苏联提供军火和粮食的供应链也很重要。

C.B. 04050/40(9)(10)

WARFARE

SHOWING WITHIN EACH AREA OUTLINED IN BLUE

(1) The estimated average of U-Boats present. (2) The Number of A/S Vessels ready for sea. (British & French) (3) The Tonnage of British, Allied and Neutral Shipping sunk. (4) Average Number of Convoys always at sea.

See Reference.

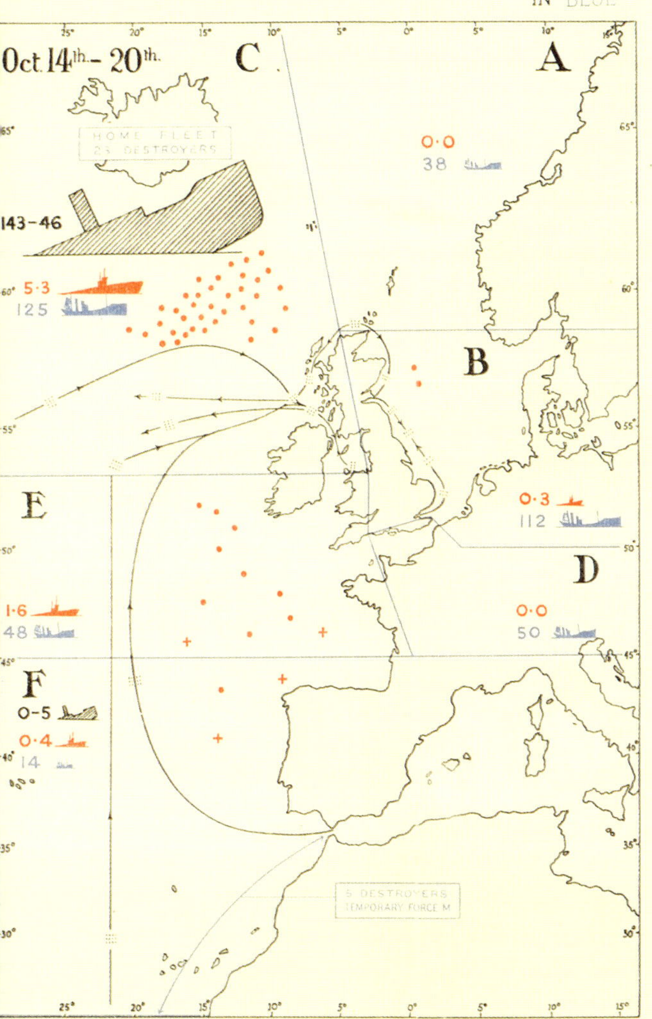

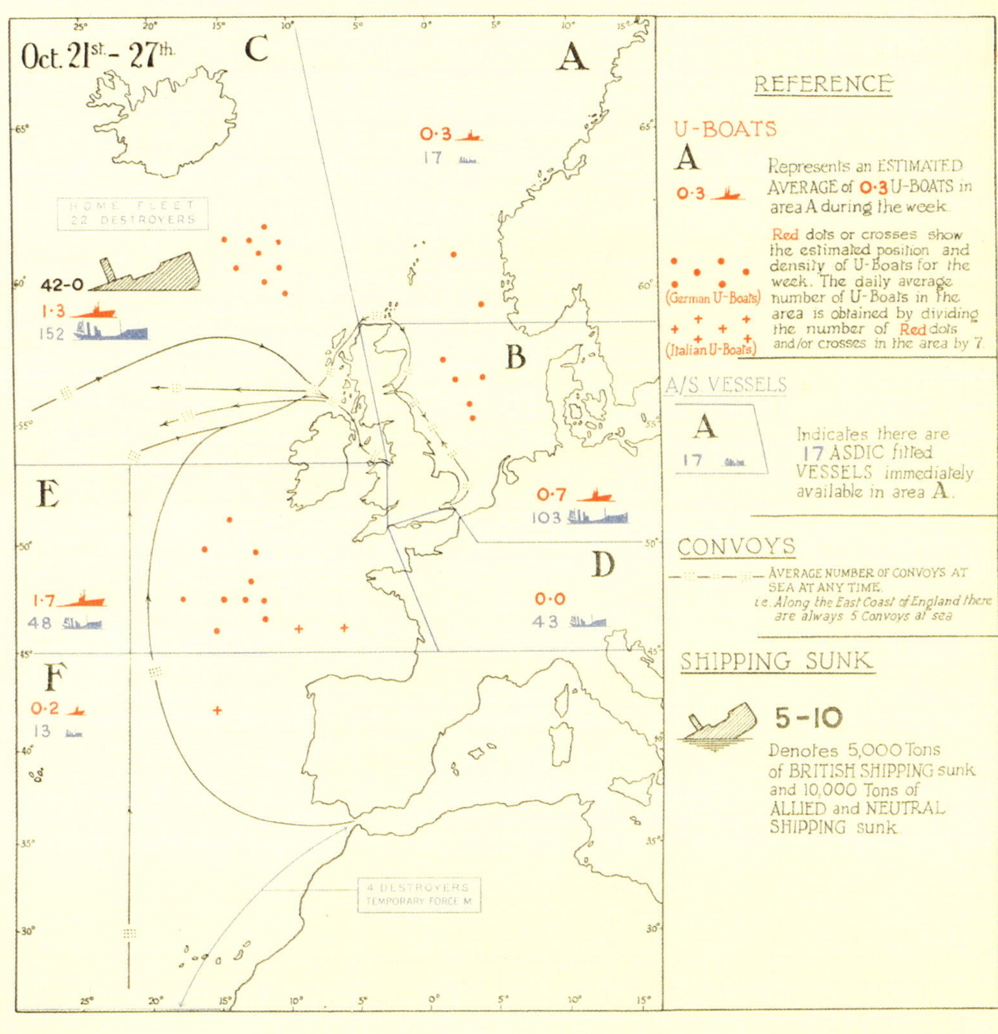

▶

1941 年，日本制作的珍珠港地图

这幅日本制作的珍珠港地图是在珍珠港战役中一艘被俘获的小型日军攻击潜艇上发现的。日本军队在这次袭击中使用了 5 艘 24 米（约 78 英尺半）长、载重二人的小型 46 潜艇。这些小潜艇由 I 型潜艇带至珍珠港区域。在此次行动中，这两个型号的潜艇都未取得任何战果，这也打击了日本潜艇部队的整体声誉。1942 年 5 月，在马达加斯加的迭戈·苏亚雷斯，日本小型潜艇击毁了若干艘英国军舰，比起珍珠港战役而言取得了更大的成功。

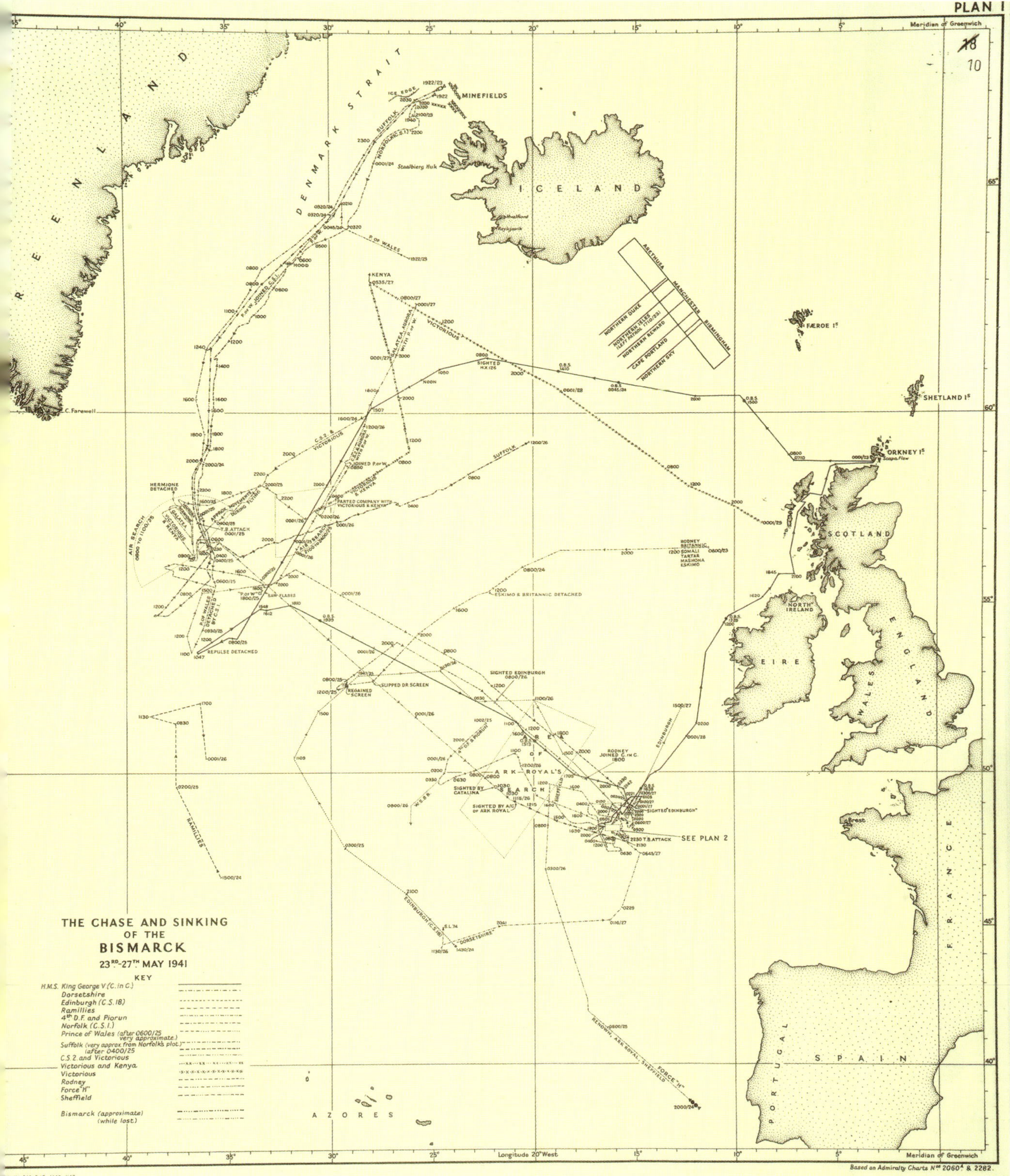

1941 年，“俾斯麦号”德国军舰的沉没

“俾斯麦号”是德国海军的领衔水面舰艇，重达 4.2 万吨，装备精良，配有 8 门 15 英寸的大炮，能在水上以 29 节 / 小时的速度前进。“俾斯麦号”的袭击计划原先预计持续三个月，目的是展示水面舰艇能够对北大西洋航运线产生的重大影响，证明水面舰艇的力量是足够强大到击败护航舰队的。1941 年 5 月 24 日，“俾斯麦号”在冰岛西南部击沉了“胡德号”英国皇家战列舰，并给“威尔士亲王号”战列舰造成了严重损坏。然而，“俾斯麦号”被“威尔士亲王号”的炮弹击中了，出现了危险的漏油情况，“俾斯麦号”指挥官为了进行维修随即决定向法国方向驶去。途中，他们被一支大型英国舰队拦截，并被飞行器发射的鱼雷击中船舵，失去了继续航行的能力；而后受到了英国战舰炮火的重创，在 1941 年 5 月 27 日被一枚巡洋舰发射的鱼雷击沉了。出于对德国军事威胁的担忧，美国政府也密切关注着这场战役。美军部署了 16 英寸的陆地基地火炮，能够在“俾斯麦号”试图攻击弗吉尼亚州的诺福克海军基地时击败它。

▶

1941 年 12 月 7 日，偷袭珍珠港

这幅美国地图显示出了在日本进行袭击时，美国军舰的位置。6 艘日本航母发射的 353 架飞机完全摧毁了 2 艘美国战舰，还损坏了另外 5 艘美国战舰，同时在对卡内奥赫湾美国海军航空站的袭击中，摧毁或损坏了近 300 架美国地面飞机。这是一次作战战术上的成功，但却是一次战略和大局上的失败。此次袭击暴露出了日本（及美国）作战计划上的严重缺陷，以及日本战争机器的缺陷。日本军队的缺陷在于准备时间严重不足，队伍缺乏训练。日军的目标优先级方案是很糟糕的，攻击路线互相冲突，鱼雷攻击也缺乏同时性。美国战舰（其中一些被重新打捞投入使用）遭受到的破坏迫使美国海军战略计划发生了重要转变，他们将战略重点转移到了航母的使用上，美国航母舰队在日本人袭击珍珠港时并未停靠在这个港口。这次毁灭性的突然袭击带来的是美国政府和社会的空前团结。

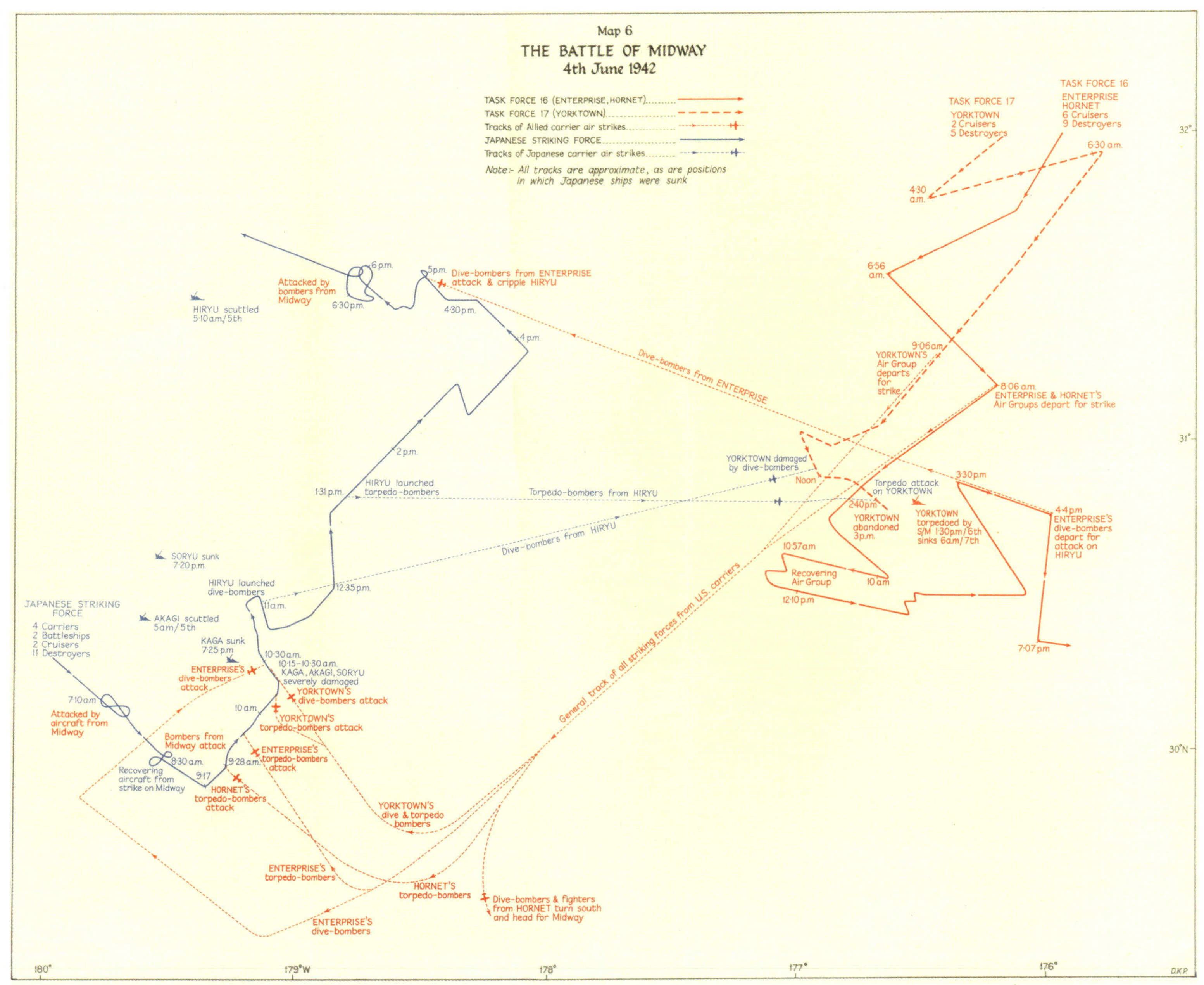

▲

1942 年 6 月 4 日，中途岛战役

中途岛战役是一场规模空前的海空之战，反映了战斗机支援与（防御状态的）航空母舰之间、战斗机和轰炸机之间相互配合的有效性。美国人在战斗中遇到了严重的问题，突发的偶然性事件在战斗中占据了主导地位。日本军队失去了他们所有四艘重型航空母舰和许多航母上的飞机。日军没有机会使用他们的战列舰，因为美国航母在日本战列舰上场之前就谨慎地退出了战役。中途岛战役是航母力量的展现，但也显示出了它们的严重缺陷，尤其是日本航母有着糟糕的损害控制措施。

▶

大西洋之战地图（费雷德里克·唐纳德·布莱克，1943年）

这幅图是对大西洋之战的生动描述，但具有一定的误导性。在广阔的大西洋上，不同水域之间天气的恶劣程度、船只和潜艇的尺寸渺小程度，以及实际能见度之间，都存在着明显的差异，而不是图上表现出来的如此拥挤的模式。战略目标的改变也很重要。例如，1941年末，出于攻击苏联护航船和阻止同盟军船只进入地中海的目的，德军的多数潜艇都被转移到了挪威和地中海水域，大西洋水域的U型潜艇战争就大大减少了。

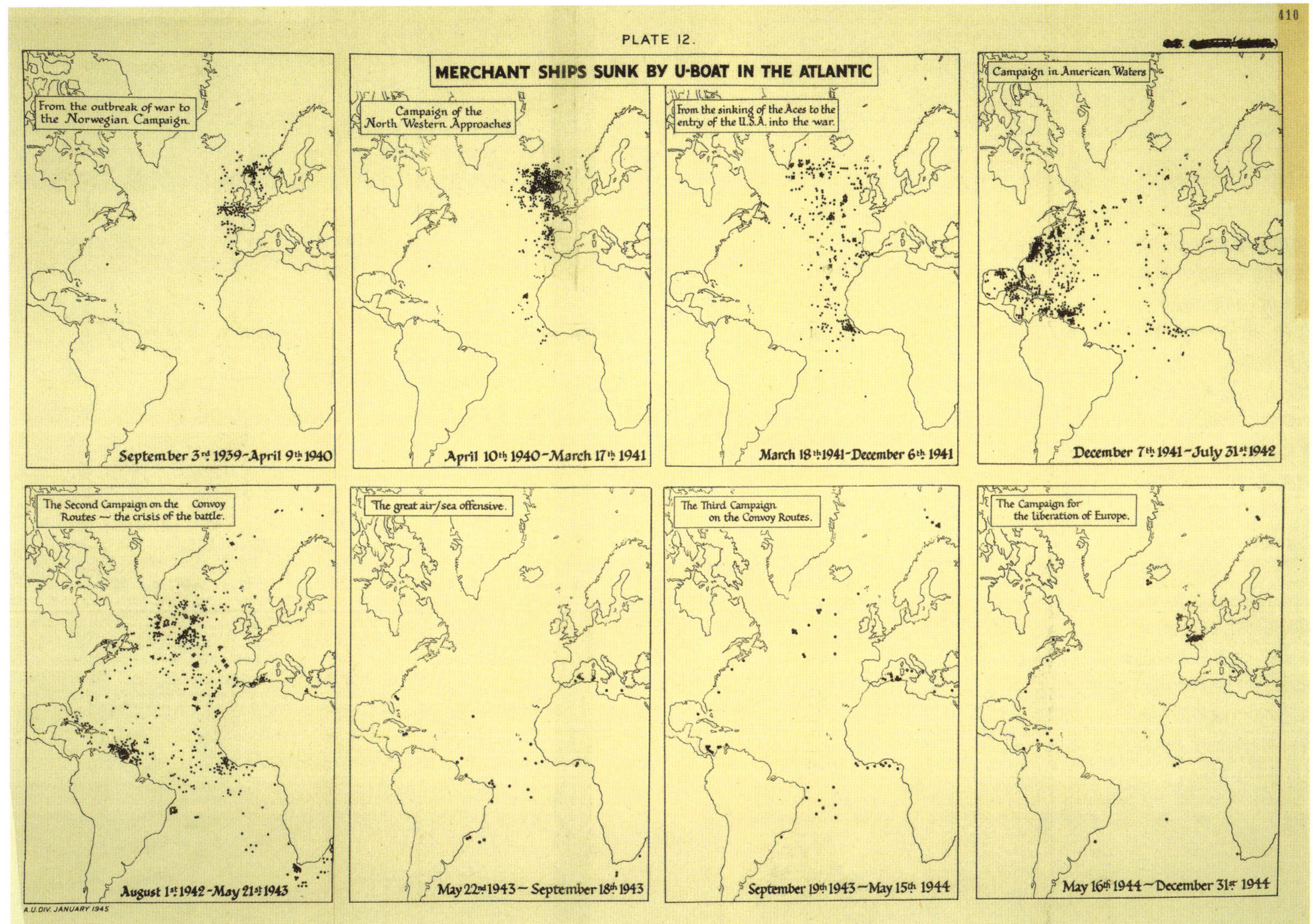

▲

大西洋之战，1939 年至 1944 年

这是英国人按照时间顺序对大西洋战役阶段进行分析的图表，显示出了同盟军损失的商船数量。同盟军战斗的成功对于英国的粮食和燃料供应来说至关重要，对于英国为诺曼底登陆而进行的军事资源储备工作来说也是很重要的。在战役的最后阶段，U 型潜艇由于战略威胁急剧减少，起作用的只剩作战能力了。战斗舰艇的数量是关键因素。例如，护航驱逐舰的生产始于 1943 年 6 月，当时，美国建造了超过 300 艘护航舰。护航航母被制造出来之后，主要军事大国又着手建造更多的护航航母。战斗发展到最后阶段时，此前聚集于挪威的 U 型潜艇转而集中到了英国近海水域。潜艇的制造维持了 U 型潜艇的总数量，也迫使同盟军持续投入大量的海军资源来进行护航执勤和反潜作战。考虑到同盟军，尤其是美国的造船能力是不可小觑的，德国并不能就此将同盟军的海军力量限制在潜艇战中。持续的轰炸战推迟了一种更加新型、快速的潜艇的建造，这种潜艇直到 1945 年 4 月才投入使用。同时，同盟军也在发展新型战术和技术。

PLATE NO.10

GERMAN & ITALIAN U-

• Kills by Surface Craft (including Submarines)

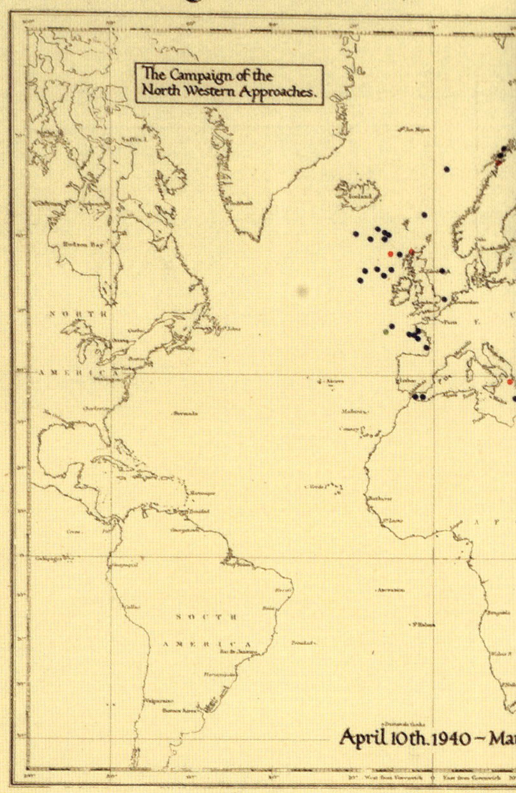

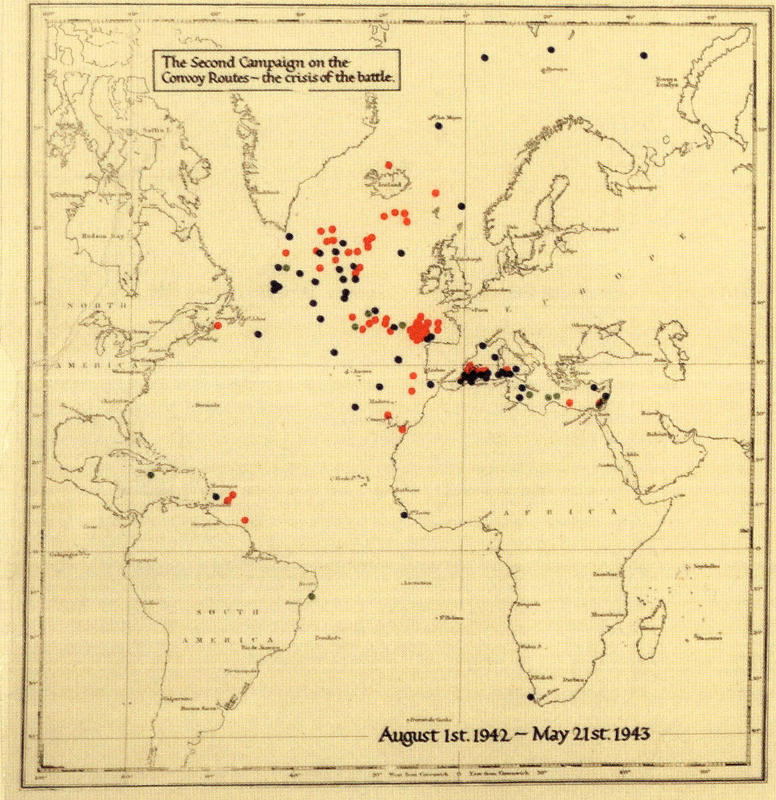

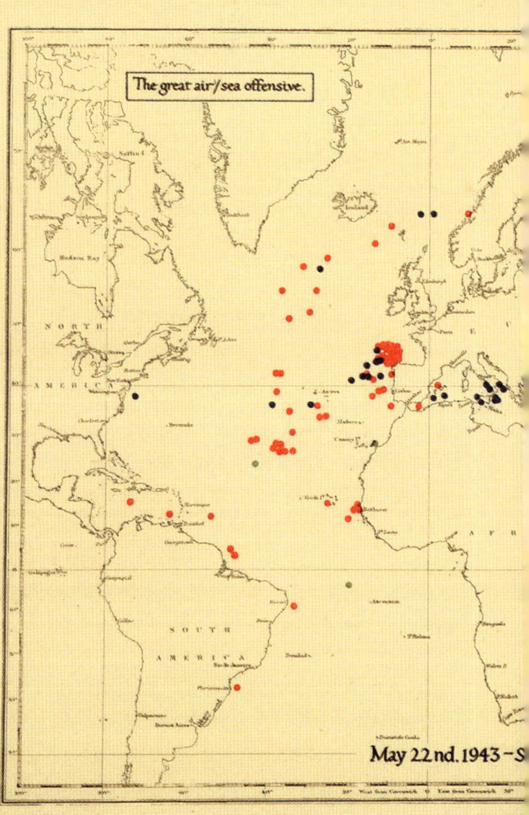

A.U.D. February 1945

▶

U 型潜艇战役，被击沉的德国和意大利潜艇

在击败U型潜艇的过程中，资源、战术和战略的改进等一系列因素发挥了作用。其中包括更强大的深水炸弹、有效的抛头炮、更好的声呐探测设备、舰载雷达使用的增加、信号情报的应用，以及空中力量的使用等。除了这些增加的作战措施之外，同样发挥效应的还有协同作战的经验。1944年初，德国人在他们的潜艇上安装了浮潜装置，这就使得他们可以在水下给电池充电，并在水下启动和运行发动机。但是，潜艇通气管并不能在足够的深度无痕运行柴油机，并避开飞机在水面上的探测。同盟军护航能力的提高，超过了U型潜艇的技术进步，每艘U型潜艇能够击沉的盟军船只吨位在不断下降。

S DESTROYED (A & B ASSESSMENTS) C.B.04050/45(1)

s by Aircraft · Kills by combined attack of Surface Craft & Aircraft.

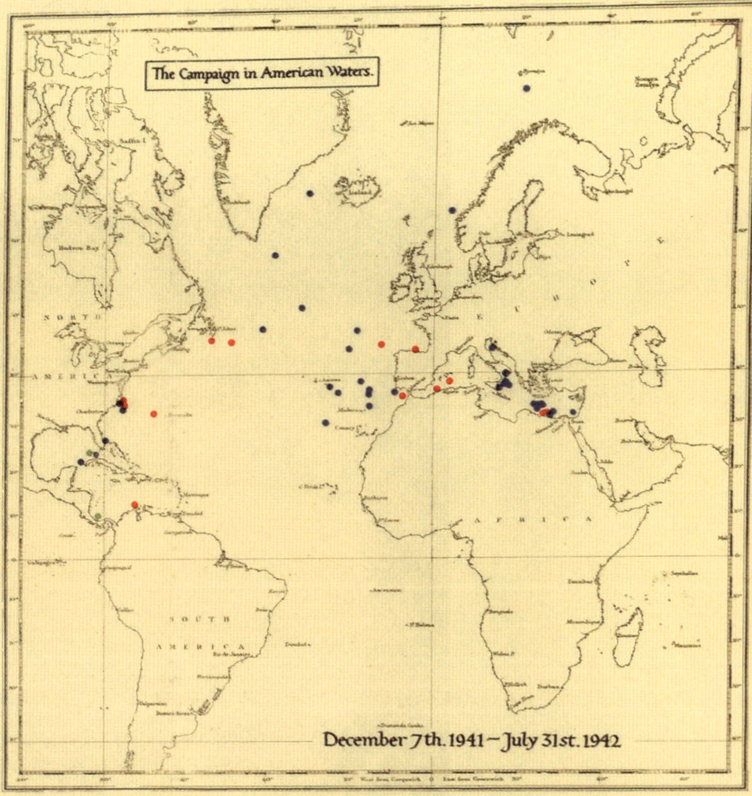

.1943

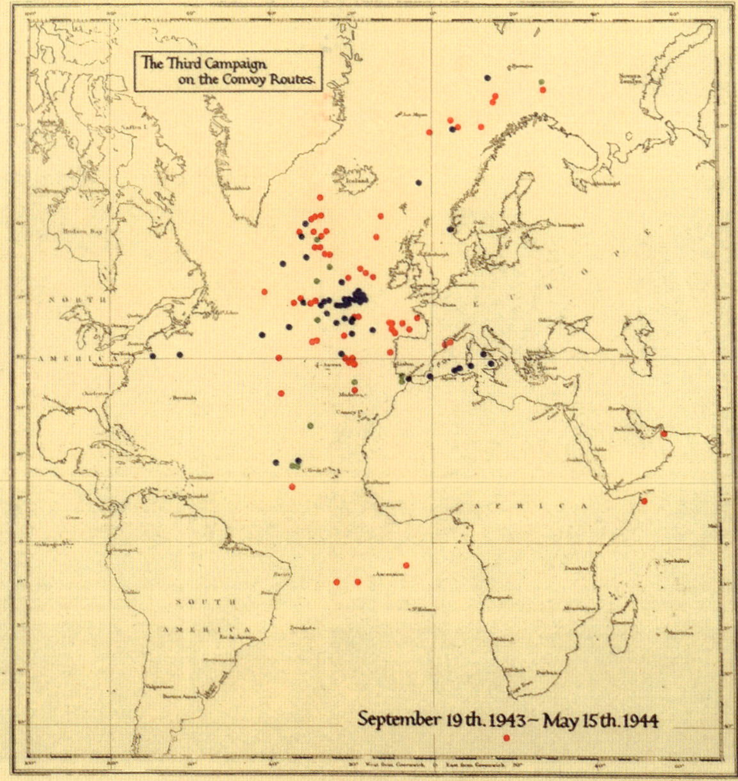

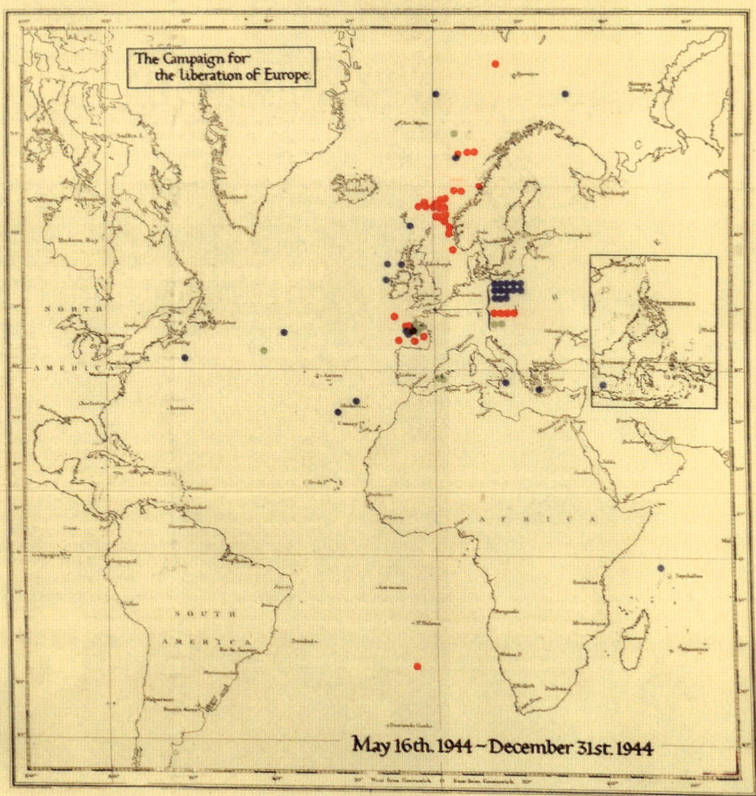

N
W
E
S
BAY OF BISCAY
FRANCE
ITALY
YUGOSLAVIA
ADRIATIC
SPAIN
PORTUGAL
CORSICA
SARDINIA
SICILY
BALEARIC ISLANDS
PARIS
BERN
MILAN
TRIESTE
VENICE
LA ROCHELLE
LYON
BORDEAUX
TOULOUSE
MARSEILLE
TOULON
LA SPEZIA
BOLOGNA
FLORENCE
ROME
NAPLES
SALERNO
AJACCIO
BARCELONA
MADRID
VALENCIA
PALMA
CAGLIARI
PALERMO
MESSINA
LISBON
SEVILLE
CARTAGENA
CADIZ
BIZERTE
MALTA
CONSTANTINE
ALGIERS
ORAN
TANGIER
CASABLANCA
FEZ
GABES
TRIPOLI
SCUTTLING OF THE FRENCH NAVY AT TOULON NOV. 27, 1942
U.S.S. WASP
850 U.S.N. AND R.N. UNITS LANDING IN NORTH AFRICA NOV. 1942
THE LARGEST CONVOY EVER ASSEMBLED—2000 SHIPS CARRIED THE ALLIED INVASION FORCES TO SICILY JULY 9-10-1943
ALGERIA
TUNISIA
SP. MOROCCO
MOROCCO
LIBYA
THE MEDITERRANEAN
"For the Mediterranean is the loveliest of all seas, favored by situation, shape, and climate above all others, and likewise before all others discovered and sailed. This is the Helen among oceans; like her it was desired by all that saw it, and captured by the boldest. But it was fought over not for ten but for two thousand years. Then it was half forsaken, obscured by the fame of new and distant oceans; rediscovered,—as it were, after three hundred years, and before our very eyes, it is fought over anew."..."Why?"
—Emil Ludwig, THE MEDITERRANEAN, P. 11.
THE MEDITERRANEAN OFFERS MANY APPROACHES TO FORTRESS EUROPE
FACTS ABOUT THE MEDITERRANEAN
Area: 1,145,000 square miles. (Roughly equal to the United States east of the Mississippi River.)
Length: 2300 miles. (Greater than distance from San Francisco to Pearl Harbor.)
Average Width: 300 miles.
Depth: Varies widely, 2500 feet at Strait of Gibraltar. 15,200 feet in Ionian Deep.
General Characteristics: Deeply indented coastline; numerous islands; small inflow from rivers; high rate of evaporation; relatively high salinity and specific gravity; relatively warmer than Atlantic at comparable latitudes; prevailing winds are Northeast Trades in summer and the westerlies in the winter.
Climate: Famed as a distinctive type. The "Mediterranean climate"; seasonal rainfall chiefly in winter, mild or cool winter temperatures, relatively high number of clear days and sunshine. Climate is an important resource for the South of France, Italy and certain islands much as in Florida and southern California in the United States.
NavWarMap
No. 1
NAV PERS
100020
GENOA
VENICE
ROME
CARTHAGE
ATHENS
EASTERN EMPIRE (Byzantium)
TURKEY
CRETE
PHOENICIA
DURAZZO
ISTANBUL
GIBRALTAR
ALGIERS
TRIPOLI
DERNA
RIVER JORDAN
THE MEDITERRANEAN HOLDS MANY INTERESTS FOR AMERICANS
THE MEDITERRANEAN — ancient cradle of
power—today the scene of triphibious operatio
OUR NAVY HAS BEEN HERE BEFORE
1 War with Tripoli, 1801-1805. Blockading operations around Tripoli ar
Derna put an end to pirate depredations upon our commerce and
phrase "To the shores of Tripoli" in the United States Marine Corps
bary pirates.
2 War with Algiers, 1815. Squadron under Commodore Stephen Deca
aded Algiers until favorable treaty of peace ended pirate attacks u
3 Squadron under Commodore John Rodgers concluded a commercia
4 Scientific expedition under Lieutenant Wm. F. Lynch descended the
boat, 1898.
5 United States Navy maintained bases for anti-submarine patrols
War 1917-1918.
6 Thirty-six U. S. Navy subchasers assisted in efforts to close Strait of
7 Eleven U. S. Navy subchasers under Commander C. P. (Bully) Nel
cruisers and destroyers upon Austrian base at Durazzo, October 191
8 United States Navy vessels under Rear Admiral Mark L. Bristol ass
Asia Minor and on the Black Sea, 1919-1923.

◀ 1944 年的地中海区域

美国海军人事部门的教育服务处制作了一系列的地图，主要向工作人员和公众介绍在特定地区发生的重大战役事件，并强调美国在其中的作用。所以，这幅地图上突出体现了“火炬行动”和随后美国对意大利的进攻行动。“火炬行动”是美国于 1942 年 11 月对摩洛哥和阿尔及利亚的进攻行动，暴露出了美军装备、军事准则和经验的缺乏。在 1943 年英美联军进攻西西里岛（使用了 3600 艘船只）时，这些战斗缺陷和断层经过恰当的先行侦察行动和组织行动得到了修正。这次进攻西西里是第二次世界大战中欧洲第二大两栖作战行动，位列第一的是诺曼底登陆。西西里登陆比“火炬行动”中的任何一次登陆都要复杂。行动中必须配合有恰当的船岸技术、两栖浮桥铺道技术和训练有素的海岸部队的支持。英美海军的轰炸和航母支援对于 1943 年 9 月在萨莱诺、1944 年 2 月在安齐奥，以及 1944 年 8 月在法国南部的登陆行动都至关重要。在法国南部的登陆中，操作规模共有 887 艘军舰，其中包括 9 艘航空母舰、5 艘战列舰和 21 艘巡洋舰，登陆人数有 1370 人。

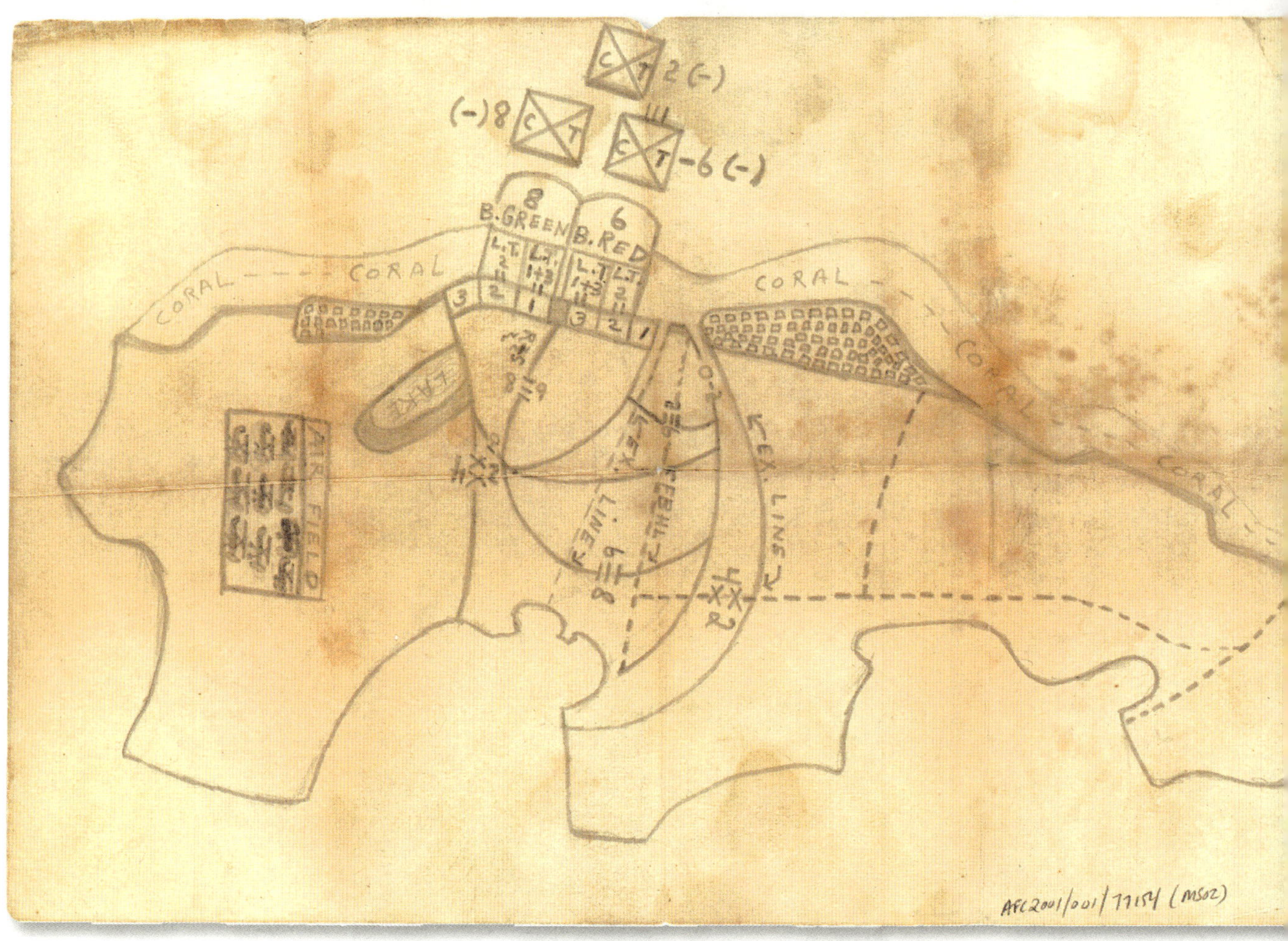

▶
一名美国海军陆战队员的手绘地图，显示了部队在塞班岛登陆的位置

这份地图背面还附有一份手写名单，写有参与战斗的船只和其分类号码。在1944年6月15日登陆塞班岛之后，美国海军陆战队遭受了重大伤亡。日本军队有着抵抗到底的决心，这导致他们整个驻军部队2.7万人几乎都在抵抗战斗中丧生。日军在丛林覆盖的山区建立了强大的防御阵线，但塞班岛还是在7月9日被美军占领了，岛上的日本统治政府于9天后下台。

Clay-PA-39-3
Neville-PA-9-
Middleton PA-25-
Feland-Pali-
Alhena-KA-9
Jupiter-K43
Hercules-K41
2012-591017
G9412.S3S7 1944.M3 VHPMS02
LIBRARY OF CONGRESS
MAY 24 2012
TRANSFER
GEOGRAPHY & MAP DIVISION

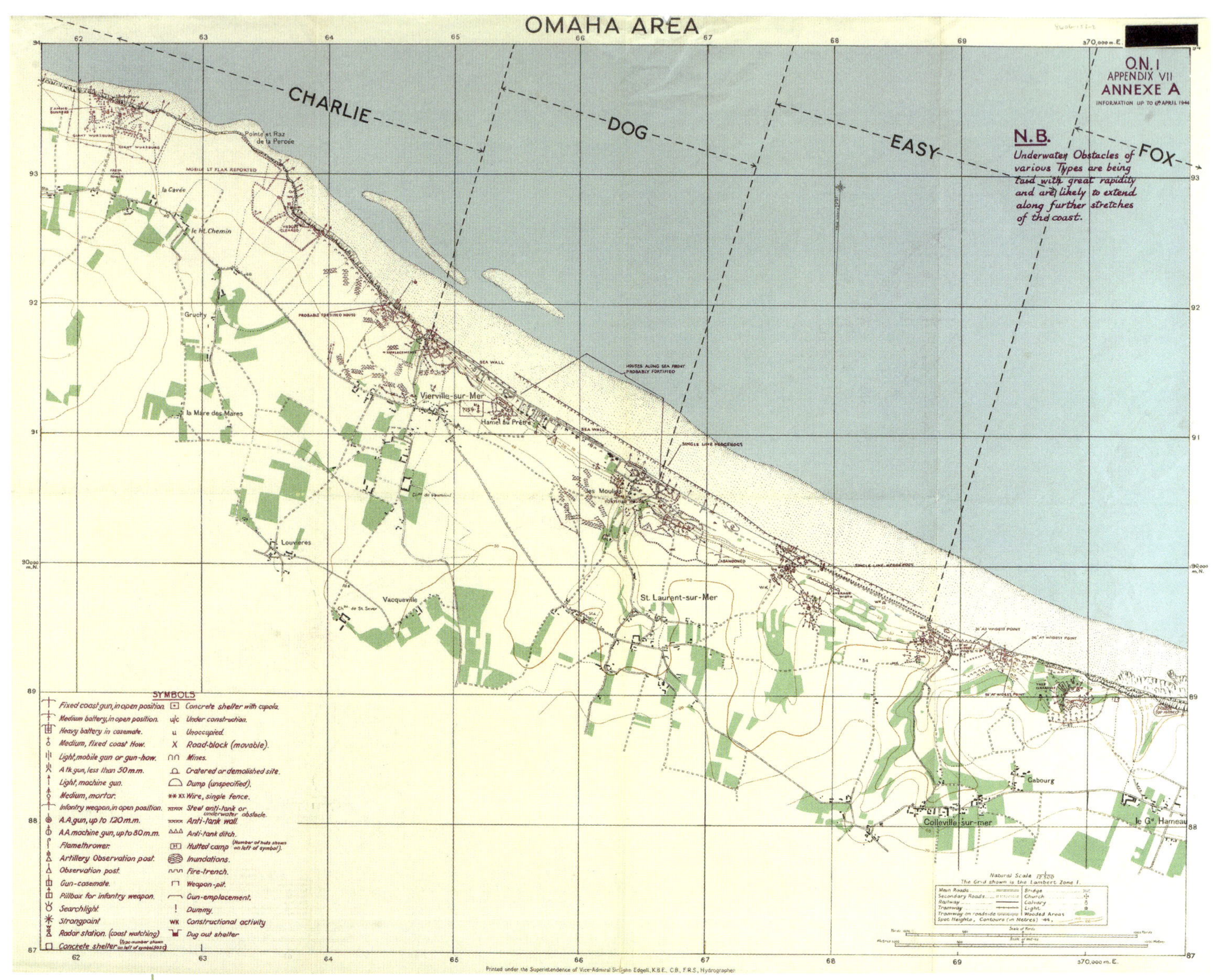

▲

描绘了德军防御属性的奥马哈海滩地图（1944 年）

尽管美军在突袭德国防线时遭受了重大伤亡，但同盟军最终成功的进攻行动是因为他们有着组织良好、有效的海军支持，以及绝对的空中优势。英美海军舰队也顺利阻止了德国军舰带来的干扰。奥马哈海滩战役和同年末日本舰队给美军登陆菲律宾带来的挑战不同，在法国的大西洋港口处，主要由驱逐舰、鱼雷艇和潜艇带来的联合攻击行动对登陆舰队和后续的运输供应船只造成了威胁，但同盟军的登陆和后续供应都顺利完成了。在陆地上，还存在地形干扰的主要问题，尤其是狭窄的海滩区和海滩后面的悬崖区域。美国人未能从他们在太平洋的两栖攻击和在地中海的联合行动中学到足够的教训。

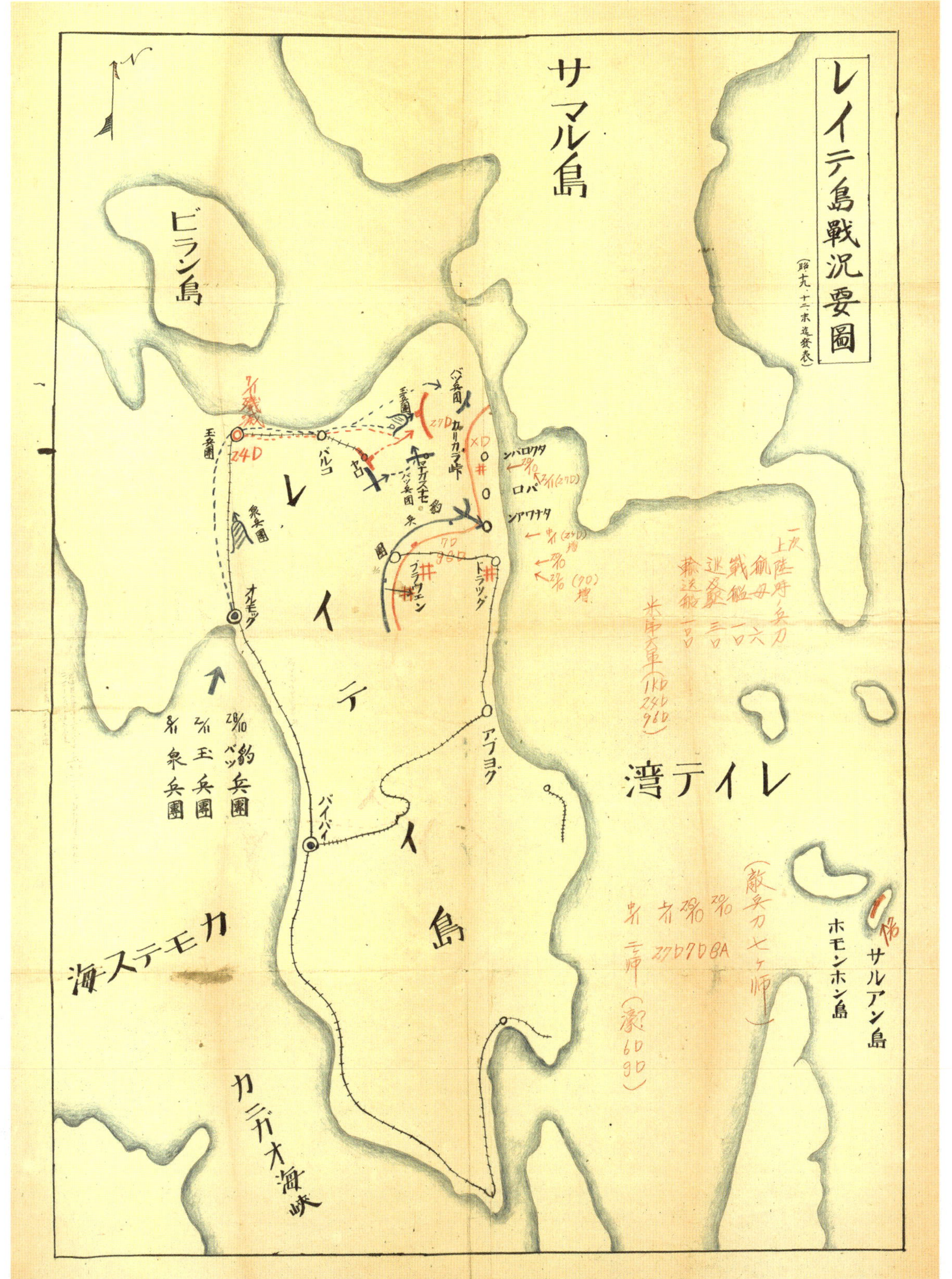

1944 年，莱特湾战役日本战况要图

1944 年 10 月下旬发生在菲律宾的冲突背景是美国在莱特湾海战中战胜日本。莱特湾海战是一场大规模战役，起因是日本试图攻击防御脆弱的美国登陆舰队，却把计划做得过于复杂，这一计划严重影响了美国海军将领解读战斗内容和控制战斗节奏的能力。在这张日本地图中，日本军队是蓝色的，美国军队是红色的，双方舰队的位置则使用文字符号来表示。美国军队于 10 月 24 日登陆莱特岛，此后，日本人派出了援军。作为回应，美国于 12 月 7 日在该岛的西海岸再次登陆。

第六章 1946—2017

1946 to 2017

新时代下的发展

1946 年至 1989 年的冷战时期

在冷战期间，人们对海洋战场的认识发生了改变，部分是因为美国主导的联盟和苏联主导的联盟之间的军事对立关系，另外还缘于先进技术在全球范围内应用的发展。在 20 世纪之前，人类的深海知识是有限的，尽管在 19 世纪海底电报电缆的铺设过程中，积累了一些关于海底的知识和信息。

在 20 世纪，海洋知识范围的扩大呈现在多个方面：飞机、卫星、潜水器、配备声呐系统的水面舰艇等设备的使用，还有海底钻探带来的新发现等。海底地形状况对水面情况和水文轮廓的影响，可以从飞机和卫星上拍摄的雷达图像中观察到。以同样的方式测量的水温情况，可以为即将到来的风暴提供预警。船舶和空中拖曳两种形式的磁力仪，以及深海钻孔岩心序列，收集了关于海底磁场异常的广泛数据。能够抵抗极端压力的潜水器可以把探险者们带到海洋深处。1960 年，雅克 · 皮卡德和美国海军中尉唐 · 沃尔什一同探索了世界上最深的深海区域——菲律宾附近的马里亚纳海沟。他们使用的是“的里雅斯特号”深潜器，它可以记录和提供精确的位置信息，同时还记录下了一些神秘来源的信号，因为这些信号，迄今为止仍流传着关于海底奇怪生物和异常现象的谣言。

从 20 世纪 70 年代开始，由各种设备和方式探测而得的海底地理信息被绘制成了海底地图。配备遥控设备的无人潜水器，可以进一步进行水下勘探和测绘。它们获取的信息使得海底测绘工作人员越来越雄心勃勃。热点区域的海底地形图纷纷被绘制了出来，人们急切地想了解这些海底地形形成的原因和可能产生的影响。声波系统在使用了温跃层技术后，效用增加，促进了海底制图的发展。到 21 世纪末，一幅完整的全球海底地图很有可能被绘制出来，这幅大地图将涵盖并充分利用从 1978 年至今拍摄的所有海底景色图像。

新的进展

评价技术的发展应当考虑到当时特定的时代背景和发展环境。冷战期间潜艇技术的发展是一个关键因素，第二次世界大战中搭载能力有限的潜艇已被改造成可以运载大号武器的大型远洋潜水艇，可以运载的武器包括潜射导弹，这些导弹最终将携带核弹头，并且具有极远的射程。

由此产生的技术能力带来了机会和威胁。美国及其盟友，尤其是北约各个强国和日本，一同热衷于开发和挖掘如何更好地观察苏联潜艇运动模式的方法，这些苏联潜艇从位于摩尔曼斯克附近的科拉半岛基

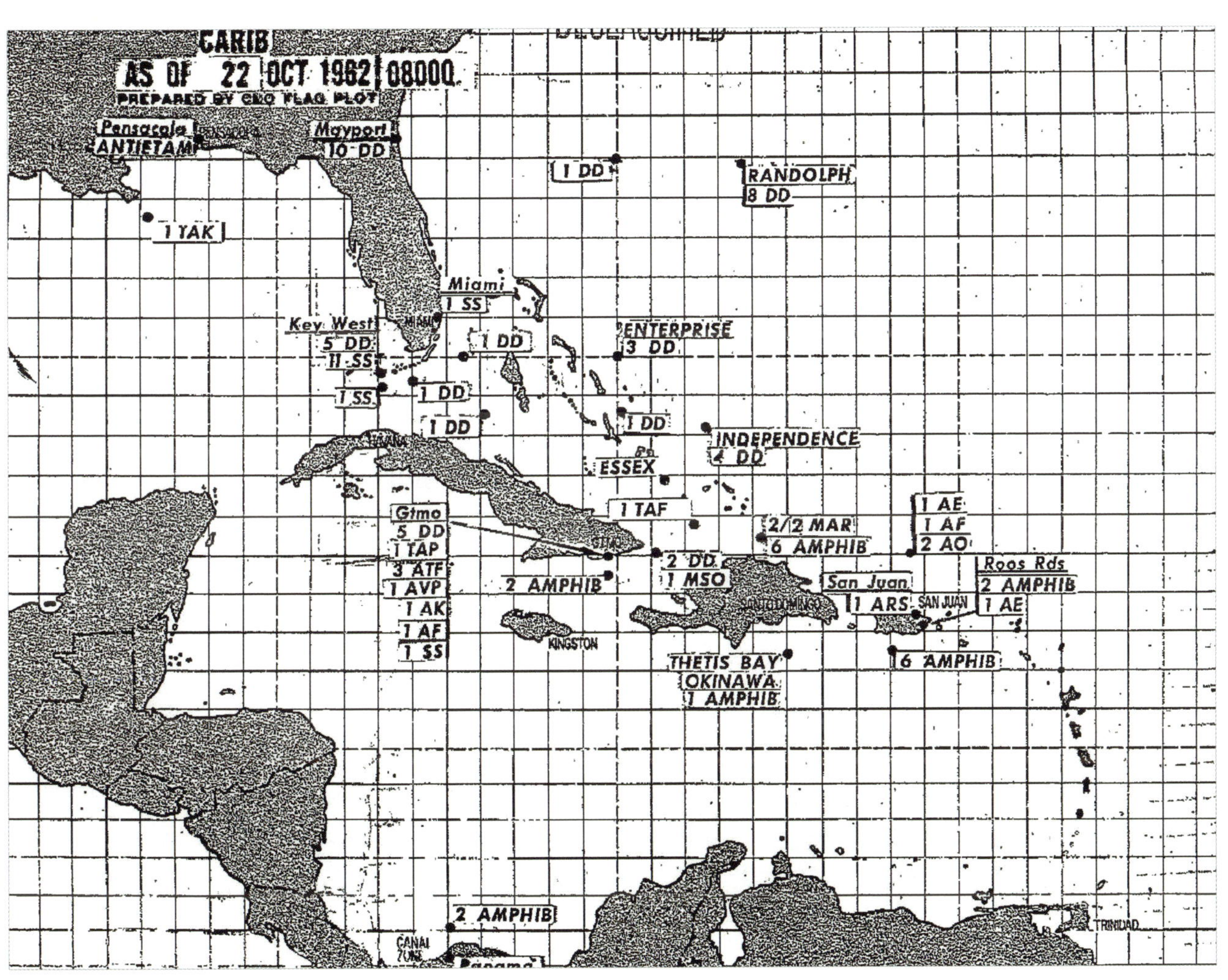

◀

1962 年的古巴导弹危机

图中是 1962 年 10 月 22 日美国军队的部署情况，这反映了美国海军设施的部署范围。当天，肯尼迪总统向美国人民发表讲话，宣称一架美国间谍飞机在 10 月 1 日获取了一条重要消息，即古巴正在建设中程核导弹基地，这也是苏联违背战后承诺的证据。他宣布，将对古巴实施“一项严格的针对所有向古巴运送攻击性军事装备行动的禁令”，也就是军事封锁，这次封锁于 10 月 25 日生效。美国人同时还准备对古巴发动空袭和入侵，以及对苏联进行核打击。

地，以及符拉迪沃斯托克（海参崴）基地出发，一并驶向了公海。秘密的水下测绘和水文科学对于潜艇巡逻区域、建立潜艇间的通信，还有遥感水下监听设备的定位和维护来说都很重要。

这种情况导致对海洋科学的财政支出大量增加。北约的建立框架内包括建立一个科学委员会的计划。在 20 世纪 60 年代，海洋科学作为一门独立学科，它的制度结构发生了显著发展，尽管有一些如乔治·迪肯、亨利·斯特梅尔等有影响力的海洋学家对于将海洋学与军事策略联系的后果感到担忧。

在这个学科上表现活跃的不仅是西方大国，苏联于 1946 年建立了一个海洋制图研究所，主要研究北约地区的国际水域。到了 1955 年，苏联的航海图已经可以覆盖整个北半球，它随后将海图测绘重点转向南半球，这也反映了苏联在更大范围内的海军野心。然而，苏联海图和地图的质量却赶不上它的对手美国。

海事测绘采取了多种形式，产生的一系列成果也不尽相同。1962 年，美国在古巴导弹危机期间对古巴进行了封锁，这也是海军地图在冷战中发挥作用的一个主要例子。美军地图上，美国设置的“禁区”必须以特定方式解读后，才能向所有相关人员宣布并被理解，即使是苏联潜艇的工作人员截获此类信息后，也得用同样方法操作。

海军测绘的过程包括使用潜艇、水面舰艇和海军飞机来进行间谍活动，以收集和利用有关敌方通信系统的信息。在 1960 年，美国海军开始建造“技术研究船”，船上装备有无线电拦截设备，可以作为一座海上监听哨来操作使用。第一艘技术研究船是“牛津号”（又称“牛津号”美国军舰），它在 1961 年被用于拦截古巴的微波电话通信信号，这些通话信号被认为对于理解苏联政策的方向性很重要。从 1962 年起，美国海军开始在中国沿海地区游弋，通过无线电拦截获取各种信息。美国军舰“马多克斯号”沿着北越沿海海岸执行过一次类似的任务，旨在定位该地所有的海岸雷达发射机。这次任务是 1964 年北越鱼雷快艇袭击任务发动失败的主要原因，美国在积累了胜利经验后，在越南战争中的参战水平大大提高。1968 年，另一艘间谍船“普韦布洛号”美国军舰在朝鲜海岸遭到劫持，导致发生了重大失误事件。苏联同样也有伪装成拖网渔船的监听哨舰艇。

海军力量的地位变化

冷战期间，虽然没有发生过像第二次世界大战中那样大规模的海军冲突，但海军力量的作用对于冷战战略来说也很重要。然而，这一点在一开始并不明显。第二次世界大战之后最大的一场国内革命战争，同时也是冷战中的一次重大冲突——1946 年至 1949 年的中国人民解放战争，是一场并不涉及海军冲突的战争，而没有海军力量的一方——中国共产党领导的中国人民和中国人民解放军，打赢了这场战争。所以，当他们的近海目标受到攻击时，由于缺乏两栖作战能力，就会导致严重的问题，这也是中国人民解放军在 1949 年 10 月于金门之战中失利的原因之一。

类似的能力缺陷阻碍了中国人民解放军的进一步军事策略。苏联地面部队是欧亚大陆最重要的军队，西方认为其还发出要占领西欧的威胁。美国对其的制

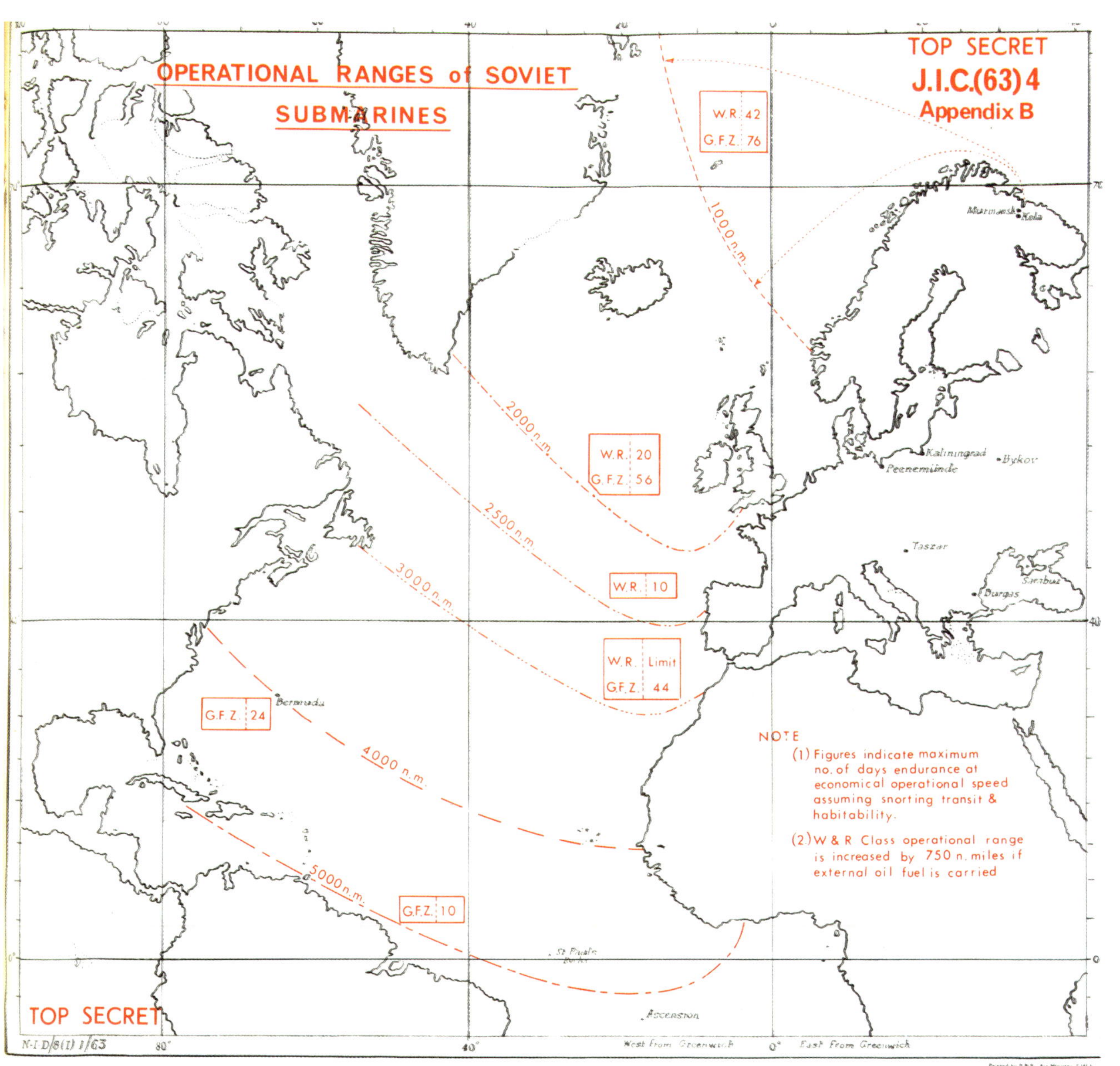

◀
冷战期间的大西洋海域

图中显示的是1963年由英国评估的苏联潜艇的作战范围。鉴于从波罗的海和黑海进入大西洋并不通畅的问题，苏联海军已在摩尔曼斯克及其附近的塞韦罗米尔斯克等地建立了北方舰队。在前一年的古巴导弹危机中，潜艇发挥了一定的作用。赫鲁晓夫试图向古巴部署4艘内燃电力潜艇，每艘都装备有一枚核弹，其威力与投放在广岛的原子弹相似。为了在危机期间迫使苏联潜艇浮出水面，美国反潜部队投放了深水预警炸弹，带来的风险就是苏联人随时会向美军发射鱼雷。在古巴导弹危机期间，如何与潜艇保持通信是一个令人头疼的问题。潜艇里的核武器是在舰长的指挥下使用的，这也就可能导致危机迅速升级。苏联最初的计划是在马里埃尔的一个永久性海军基地建造完成三分之一的核导弹潜艇，并为一个庞大的水面舰队建立基地。

衡武器是原子弹，这在1945年对日本的战争中非常有效，但到了20世纪40年代末和50年代，人们普遍认为应该用飞机和空袭来代替原子弹。这么一来的结果就是，美国海军的扩张计划在20世纪40年代后期急剧缩减。第二次世界大战结束时，作为世界上第二大海军力量和第三大海军力量的英国皇家海军和加拿大海军，曾辉煌一时，但到了20世纪中期，他们也面临和美国同样的问题。他们的海军扩张计划频频被放弃，海军规模也被削减了。

然而，朝鲜战争（1950—1953）对上述情况进行了证实和挑战。在这场战争中，决定性的战役都发生在陆地上，美国空军在支持“联合国军”方面发挥了重要作用。然而，海军（尤其是英国海军）也提供了重要的支持，尤其是在海岸轰炸战中，以及战斗初期来自航母飞行力量的回应性空袭。此外，1950年，美国在仁川发动了一场大型两栖攻击，威胁到了朝鲜的通信路线，从而决定了那一段时间内战斗趋势的发展方向。美国的主要军队在仁川登陆，并继续向汉城（今首尔）推进，这导致朝鲜军队撤回了他们驻扎在南朝鲜更南边的部队。

朝鲜战争促使西方国家，尤其是美国，进行了军备重整。他们在重新装备武器后，建造了一系列新的用来运载核弹的航母舰队。从此，美国海军的核心军事准则变成了如何对这些航母进行保护，与此同时，美国空军成了美国军队的核心组成部分。

在1960年代，情况发生了变化。在越南战争中，美国航母在提供重要空中支援时的大规模使用及其表现出来的相对于陆地基地的抗战能力和其他能力，都凸显了海军力量在第三世界作战行动中的价值。例如，军舰可以被用来阻断越南共产党对水路的使用，特别是在1967年至1968年的湄公河三角洲地区。这一情况很大程度上归因于朝鲜、北越和中国海军力量的薄弱，以及苏联海军力量被北约海军力量超越的程度之深。美国和英国的潜艇都配备了弹道导弹，这成了一个关键的军事能力，因为这些潜艇可以被派往靠近苏联和中国的海域作战。这一部署与水运设备的发展有关，如可以提供更准确的海图和确保导航安全的侧向扫描声呐仪等。

与此同时，苏联也有可能在自己的潜艇上发展同样的技术，这也是值得考虑的。此外，苏联海军力量在数量和质量上的发展，以及它从1967年开始在地中海区域的军事部署，都对美国的海军形势假设发出了挑战。苏联的发展是不太对称的：苏联海军将重点放在了地对地导弹舰艇和潜艇的发展上，而不是航母、战舰或防空设备上。直到20世纪70年代末，苏联舰队才成功设计出第一次凌空作战。在1962年的古巴导弹危机中，苏联最初计划在古巴部署8艘水面舰艇、4艘常规潜艇和7艘导弹武装的潜艇，但这个计划被取消了，最终只完成了4艘常规潜艇（每艘都配有一枚核弹头鱼雷）的部署。在被美国海军的“控制”范围发现之后，苏联停止了进一步行动。相比之下，1967年苏联黑海舰队在地中海的部署则严重威胁到了美国在地中海的航母特遣部队，在苏联人接近美军之前，美国人竟一直将苏联舰队误认为是美军舰队。

国际竞赛

在苏联发展了军备之后，冷战越来越频繁地涉及海军竞争。随着苏联在古巴、索马里、叙利亚和越南建立并使用远程基地，这种竞争关系日益紧张。苏联水面舰艇第一次在古巴大规模逗留是在1969年，舰队的规模是一艘巡洋舰、两艘驱逐舰、一艘核潜艇、两艘攻击型潜艇、一艘潜艇勤务舰和一艘邮轮，这也成了后来逗留的舰队的标准规模。1970年，苏联又在古巴部署了一艘潜艇补给舰、一艘驱逐舰、一艘标准潜艇和一艘邮轮，之后美国开始向这些舰队施压，导致其于1971年1月离开了古巴。从1962年开始，苏联人在古巴地区开展了研究和勘测工作，研究基地位于哈瓦那的一个建于1962年至1966年的渔业中心，里面有最先进的通信系统和用于主要“渔船”的维修设施。苏联的情况使得美国对于中国海军计划的发展有担忧，但在那个阶段，中国仍无法发展出可与苏联比拟的海军能力。

北约的敏感问题都集中在北大西洋区域，如果欧洲大国在该水域发生任何战争，苏联潜艇就会对支持北约部队的各方力量构成威胁。反潜武装成了北约考虑发展的一项关键能力，其中包括开发“猎杀”型潜艇和垂直短距起飞的舰载机，以保护对潜艇展开攻击的直升机。然而自1945年以来，甚至可以说自1918年以来，主要大国之间就没有再发生过大规模的海上战争。

然而，小规模的海军冲突时有发生，例如1962年1月15日荷兰和印度尼西亚之间的阿拉弗拉海战役，一艘荷兰护卫舰击败了试图在荷兰新几内亚地区安插军队的印尼海军，击沉了他们的一艘鱼雷快艇。这一战斗在印度尼西亚的“海洋责任日”活动上得到了表彰和纪念。南亚和西南亚发生的海上冲突是印度和巴基斯坦之间，以及以色列和它的阿拉伯邻国之间发生常规战争的一个部分（也是次要的部分）。从导弹艇上发射的地对地导弹也是至关重要的，尤其是1967年时埃及发射的击沉以色列“埃拉特号”军舰的苏联冥卫导弹。埃及导弹的成功发射反映了西方国家和苏联之间武装军备的对立情况，突显出了美国军舰在一定程度上并没有为这类导弹攻击做好充分准备。印度海军对巴基斯坦施加的军事压力从侧面也证明了印度强大的军事能力。

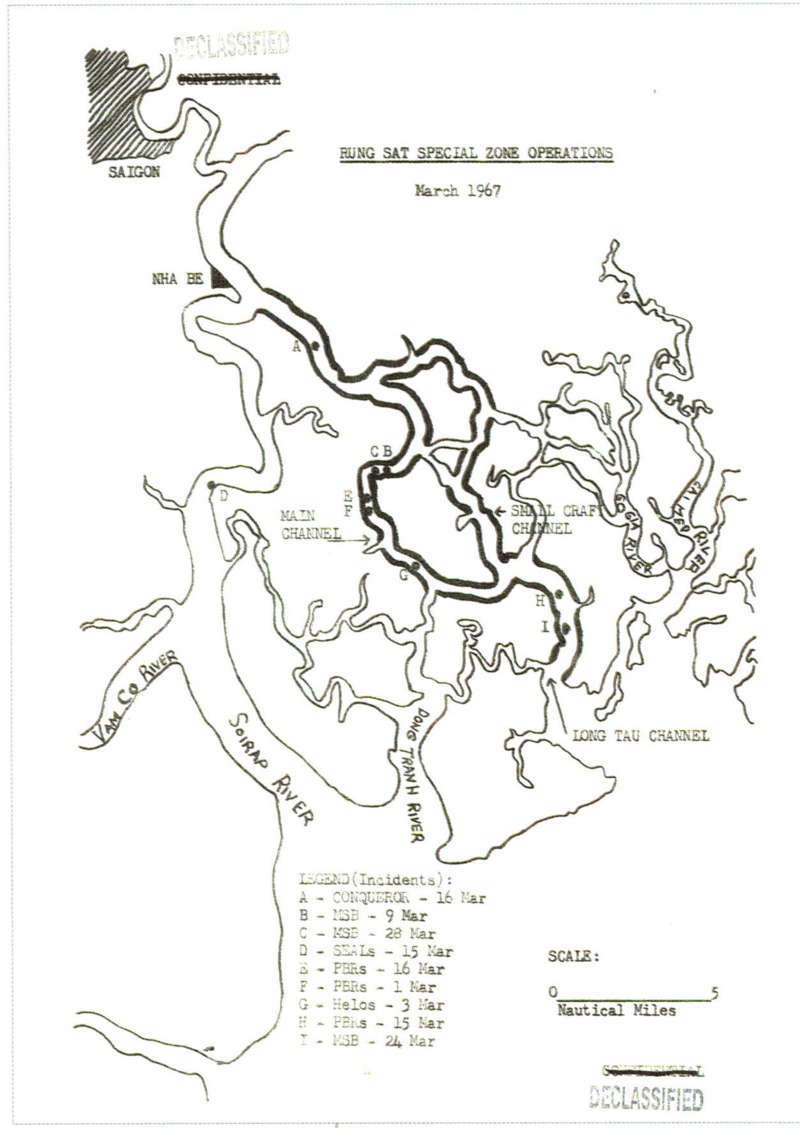

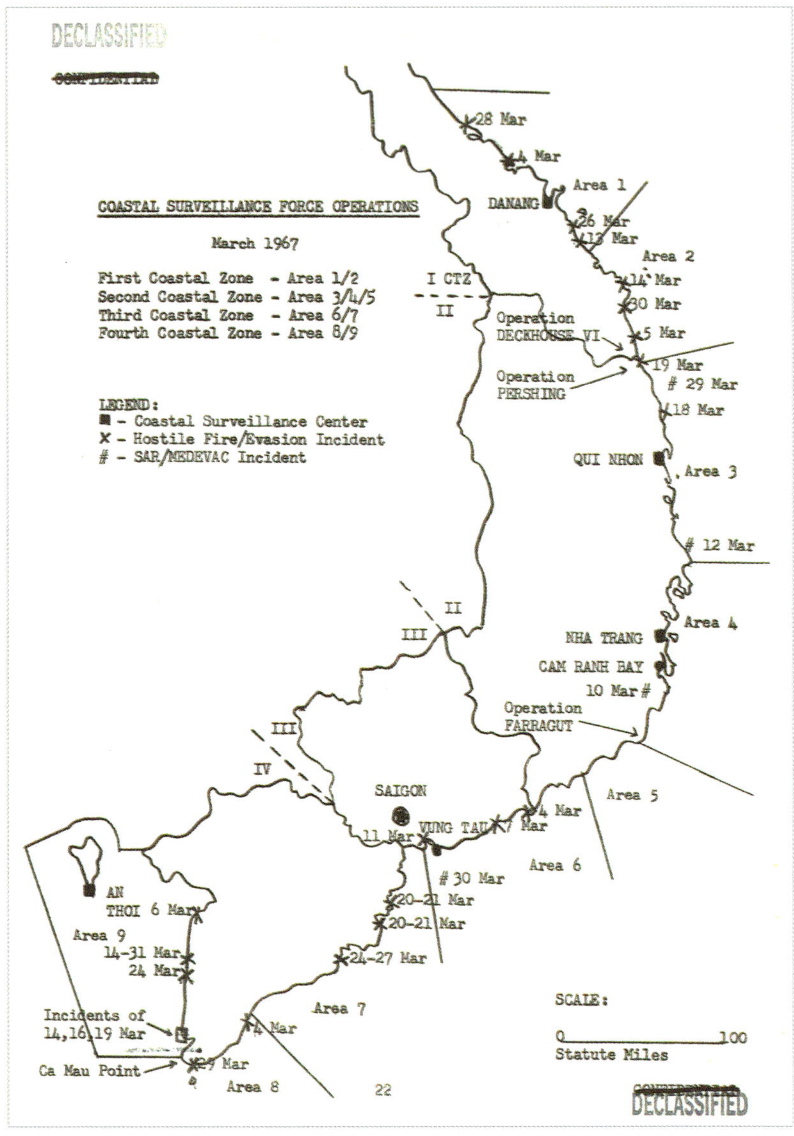

▲

1967年3月，越南海岸监视部队行动地图

在越南战争期间，美国海军首要绘制地图的区域是在近海水域，这是为了阻止北越政府运送海岸物资。

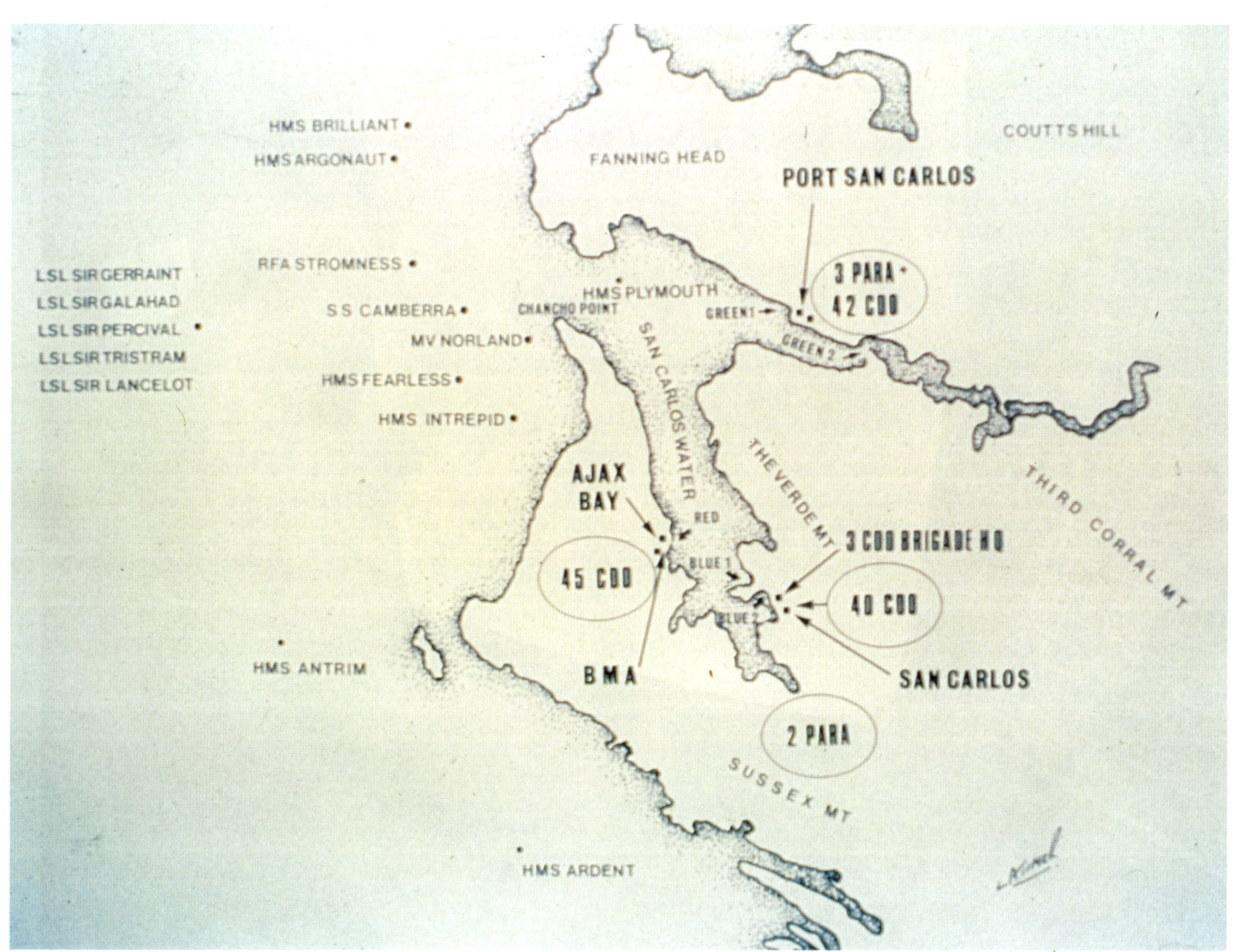

▲

1982 年的马岛战争

这是 1982 年 5 月 21 日，三支突击队在圣卡洛斯登陆的地图。当天，英国军队的登陆使得这次冲突不再仅仅是一场海空战争。登陆行动对英国人来说是有必要的，既能保证他们接触到攻击目标，还因为在空中发射的飞鱼导弹导致了许多英国船只的损失，这表明现代的防空导弹系统不一定是载人飞机的对手。英国皇家海军和美国海军的大多数部队一样，缺乏针对飞机和导弹的有效近距离武器系统。英国人对登陆福克兰群岛的行动没有十足的信心，因为阿根廷人的计划是在固定的阵地上作战，以消耗英国军队的数量和物资。然而，英国在战场上取得的成功，加上对作战主动权的维持，摧毁了阿根廷人继续战斗的意志。

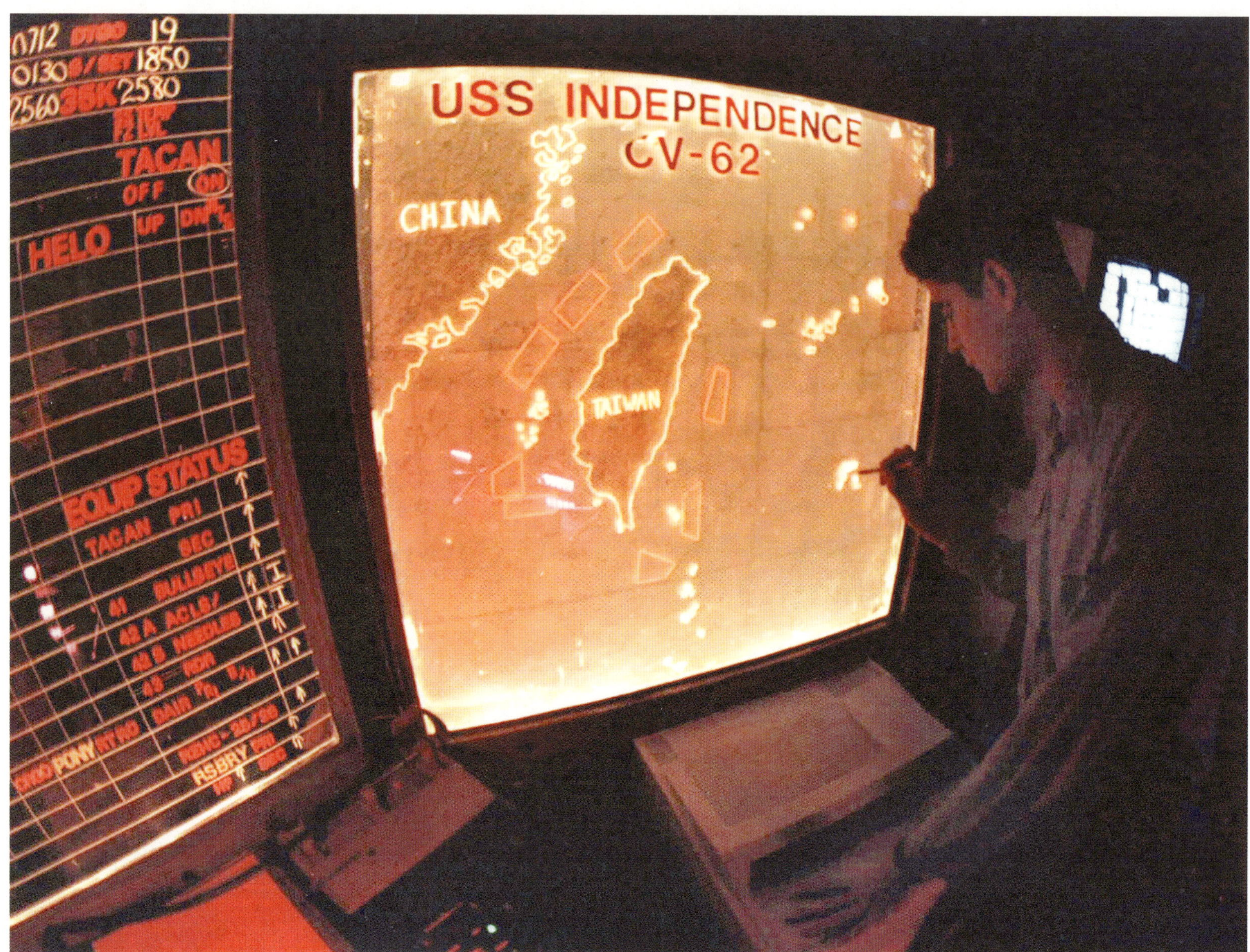

▲
准确定位，1996 年

“独立号”美国航空母舰的空管员正在电子地图上检查这艘航空母舰的当前位置，这张电子地图记录了船只和空中部队的行动轨迹。中国已经警告美国，不得向台湾海峡派遣海军。

▲

1997 年海湾对峙

10 月 19 日，海军少将约翰 · 纳特曼在“尼米兹号”美国军舰上指着一幅地图。“尼米兹号”是一艘携有 77 架飞机的大型航空母舰。伊朗对一个反叛组织的在伊拉克的基地进行了空袭，美国随后对其进行了干涉。

1974 年，中国和南越的军舰在南海西沙群岛发生了短暂冲突。这是中国人民解放军海军部队第一次与外国敌方发生的海战，中国海军取得了胜利。他们随后于 1988 年在南沙群岛展开了对抗越南海军的行动。1974 年时，美国拒绝向南越提供援助，但依旧存在干预事态的可能。中国和越南在 1974 年的危机中，在战术、装备和后勤问题上都犯了多次错误。这是海军冲突中经常发生的状况，虽然并不是参战国家希望发生的情况。在某种程度上，这种情况反映了维持海军能力的难度所在，海军能力的维持需要有效的军舰操作、武器系统、指挥决策、军事训练和军事准则。

马尔维纳斯群岛战争

这一时期发生的最重要的海战是 1982 年阿根廷和英国之间的马岛战争，这也是两个西方国家之间的冲突战争。阿根廷人进攻了防御措施较弱的马尔维纳斯群岛，这是英国和阿根廷在南大西洋有争议的属地，直接导致了英国的反对行动。这次战役的成败取决于海军特遣部队的派遣、作战效能的维持，以及海军和空军优势的获取。所有这些都必须在南太平洋冬季到来之前完成。考虑到在诺特报告发表之后，英国海军不再追求水面舰队的作战效率，海军的作战焦点转为集中于北约反潜艇任务和潜艇核威慑力量的建立，对于英国来说很幸运的是，阿根廷人在第二年没有继续

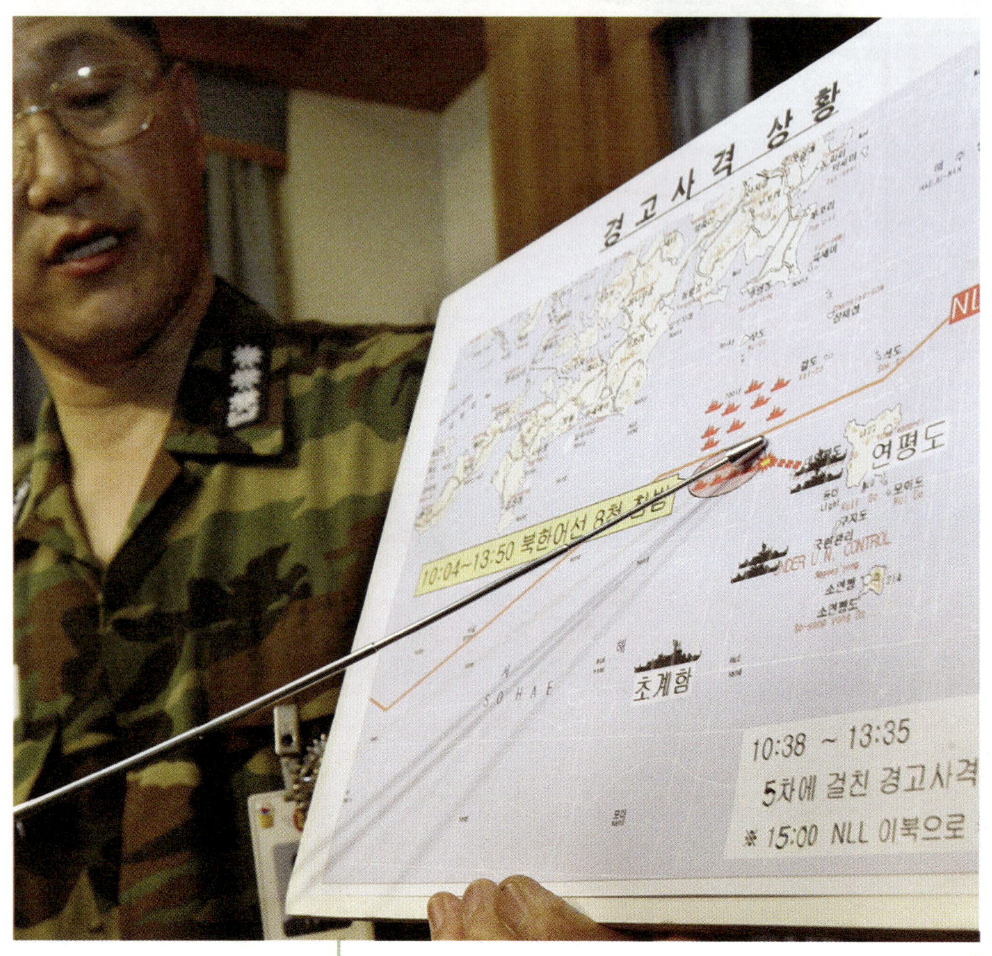

▲
2003 年，对动乱的国境进行监控，并维持治安

一名韩国海军军官使用地图解释道，在朝鲜渔船越过有争议的海上边界后，应向他们鸣枪示警。

发起进攻行动，当时英国在马尔维纳斯群岛的潜艇力量已经大大减少了。

1982 年时的阿根廷海军规模并不小，但这是阿根廷为与邻国智利进行海军作战而准备的海军力量，而不是为与英国海军作战进行的准备。英国皇家潜艇“征服者号”击沉了阿根廷“贝尔格拉诺将军号”巡洋舰（第二次世界大战以来被击沉的最大军舰）之后，迫使其他包括阿根廷航母在内的阿根廷水面舰艇退回了港口。因此，潜艇被视为一个关键的战斗威慑力量，尽管阿根廷在战斗中部署的对抗英国的潜艇并没有同样的影响力，这些潜艇最终也没有在战斗中被击沉。在马尔维纳斯群岛海岸附近，英国战舰遭遇了炸弹和空射导弹的袭击。由于缺乏足够的近距离空中防御系统和机载雷达系统来预警超视距飞来的飞机，这个重大失误造成了英国军队的损失，尤其是“谢菲尔德号”英国军舰的损伤。然而，阿根廷空袭部队自带的弱点缓解了这一问题，其中，阿根廷飞机携带的英国提供的二战时期的炸弹，没有发生爆炸。与此同时，英国航母为特遣部队提供了空中支援，但他们还是缺乏空中优势力量。在阿根廷空袭击沉了英国补给舰“亚特兰提号”之后，英国人损失了几乎所有的“奇努克”重型起重直升机，他们的空中运输也受到了限制。虽然空中掩护仍然存在问题，但英国军队还是能够顺利登陆并重新占领这些岛屿。

正如美国 1983 年成功入侵格林纳达和 1989 年入侵巴拿马一样，马尔维纳斯群岛战役表明了海军力量在联合作战中的重要性，因此也显现出海图和地图的军事操作能力。在 1980 年代里根总统领导下的美国海军主要建设中，对于联合作战的承诺有着重要作用，这些承诺也和中国发展海军能力的意向产生了共鸣。然而，在 20 世纪 80 年代，美国海军的主要配置是为了保护跨大西洋的海上航线和对苏联发起攻击，尽可能地将海军力量投射到苏联水域。尤其是在 1982 年的军事演习中，美国模拟了对科拉半岛展开的海军攻击。

然而，在冷战结束时，并没有发生可以测试各个大国真实海军能力的冲突战争。苏联海军此时已经是世界上第二大海军力量，但在导致苏联解体的危机中，海军并未发挥任何作用。此次解体始于1989年的东欧，以1991年苏联解体结束。

1990年以来的海战

由于以网络信息为中心的战争需要了解作战单位在更大范围的三维空间（空中、海面和水底）内的位置和移动，因此对信息的需求变得更加迫切。运用高性能计算机的自动智能处理系统为此提供了解决方案，这一系统将对目标的监视、瞄准和射击结合在一起。像美国宙斯盾空中控制那样的自动武器控制系统发挥了重要作用。

对于信息资料的需求也影响了地图数据的幅度、范围、规模、复杂性和及时性等方面，进而影响了地图的绘制。在这种情况下，关于现实可用图景的概念意味着，指挥和控制决策的制定比在老式无线电和雷达提供的网络系统中更加困难。在操作上，老式系统在提供战略洞察力方面也存在着局限性。此外，GPS导航系统的兴起仅仅是GPS卫星发挥优势作用的一个方面，也是足够多的卫星发挥作用时才有的优势。而那些不使用GPS导航的古代航海技能和工具则面临着失传的危险。人们已经意识到了这一点，并已开始尝试修复和重新使用如“伊洛兰”等以陆地为导向的航海系统。电子数据的数量和可用性时刻在增加，地理信息也在得到越来越好的利用。其中一些数据是专用于导航系统的，而其他形式的数据则被进一步开发并用于更广泛的制图和可视化需求中，以便更好地理解战场空间的宽广度。

冷战结束后的海战迄今为止主要集中在西方强国（尤其是美国）使用海军力量来进行各种干预的军事行动上。最突出的例子就是1991年的海湾战争和2003年的伊拉克战争，而阿富汗、波黑、科索沃、塞拉利昂和索马里等的战争也是比较重要的实例。其他被进行干预的还包括海地、利比里亚，以及最近的利比亚（2011）。在干预行动中，弹药的运送起着关键的作用，特别是用于航母、潜艇和水面发射的巡航导弹。两栖作战能力的提供也很重要，随着直升机的广泛应用，两栖作战能力也得到了加强。因此，海军力量也成了内陆国家军事力量的一部分，例如阿富汗的海军力量。2001年，美国直升机从阿拉伯海横跨450英里飞到了坎大哈。美军这种强大的飞行能力在2003年美国主导的伊拉克战争时展露无遗。由于缺乏相互对立的具有规模的大国海军力量，在海面上的军舰对军舰的战役比较少见或根本不存在。

大规模海军力量的缺乏导致了对大规模海战潜在意义的低估。尤其是在冷战后，俄罗斯海军迅速衰落，受其影响，美国的主导地位也被低估了。随着苏

▶
2010年，地区性海军声明

图为一位伊朗海军指挥官。2010年12月22日，在德黑兰举行的新闻发布会上，海军上将哈比尼亚·萨阿里指着一张地图，宣布将在霍尔木兹海峡和亚丁湾之间进行为期10天的海军演习。伊朗海军在波斯湾成了一个既定的挑战性力量，它的影响覆盖到了通过海峡进入波斯湾的大片区域。此外，伊朗人寻求更大的地区存在感，尽管这种企图受到了印度和美国的极大限制。实际上，伊朗对实力较弱的国家构成了更大的威胁，它也是中国的支持力量，中国在伊朗已经有了一定的影响力。

联的解体及其国家资源的崩溃，俄罗斯也失去了海军资源基础，尤其是在俄罗斯政府面临严重财政问题和过于军事化的问题的情况下，这在俄罗斯与车臣的高加索内陆战争中表现得尤为明显。以水面舰队为主的海军力量逐渐衰退，潜艇和水面舰队维护不善导致放射性泄漏在摩尔曼斯克地区造成了一场环境灾难。为了保持潜艇部队的有效性，俄罗斯做出了重大努力，然而，2000年“库尔斯克号”潜艇损毁事故发生之后，人们普遍感觉到俄罗斯海军已经失去了以往的实力。

海军竞赛

从21世纪初开始，这一情况发生了改变，中国和俄罗斯都开始努力建设自己的舰队，发展新型海军能力，并获得了几乎与美国比肩的巨大不对称优势。中国的决心在于，阻止美国继续对台湾海峡进行干预。

在中国海域的东南部，存在着比较明显的紧张局势。中国试图限制或威胁不怀好意的别国海军对这些水域的窜访，如美国海军等，进而控制其他国家对中国及其邻近国家的海上窜访。与此同时，俄罗斯已恢复派遣军舰前往位于越南的金兰湾，这是冷战期间的苏联基地。中国的大部分石油和原材料都来自印度洋，与非洲进行经济合作的需求使得穿越印度洋的航线变得更加重要。而美国认为这一情况已经威胁到了其在印度洋上的主导地位，也威胁到了印度在该区域的地位。对国际声望和军事强国的追求，促使印度和中国开始重点发展新型航母部队。

同时，俄罗斯也在新型海军能力上投入巨资，特别是恢复了潜艇部队的使用。这给北约各大国带来了反潜战的问题，因为他们已经削减了自己的反潜武装能力。然而，由于缺乏必要的造船能力，俄罗斯又在2015年左右处于经济低迷状态，油价大幅下跌，普京总统提出的造出几艘大航母的大胆说法就显得不那么令人信服了。2010年代的叙利亚危机也涉及海军层面，

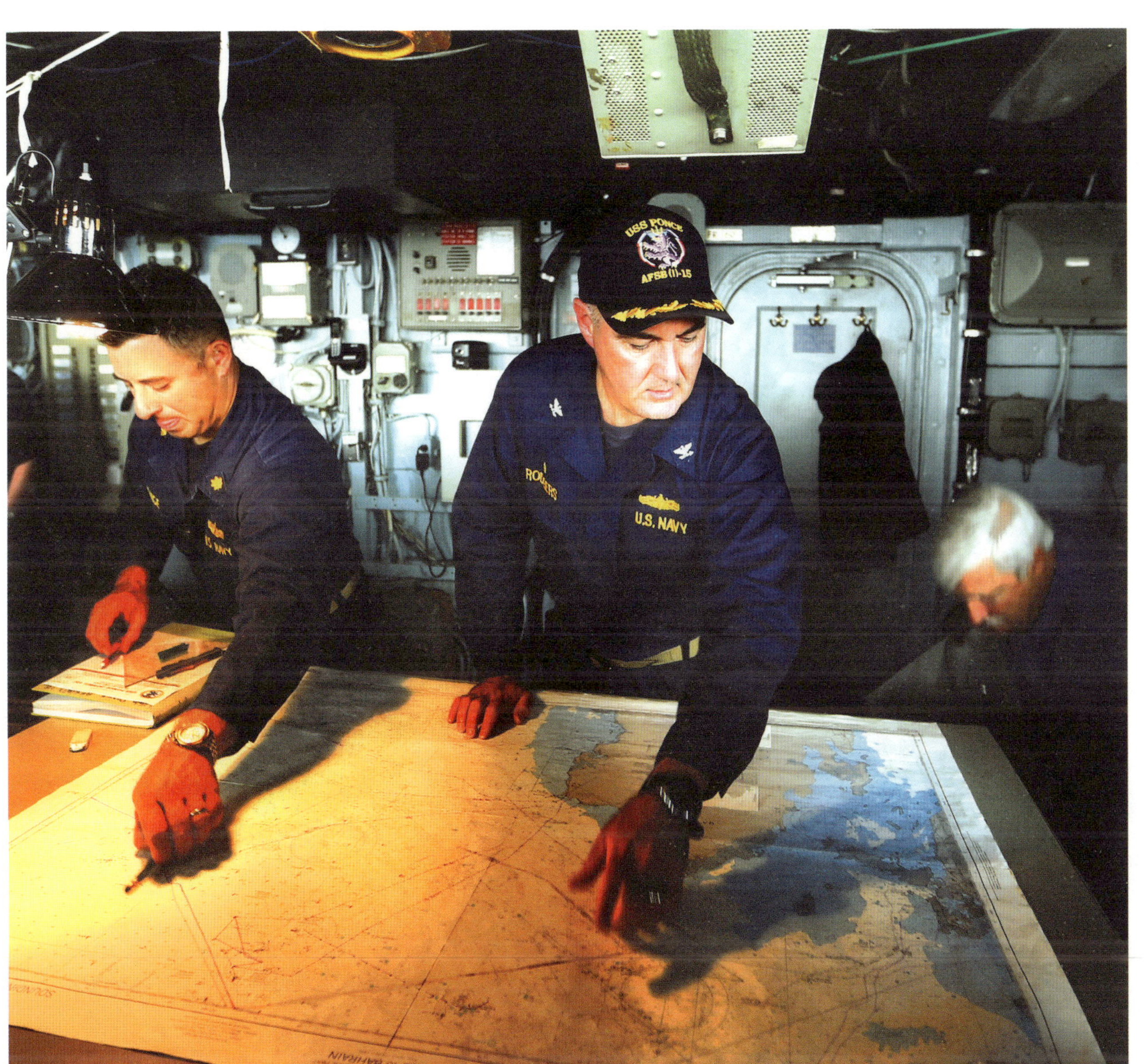

◀
作战空间测绘

2013 年 5 月 14 日，国际水雷对抗演习的第二天，美国海军“庞斯号”军舰（此时是漂浮补给基地的形式）的舰长乔恩·罗杰斯，站在阿拉伯海某处指挥台上的地图前。水雷确实构成了一个不容忽视的不对称威胁。冷战结束后的 20 世纪 90 年代，美国降低了扫雷技能的等级，并试图在 2010 年之后进行这类技能的重建。然而，在不远的将来，由水雷战船执行的任务将改由装备了水雷战任务包的近海战斗舰（LCS）执行。这一决策效果如何仍未可知，因为近海舰的外壳或许并不适应水雷战斗，它的技能组合也可能由于缺乏专业性而无法发挥效用。

俄罗斯寻求保护其在叙利亚的地中海海军基地，并在那里部署反舰导弹。

2016年，俄罗斯人派出了他们唯一的一艘闲置航母“库兹涅佐夫上将号”进入地中海，加入了俄罗斯舰队，这个舰队里有俄罗斯最大的战斗巡洋舰，以及一艘护卫舰和几艘潜艇。而后，这艘航母向叙利亚反对派目标（尤其是位于阿勒波的反对派）派遣了攻击机。这是俄罗斯军事史上第一次以航母为基地的作战行动。护卫舰随后发射了凯利博巡航导弹，然而，俄罗斯航母面临着严重的作战困难：它的发动机缺乏起飞弹射器，飞行员的技术也存在着问题。结果就是，俄军不得不把大部分飞机迅速转移到一个陆地基地上。四架“米格-29号”飞机中的一架试图降落在航母上时，坠入了大海。与此同时，美国在地中海也有着两个航母战斗群。

与潜艇相比，俄罗斯比较缺乏的是强大的水面舰队，这影响了俄军的兵力投射。俄罗斯对格鲁吉亚（2008）、克里米亚（2014）和乌克兰（2015）的军事行动都是陆上的。由于俄罗斯在克里米亚实施政策的影响，法国最终拒绝向俄军出售两艘直升机航母，这是一次意义重大的国际事件。德国也拒绝向俄罗斯护卫舰提供涡轮机，给出的理由是，俄罗斯人在使用船只涡轮机时存在较大技术问题。此外，近期以来，俄罗斯缺乏用以追捕敌方潜艇，并保护自己的潜艇的反潜水面部队。

俄罗斯和中国在联合海军演习和蓬勃发展的双边贸易方面进行了合作，其中包括了向中国出售俄罗斯的海军技术。他们还将合作开发从大西洋到俄罗斯北部太平洋的东北海道，由于北极冰层的融化，这条通道正在不断扩展并易于航行通过。这一变化也影响到了西北航道，为海军力量国际对抗范围的扩大打开了可能性。因此，海军前景地图的绘制必须包括这一可能性和其他气候变化指数。俄罗斯、加拿大和挪威都参与了区域能力的升级，2011年，挪威交付使用了5艘南森级直升机护卫舰（1999年做出的交付决定），这是针对俄罗斯而建设的反潜力量。这次交付是挪威最大的军事采购计划，这些军舰的设计目的是保护挪威200英里的领土范围。

在21世纪10年代，美国军舰越来越多地受到俄罗斯飞机的影响，特别是在波罗的海和黑海水域。在波斯湾，伊朗也试图给美军施加类似的压力。2016年，伊朗还试图在印度洋建立一支舰队，伊朗总参谋长穆罕默德·巴盖里将军公开讨论了也门和叙利亚海军基地的未来前景。

技术背景

在上文所提到的所有或部分军事力量之间可能发生的海上冲突，主导了对未来海战的各类讨论。其他军事力量之间也可能发生海上冲突，例如以色列及其邻国。更为精密的反舰导弹、无人机（包括潜艇发射的水下无人机），以及打击敌方武器系统的网络能力的发展，都是动态技术背景和环境的方方面面。这同时还包括新型地面火力的发展，例如使用电磁效应推进炮弹的火炮，可以增加火炮的射程和速度，尽管这一技术尚未匹配较佳的远程导弹技术。它以“轨道炮”的名义进行推广和宣传，这种相对先进的技术将在不久的将来用于军事部署。巡航导弹或许有发射电磁脉冲的能力，但这方面的技术仍不够先进。

与此同时，包括美国、英国和法国在内的大多数海军力量发现，舰艇和相关武器系统的投入已经超过了他们的预算，而且利用效率也有所降低。例如，英国新型护卫舰上的推进系统、美国和英国新航母上的发射系统，以及为英美航母专门设计的美国 F-35 战机（出现了飞行范围不匹配的问题）等。

对此类质量问题及其操作后果的描述或描绘远非易事。这一情况使得仅仅关注军舰和已有火力数量的做法失去了有效性，也破坏了海军战略的可变性。海军战略是随着个别国家的特定利益、假设或战略文化不同而有所改变的。

这些因素都突出了海战地图绘制的困难，在不考虑海军技术和实时监视技术重大改进的情况下。技术的改进和大国间的持续对比体现了战略思考和操作效率供给涉及的许多问题，目前存在争议的海军问题及其范围突出了这些因素的重要性。海军发展的未来尚不明确，但对于海洋的军事及其他利用将在人类历史上继续发挥重要作用。

地图及插图列表

图片出处说明

本书作者及出版商谨对获得使用下列图片的许可深表谢意。

文前8至正文01 Fine Art Images/Heritage Images/Getty Images

03 © British Library Board.All Rights Reserved/ Bridgeman Images

04 Library of Congress,Washington DC

05 Library of Congress,Washington DC

07 DEA/A.DAGLI ORTI/Getty Images

08-09 DeAgostini Picture Library/Scala,Florence

11 © British Library Board.All Rights Reserved/ Bridgeman Images

13 © BnF, Dist.RMN-Grand Palais/image BnF

15 © BPK,Berlin,Dist.RMN-Grand Palais/image BPK

16-17 Library of Congress,Washington DC

18-19 Stefano Bianchetti/Corbis via Getty Images

21 British Library Robana/REX/Shutterstock

24 © British Library Board.All Rights Reserved/ Bridgeman Images

25 Photo Scala,Florence

26 The National Archives

27 © British Library Board.All Rights Reserved/ Bridgeman Images

28 Buyenlarge/Getty Images

29 Buyenlarge/Getty Images

30-31 British Library/Robana/REX/Shutterstock

32 Rijks Museum

33 National Library of Australia

34-35 Images@Alteamaps.com

36 Rijks Museum

37 © British Library Board.All Rights Reserved/ Bridgeman Images

38 Scheepvart Museum

39 © National Maritime Museum,Greenwich,London

40 Bibliothèque et Archives nationales du Québec

41 Bibliothèque nationale de France

42-43 Fine Art Images/Heritage Images/Getty Images

45 Danish Defence Library

46 Rijks Museum

49 Bibliotheque Nationale,Paris,France/Archives Charmet/Bridgeman Images

50 akg-images/Universal Images Group/Universal History Archive

53 Universal Images Group/Universal History Archive/akg-images

54 Danish Defence Library

57 Danish Defence Library

58 Danish Defence Library

59 Images@Alteamaps.com

60 National Maritime Museum,London,UK/De Agostini Picture Library/Bridgeman Images

61 Images@Alteamaps.com

62-63 Library of Congress,Washington DC

64 Library of Congress,Washington DC

65 Library of Congress,Washington DC

66 Library of Congress,Washington DC

67 akg-images/Album/Oronoz

68 Rijks Museum

69 MPI/Getty Images

70 National Library of Australia

71 National Museum of the Royal Navy,Portsmouth,Hampshire,UK/Bridgeman Images

72-73 Francis G.Mayer/Corbis/VCG via Getty Images

75 Danish Defence Library

76-77 Danish Defence Library

79 Bibliotheque Nationale,Paris,France/Bridgeman Images

81 © National Maritime Museum,Greenwich,London

83 Fine Art Images/Heritage Images/Getty Images

84 Library of Congress,Washington DC

86 © National Maritime Museum,Greenwich,London

87 Images@Alteamaps.com

89 The National Archives

90 Fine Art Images/Heritage Images/Getty Images

91 Library of Congress,Washington DC

92-93 Library of Congress,Washington DC

94 Library of Congress,Washington DC

95 Library of Congress,Washington DC

96 Library of Congress,Washington DC

97 Library of Congress,Washington DC

98 Library of Congress,Washington DC

99 Library of Congress,Washington DC

100 The Print Collector/Print Collector/Getty Images

101 © Look and Learn/Illustrated Papers Collection/Bridgeman Images

102-103 Fine Art Images/Heritage Images/Getty Images

105 Chronicle/Alamy Stock Photo

107 Private Collection/Bridgeman Images

109 National Library of Australia

111 © National Maritime Museum,Greenwich,London

113 The National Archives

115 The National Archives

116 The National Archives

119 The National Archives

120 (ART_004275_A_1) Imperial War Museum

121 (ART 4293 a) Imperial War Museum

122-123 National Library of Australia

124 www.naval-history.net

125 The National Archives

126 The National Archives

127 Universal History Archive/UIG via Getty Images

128 www.naval-history.net

129 Naval History and Heritage Command

130-131 MPI/Getty Images

133 The National Archives

135 The National Archives

136 Imperial War Museum

138 The National Archives

140 The National Archives

142 The Print Collector/Print Collector/Getty Images

144-145 The National Archives

146 Bettmann/Getty Images

147 The National Archives

148 Naval History and Heritage Command

149 Antiqua Print Gallery/Alamy Stock Photo

150 Museum of New Zealand Te Papa Tongarewa,Wellington,New Zealand/Gift of Mr.C.H.Andrews, 1967/Bridgeman Images

151 The National Archives

152-153 The National Archives

154-155 David Rumsey Map Collection,www.davidrumsey.com

156-157 Library of Congress,Washington DC

158 National Army Museum,London/Bridgeman Images

159 Library of Congress,Washington DC

160-161 Purestock/Getty Images

163 National Security Archive/Naval History and Heritage Command

165 The National Archives

168 Naval History and Heritage Command

169 Imperial War Museum

170 Eriko Sugita/Reuters

171 Stephanie McGehee/Reuters

172 Kim Kyung Hoon/Reuters

174 Hamed Jafarnejad/AFP/Getty Images

175 Marwan Naamani/AFP/Getty Images

图书在版编目（CIP）数据

地图中的战争史．海战篇／（英）杰里米·布莱克著；陈蔚译．-- 长沙：岳麓书社；海口：海南出版社，2025.8.-- ISBN 978-7-5538-2330-0

Ⅰ. E19

中国国家版本馆 CIP 数据核字第 2025KU6240 号

DITU ZHONG DE ZHANZHENG SHI · HAIZHAN PIAN

地图中的战争史 · 海战篇

［英］杰里米·布莱克（Jeremy Black） 著 陈蔚 译

监制 | 秦青

责任编辑 | 刘书乔 田丹 责任校对 | 舒舍

封面设计 | 利锐 审图号 | GS（2025）0764 号

岳麓书社、海南出版社出版 邮编 | 410006 570216

地址 | 湖南省长沙市爱民路 47 号

海南省海口市金盘开发区建设三横路 2 号

承印 | 北京市雅迪彩色印刷有限公司

开本 | 787 mm × 1092 mm 1/12 印张 | 16 字数 | 306 千

版次 | 2025 年 8 月第 1 版 印次 | 2025 年 8 月第 1 次印刷

书号 | ISBN 978-7-5538-2330-0 定价 | 148.00 元

如有质量问题，请致电质量监督电话：010-59096394

团购电话：010-59320018